Marcus Tullius Cicero

Vom Staat

e-artnow 2018

Friedrich Engels
Über historischen MaterialismusDie Entwicklung des Sozialismus von der Utopie zur Wissenschaft

Gustave Le Bon
Psychologie der Massen (Grundlagenwerk der Sozialpsychologie)

Friedrich Engels
Umrisse zu einer Kritik der Nationalökonomie

Tommaso Campanella
Sonnenstaat: Idee eines philosophischen Gemeinwesens: Ein poetischer Dialog

Karl Marx
Das KapitalBand 1-3 (Mit einem detaillierten und dynamischen Inhaltsverzeichnis versehen)

Marcus Tullius Cicero

Vom Staat

e-artnow, 2018
Kontakt: info@e-artnow.org

ISBN 978-80-273-1185-9

Inhaltsverzeichnis

Einleitung

I. Ueber das Werk selbst.

Man mag über Cicero und seine philosophischen Werke urtheilen wie man will: [1]auf jeden Fall wird man in ihm einen Denker, obgleich mehr einen Nachdenker, als einen Vordenker, achten und anerkennen müssen. Hat er in seinen rhetorischen und philosophischen Werken im Allgemeinen meistens die dialogische Form der Platonischen Werke zum Muster genommen, ohne jedoch den Redner verläugnen zu können und zu wollen, und finden wir bei ihm durchaus ein Bestreben, die Wissenschaft der Griechen mit eklektischer Vielseitigkeit auf Römischen Boden zu verpflanzen, oft (wie zwischen den Akademikern und Peripatetikern) mit der Absicht, vermittelnd und versöhnend auftreten zu wollen, oder noch lieber zu beweisen, daß gar keine Vermittelung und Versöhnung nöthig sey, weil sie nur in Worten, nicht in der Grundansicht von einander abweichen; [2]so erblicken wir ihn in den Werken vom Staat und von den Gesetzen, schon in dem Titel beider Werke, recht eigentlich als Nachahmer seines Lieblings, oder vielmehr fast seines Abgottes, Plato. Aber diese Nachahmung der beiden großen Platonischen Werke gleiches Namens ist weder eine bloße Lateinische Umarbeitung derselben, mit etwas eigener Zuthat, wie das Werk von den Pflichten, das er dem des Panätius aus Rhodus, einem Stoikers, nachgebildet hat; noch ein Versuch, ähnliche Ideale, wie jene sind, aus eigenem freischaffendem Geiste hervorzubringen; sondern Cicero will aus dem Boden der Möglichkeit und Wirklichkeit, das Vorhandengewesene und zum Theil noch Vorhandene oder nach seiner Ansicht und Hoffnung Wiederherstellbare, in idealisirender Verschönerung an seinem eigenen Vaterlande, dessen Gründung und Verfassung, eine Art von Musterstaat hinstellen, auf ein Gleichgewicht gegründet, von dem er, ob es gleich zu keiner Zeit vollkommen so bestanden hat, die Hoffnung und Erwartung hegte, es werde, gestützt auf die Grundlage der Sittlichkeit und Gerechtigkeit, eine unverwüstliche Dauer haben können.

Cicero schrieb dieses Werk im Jahre Roms 700 (54. v. C. G.) in seinem vierundfünfzigsten Lebensjahre, nicht, wie seine meisten übrigen philosophischen Werke, zu einer Zeit, wo er nach dem Untergange der freien Verfassung Trost und Zerstreuung in den Wissenschaften suchte, [3]sondern noch in der Zeit seiner regen Thätigkeit für das Vaterland, wo ihm auch daran liegen mußte, in einem mit besonderer Liebe bearbeiteten Denkmale seines Geistes etwas nicht bloß Ideelles, sondern wenigstens möglicherweise praktisch Nutzbares aufzustellen, das die Zuneigung seiner sich zum Idealen wenig hinneigenden Mitbürger gewinnen und erhalten sollte. Daß ihm dieses gelang, davon liegen die unzweideutigsten Beweise vor; [4]aber eben so sichere von dem Fleiße und der Liebe, womit er das Werk anfing und vollendete. [5]So ungerne er übrigens angefangene und schon weit vorgerückte Arbeiten umänderte oder gar wegwarf, so war er doch bei diesem Werke besonders streng gegen sich, und erklärt in einem Briefe an seinen Bruder: »wenn mir diese schwierige und anstrengende Arbeit gelingt, so wird meine Mühe wohl angewandt seyn; wo nicht, so werfe ich sie in das Meer, welches ich beim Schreiben vor Augen habe.« [6]Und wirklich wurde nicht nur einmal der Plan und Ideengang verändert. Zwei Bücher waren vollendet, worin die Zeit der Handlung auf die neun Tage der Latinerferien unter den Consuln Tuditanus und Aquilius (625. n. R. E.) festgesetzt war und neun Bücher sollte auch das Werk erhalten; die sprechenden Personen sollten dieselben seyn, die jetzt darin auftreten. Späterhin ließ er sich von Atticus bereden, die Scene der Unterhaltung in seine Zeit zu verlegen, und selbst das Hauptwort der Unterredung zu führen. [7]Doch weil dabei vieles bereits Fertige, das ihm gelungen schien, hätte weggeworfen werden müssen, so wurde der alte Plan wieder aufgenommen, allein auf sechs Bücher beschränkt, in denen die Unterhaltung dreier Tage zusammengefaßt war. Sie waren fertig, als er nach Cilicien abging, und wurden gleich nach ihrer Bekanntmachung allgemein mit Begierde gelesen. [8]Es ist, nach Abwägung der Gründe für und wider, jetzt ausser Zweifel gesetzt, daß das Werk dem Atticus gewidmet war. [9]Oft kommt Cicero in seinen spätern Schriften auf dieses Werk zurück, das er in bessern Tagen und bei bessern

Aussichten und Hoffnungen geschrieben hatte, als diejenigen waren, die sich ihm bei seiner Rückkehr aus Cilicien darstellten und aufdrangen. Er wollte das Werk, auf dessen Inhalt offenbar auch das Geschichtswerk des Polybius großen Einfluß gehabt hat, gleichsam als sein politisches Testament betrachtet wissen, dem er später, aber in sehr veränderter Gemüthsstimmung, noch das Werk von den Gesetzen beifügte. Ob wir nun gleich in den folgenden Bruchstücken nicht einmal ein volles Drittheil des Ganzen gewonnen haben mögen, so läßt sich doch theils aus dem Vorhandenen, theils aus den Anführungen, Auszügen und Erörterungen darüber in dem Werke des Augustinus de Civitate Dei (zu dem sichtbar das Werk Cicero's die Idee hergegeben hat) und bei Lactantius, der Gedankengang und Inhalt der einzelnen Bücher mit mehr oder minder Sicherheit darthun und erschließen. Was wir, abgesehen von der Trefflichkeit der Darstellung und Gesinnung, die uns auch in diesen Trümmern erfreuen, materiell an diesem Funde gewonnen haben, namentlich für die in so vieler Hinsicht dunkle Geschichte der Ausbildung der Römischen Verfassung, Dieß ist von Andern, und an passendern Orten, als es hier geschehen würde, erörtert worden. Daß die Ausbeute nicht so groß war, als man hoffen und erwarten mochte, ist nicht zu verkennen; aber eben so wenig darf der hohe Werth des Dargebotenen darum verkannt und gering geachtet werden, weil man Wünsche und Anforderungen nicht befriedigt findet, die man, Alles wohl erwogen, nicht einmal zu hegen und zu machen ganz gegründete Befugniß hatte. Ueber den Inhalt der einzelnen Bücher werden wir unmittelbar vor jedem Buche sprechen.

Geschichte des Werkes.

Cicero's Werk vom Staate war zwar fortwährend ein Gegenstand der Bewunderung und Liebe, so wie des eifrigen Studiums der Bessern und Edlern im Römischen Volke; allein es ist begreiflich, daß in Zeiten, wo so ganz andere politische und sittliche Grundsätze herrschten, als hier ausgesprochen und empfohlen sind, in Zeiten, denen schon die Existenz eines solchen Werkes ein nur zu laut sprechender Vorwurf ist, Diejenigen es wenig erwähnen durften, die es mit den Machthabern nicht verderben wollten. Ausdrücklich erwähnt wird das Werk übrigens von Seneca, [10] dem ältern Plinius, [11] Fronto, [12] Gellius, [13] und einer ganzen Reihe von Grammatikern, besonders häufig von Nonius Marcellus, für den es ein rechter Tummelplatz für seine Wörter- und Phrasenjagd war. Ein eigenes Werk hatte, nach Suidas, [14] Suetonius über den Cicero vom Staate geschrieben, und von Makrobius besitzen wir einen Commentar über einen Theil, den Schluß des sechsten Buches, der unter dem Namen Traum des Scipio seit vielen Jahrhunderten berühmt ist, welchem Commentare wir die Erhaltung des Traumes selbst zu danken haben, und ohne den wir auch jetzt kein Blatt vom sechsten Buche hätten. Großen Dank aber sind wir, auch noch nach der Wiederauffindung, dem Lactantius, und besonders dem Augustinus schuldig. Sie füllen [15] nicht nur sehr willkommen oft bedeutende Lücken aus, sondern sind, da sie nicht selten dieselben Stellen geben, die sich in der aufgefundenen Handschrift finden, ein Beweismittel für die Aechtheit des Gefundenen, das lange und mühsame Deductionen erspart. Aus dem vierten Jahrhundert haben wir die Nachricht bei dem Geschichtschreiber Lampridius, [16] daß Cicero's Republik eine Lieblingslectüre des Kaisers Alexanders Severus gewesen sey, welcher so viel besser war, als seine Zeit. Auch die Griechen nahmen Notiz von diesem Werke; wie denn Didymus schon im Zeitalter des Augustus ein Buch zur Bekämpfung desselben schrieb, mit dessen Widerlegung sich die oben angeführte Schrift des Suetonius beschäftigte: [17] wogegen ein anderer unbekannter Grieche vielleicht aus Justinian's Zeitalter in einem noch ungedruckten Werke über Staatswissenschaft [18] Cicero's Werk vom Staate sogar der Republik des Plato vorzieht. Im fünften, sechsten und siebenten Jahrhundert lassen sich allenfalls noch Spuren von Bekanntschaft mit dem Werke des Cicero nachweisen; aber von da an bis zum zehnten hat sich noch keine vorgefunden. In diesem Jahrhunderte verlangt Gerbert, Abt des Klosters des heiligen Columbanus zu Bobbio (späterhin Erzbischof zu Rheims, dann zu Ravenna, zuletzt Pabst), in einem Briefe an einen gewissen Scholasticus, [19] Namens Constantinus, daß er ihm dieses Buch, nebst den Reden gegen den Verres und den Vertheidigungsreden des

Cicero mitbringen soll. Im zwölften Jahrhunderte citirt Stellen aus unserm Werke der berühmte Johann von Salisbury (Johannes Salisburiensis) in seinem Policraticus, [20]die er aber auch aus dem Augustinus und Macrobius haben konnte. Der Griechische Uebersetzer des Traums des Scipio, sey er nun der Mönch Planudes im 14ten oder der Grammatiker Theodor Gaza im 15ten Jahrhundert, hat ohne Zweifel nicht das Werk des Cicero, sondern blos den Macrobius vor sich gehabt. Suchte doch Francesco Petrarca, der so glücklich war, die Briefe Cicero's an seine Freunde aufzufinden, die Republik des Cicero auf Befehl Pabst Clemens VI. lange Zeit und mit vielem Kostenaufwande, aber ohne Erfolg. [21]Auch im 15ten Jahrhunderte wurde sie, nach einem Briefe des Leonardo Bruni aus Arezzo an Poggio und einigen Stellen der Briefe des Letztern selbst (bei Jenem Ep. IV, 5; bei Diesem Ep. 26.), mühsam, aber vergebens, gesucht. Vom Ende des 15ten Jahrhunderts und aus dem 16ten hat man nur dunkle Sagen von vermuthlich da oder dort vorhanden gewesenen Handschriften des Werkes, und eben so aus dem 17ten. Die speciellsten Notizen von dem Daseyn des Werks hat man aus und über Polen, ohne daß jedoch sonderliche Hoffnung zur Wiederauffindung einer angeblich gegen Ende des 16ten Jahrhunderts aus der Moldau durch einen Volhynischen Edelmann, Namens Woinowsky, nach Polen gebrachten Handschrift vorhanden wäre. [22]Seit der Mitte des 16ten Jahrhunderts hat man übrigens in allen Ausgaben des ganzen Cicero auch, ausser dem Traume des Scipio, eine Zusammenstellung der bei den angeführten Schriftstellern entdeckten Bruchstücke von bedeutender Anzahl, [23]deren Text z. B. in der Schützischen Ausgabe (ohne den Traum) zwanzig Seiten ausmacht. Diese Fragmente, nebst den Stellen, wo Lactantius und Augustinus über das Werk sprechen, ohne eigentlich dessen Worte wiederzugeben, und so manche Aeußerungen Cicero's in seinen übrigen Werken über die Gegenstände, welche in dem Werke vom Staate wahrscheinlich zur Sprache gekommen seyn mochten, veranlaßten am Schlusse des 18ten Jahrhunderts einen gelehrten Franzosen, M. Bernardi, eine Art von musivischem Werke, oder Cento, zusammenzusetzen, das im Jahre 1807 in zwei Bänden mit Lateinischem Text und gegenüber gedruckter Französischer Uebersetzung in der zweiten Auflage erschien, und, ob es gleich seiner Natur nach nicht geeignet war, für das Verlorne irgend einen Ersatz zu leisten, doch nicht ohne Beifall aufgenommen wurde [24]Endlich entdeckte im Jahre 1820 der Bibliothekar der Vaticanischen Bibliothek in Rom, Abbate Angelo Majo, schon seit 1813 als Entdecker verschiedener Werke des Alterthums auf Palimpsesten der Ambrosianischen Bibliothek zu Mailand, auch einiger Bruchstücke von den Reden des Cicero berühmt, bald nach seiner Versetzung nach Rom (1819), in einem Codex rescriptus die herrlichen Ueberreste, die wir hier unsern Lesern in einer Uebersetzung mittheilen. Aus dem Kloster des h. Columbanus zu Bobbio in Oberitalien, das im Mittelalter eine treffliche Bibliothek hatte, [25]waren viele Handschriften in die Ambrosianische Bibliothek zu Mailand gekommen, einige auch nach Rom, unter andern um den Anfang des 17ten Jahrhunderts ein Codex, auf welchen, nach Auslöschung einer ältern Schrift, schon vor dem 10ten Jahrhundert der Commentar des h. Augustinus über die Psalmen (vom 119ten bis 141sten) geschrieben worden war. Die 304 Seiten, die die Handschrift hat, gehörten, bis auf zwei, alle Einem Werke an, in dessen verwischten sehr großen Buchstaben Majo bald kostbare Reste eines verlornen Ciceronischen Werkes erkannte. Aber da auch der Codex des Augustinus nicht ganz ist, und sogar zu diesem nicht das ganze alte Werk, wie es scheint, verwendet worden war, überdieß Derjenige, welcher den Augustinus darüber schrieb, sich um Erhaltung und Schonung des blinden Heiden natürlich nicht bekümmert hatte, so mußte der Zustand des durch Hülfe der Kunst unter dem neuen hervorgehenden alten im 2ten oder 3ten Jahrhundert abgeschriebenen, Werkes nothwendig nicht der beste seyn. Und so hatte denn der Entdecker dieses Schatzes, der uns nun fast wieder ein Dritttheil des verlornen Ciceronischen Werkes vom Staate gibt, keine geringe Mühe mit Aufsuchung der Ordnung, in welcher die Blätter einander folgen müssen, mit Einreihung der früher bekannten Bruchstücke, mit Muthmaßungen über Ausfüllung der Lücken, mit Vergleichung des gefundenen Stoffes mit schon früher aus andern Schriftstellern eben so oder anders Bekanntem, mit Verbesserung der oft fehlerhaften Lesart, mit Ergänzung mangelnder Buchstaben und Wörter u. dgl.; und er hat diese Aufgabe im Ganzen trefflich gelöst, wenn auch im Einzelnen in fast jeder Hinsicht den spätern Bearbeitern

Etwas zu thun übrig gelassen ist. Das Ausführliche über diese ganze Sache gibt die Vorrede des ersten Herausgebers, die in allen größern Ausgaben, die auf die erste Römische (von 1822.) gefolgt sind, sich abgedruckt findet. Verdient haben sich um das Werk, ausser A. M., gemacht: der erste Herausgeber und Uebersetzer in Frankreich, Hr. *Villemain*, durch werthvolle Abhandlungen und Anmerkungen (nicht philologischer Art), die zum Theil in einer, übrigens ganz werthlosen, deutschen Uebersetzung des Werkes von J. M. *Pierre* (2 Thle. Fulda, 1824.) übersetzt sind; ferner Hr. Prof. *Heinrich* in Bonn, durch vielfache Berichtigung des Textes (Bonn, 1825. 8.); Hr. *Steinacker* durch einzelne gute Bemerkungen und Verbesserungen (Ausg. Lips., 1823.); Hr. *Lehner*, eben so (Ausg. Solisbaci, 1823.); vorzüglich auch schon bei der Römischen Ausgabe der damals in Rom anwesende Hr. Geh. Staatsrath v. *Niebuhr* in Bonn; mehrere Recensenten des Werkes in deutschen und auswärtigen Literaturzeitungen; noch ein deutscher Uebersetzer F. v. *Kobbe* (Göttingen, 1824.), doch nicht ohne viele Verstöße; auch hat Hr. Geh. Hofrath v. *Zachariä* ein eigenes Werk über den neuen Fund herausgegeben (Staatswissenschaftliche Betrachtungen über Cic. neu aufgefundenes Werk de rep. Heidelb., 1823.), und die HHrn. Prof. *Burchardi* (Bemerkungen über den Census der Römer. Kiel, 1824.) Prof. *Franke* (De Tribuum Curiarum atque Centuriarum ratione. Slesv., 1824.), Conrad *Wolff* (Obs. in – liber, de R. P. Fragm. 4. Flenop., 1824.), Dr. N. *Bygon Krarup* (Obss. critt. in libros Cic. de Rep. 8. Hafn. 1826. f. 2. Specimina); einzelne Stellen des Werkes beleuchtet, mehrere Andere übergehen wir der Kürze wegen. Der Verfasser dieser Uebersetzung hat sich durch seine Ausgabe des Werkes (Francof. ad M. Broenner, 1826.) auch um dasselbe verdient zu machen gesucht; nach ihm haben noch werthvolle Ausgaben desselben geliefert Hr. Prof. *Zell* in Freiburg (8. Stuttgartiae, 1827.) und besonders Hr. Prof. *Orelli* in Zürich, im vierten Theile seiner Gesammtausgabe der Werke des Cicero (Turici, 1828.).

III. Ueber die im Werke als sprechend aufgeführten Personen.

Es sprechen fünf Greise und vier jüngere Männer mit. Zu Jenen gehören Scipio, Lälius, etwas älter als Scipio; Philus und Mummius, gleiches Alters mit Lälius, ferner Manilius; die jüngern sind Tubero, Rutilius, Scävola und Fannius.

1. *P. Cornelius Scipio Aemilianus Africanus* minor, auch mit dem Beinamen *Numantinus*. Er war der Sohn des L. Aemilius Paullus, der den Perseus überwand und über ihn einen Triumph hielt, und wurde von dem Sohne des ältern Scipio Africanus in die Cornelische Familie adoptirt. Seine Lehrer waren Polybius, Panätius und Metrodorus. Er hatte sich mit der Lateinischen und Griechischen Literatur ganz vorzüglich vertraut gemacht; seine Unterhaltung über wissenschaftliche Gegenstände hatte oft einen Anflug von Sokratischer Ironie. [26]Im J. Roms 608 zerstörte er Karthago, im J. 621 Numantia. Er starb im Winter des Jahrs 625, wenige Tage nach Beendigung dieser Unterhaltung (wie nämlich von Cicero angenommen wird) über den Staat, nicht ohne gegründeten Verdacht, daß sein Tod durch die Gracchische Partei, deren Feind er gewesen war, verursacht worden sey, sechs und fünfzig Jahre alt. Kurz vor seinem Tode hatte sich am Himmel eine Nebensonne gezeigt. [27]

2. *C. Lälius*, mit dem Beinamen *der Weise*. Er war dem Scipio mit der innigsten Freundschaft zugethan, und ist Derselbe, der in dem Gespräche des Cicero von der Freundschaft das Wort führt, wo er über den kurz zuvor erfolgten Tod des Scipio mit der größten Rührung spricht. Ohne dem Scipio an kriegerischer Größe gleich zu kommen, war er doch dessen beständiger Rathgeber, auch bei der Belagerung von Karthago sein Legat. Als Oberfeldherr überwand er selbst den Viriathus. [28]Consul war er im J. Roms 614.

3. *L. Furius Philus* (oder *Pilus*). Er war Consul im Jahre Roms 618. Er war es, der darauf antrug, den durch Mancinus mit den Numantinern geschlossenen Vertrag für ungültig zu erklären, auch brachte er wirklich den Mancinus nach Spanien zurück und lieferte ihn den Numantinern aus. Er war durch Beredsamkeit ausgezeichnet, und ein Liebhaber der Astronomie. [29]

4. *Manius Manilius.* Er war im J. Roms 605 Consul, und Scipio damals in dem Africanischen Feldzuge sein Legat. Er war ein großer Kenner der Rechte und tüchtiger Sachwalter; dabei aber sehr uneigennützig und darum arm. [30]

5. *Spurius Mummius,* Bruder des L. Mummius Achaicus, des Eroberers und Zerstörers von Korinth. Als Redner war er wenig berühmt: als Philosoph hielt er es mit der Stoa. Sein Charakter war lobenswerth. Er war vertrauter Freund des Scipio, Lälius, Philus und Rutilius. [31]

6. *Q. Aelius Tubero.* Enkel des Aemilius Paullus, von der Aemilia, der Schwester des Africanus. Er war von Jugend auf Freund des Lälius; trennte sich von Tiberius Gracchus, als dieser seine demagogischen Plane in's Werk zu setzen begann. Bei dem Leichenbegängnisse seines Oheims, des Scipio Africanus, zeigte er auf eine unpopuläre Weise sich als Anhänger der Stoischen Philosophie, und sehr karg, wodurch er sich um die Prätur brachte. Sein Stoicismus machte ihn hart und zurückstoßend. Als Dialectiker und Rechtskenner zeichnete er sich aus, als Redner gar nicht. [32]

7. *P. Rutilius Rufus.* Zur Zeit dieses Gesprächs kaum mannbarer Jüngling, der eben darum dem weit später geborenen Cicero das hier gehaltene Gespräch erzählen konnte. Er wurde vier und zwanzig Jahre nach dem Tode des Scipio im J. Roms 649 Consul. Als Cicero in seiner Jugend Kleinasien durchreiste, befand sich Rutilius, unschuldigerweise, verbannt, in Smyrna. Er war nach dem Zeugnisse des Alterthums einer der edelsten Menschen. Auch als Schriftsteller (Verfasser von Reden und Geschichtswerken) war er berühmt. [33]

8. *Q. Mucius Scävola,* ein Augur. Diesem Manne wurde Cicero, als er in das männliche Alter trat, als Zögling zur Ausbildung für das praktische Leben zugeführt. Er war Consul im J. Roms 637. In Cicero's Werke vom Redner spielt er auch eine Rolle. Von ihm, erzählt Cicero, habe er des Lälius Vortrag über die Freundschaft gehört. Auch im Alter noch liebte er Laune und Scherz [34]

9. *C. Fannius,* Eidam des Lälius. Er hatte in seinem Charakter, wie in seinem Vortrage, etwas Hartes, und so auch als Geschichtschreiber. Cicero nimmt an, Fannius sey am zweiten Tage der Gespräche vom Staat nicht zugegen gewesen. Uebrigens kommt weder er noch Scävola in den aufgefundenen Bruchstücken des gegenwärtigen Werkes zum Wort, wiewohl deßwegen nicht anzunehmen ist, daß sie stumme Personen gewesen seyen. [35]

Der Uebersetzer legte vorzüglich den Text seiner eigenen im Jahr 1826 bei Brönner in Frankfurt erschienenen Ausgabe, mit besonderer Berücksichtigung der Orellischen (Cic. Opp. IV, 1. Turici 1828) zum Grunde.

Erstes Buch

Uebersicht des ersten Buches.

Die Einleitung beschäftigt sich mit dem Beweise, den Cicero in eigener Person führt, daß es eines weisen und edeln Mannes würdiger sey, dem Vaterlande seine Kräfte zu widmen, als in Muße, und wäre es auch den Wissenschaften zu leben; und nach Widerlegung der gewöhnlichen Gegengründe (Cap. 1-7.) geht er auf den Gedanken über, daß er den Vorsatz gefaßt habe, über den Staat, seine Einrichtung und Verwaltung zu schreiben, und daß ihm eine Erzählung des Rutilius, von der Unterhaltung des Scipio mit seinen Freunden über diesen Gegenstand, das beste Material dazu geliefert habe (C. 8.). Da treffen denn nach und nach die Freunde des Scipio in den Latinischen Ferien bei ihm auf seinem Landgute ein (C. 9-17.); man spricht von der kürzlich gesehenen Nebensonne (C. 10.); von dem Interesse an dergleichen Erscheinungen und ihrer Erklärung (C. 13.); von dem durch Maschinen von Archimedes und Eudoxus erleichterten Studium der Astronomie (C. 14.); von dem praktischen Werthe desselben (Cap. 15-17.) mit Beispielen: worauf denn Lälius Veranlassung nimmt, dem Scipio die ihm wichtiger scheinende Untersuchung über den Zustand des Vaterlandes, und die beste Einrichtung des Staats vorzuschlagen (C. 18-21.). Scipio geht darauf ein, als auf einen Gegenstand, der ihn selbst schon viel beschäftigt habe, nachdem er erst sich allzugroße Erwartungen verbeten hat (C. 22. 23.). Nun beginnt er mit einer Definition vom Staate, und den Veranlassungen zur Staatenbildung und Gründung (C. 24. 25.). Es folgt eine Darstellung der dreierlei zu billigenden Regierungsformen, der monarchischen, der aristokratischen und der demokratischen (C. 26.): rein erscheint ihm aber keine vollkommen wünschenswerth, weil die Monarchie leicht in Despotismus, die Aristokratie in Factionsherrschaft, und die Demokratie in Ochlokratie ausarte: (C. 27. 28.); eine gemischte Verfassung sey demnach die beste (C. 29.). Auf die Frage, welche einzelne Verfassung am meisten zu billigen sey (C. 30.), erklärt er sich anfangs, wegen des hohen Werthes der Freiheit, für die Demokratie, und setzt die Gründe dafür auseinander (C. 31-33.): für die Aristokratie, sagt er aber, spreche der Umstand, daß es wünschenswerth seyn müsse, daß die edelsten, weisesten und ausgezeichnetsten Bürger den Staat regieren (C. 34.): im Grunde aber habe doch die Monarchie das Meiste für sich (C. 35.): schon die Verfassung des Olymps spreche dafür, wo auch Jupiter an der Spitze der Götter stehe (C. 36.); ferner die treffliche väterliche Regierung der alten Römischen Könige (C. 37.); endlich der menschliche Geist selbst, in welchem die monarchische Herrschaft der Vernunft über die übrigen Seelenkräfte und Seelentriebe das Beste sey (C. 38.): sey es doch auch schon in einer Familie nicht gut, wenn mehr als Einer Herr sey (C. 39.), ja selbst im freien Rom erkenne man zur Zeit der Noth an, daß die Regierung Einheit (einen Dictator) haben müsse (C. 40.): ein guter König sey ein wahrer Vater seines Volkes (C. 41.). – Aber ein schlechter König sey Schuld am Uebergang der Verfassung in Optimatenherrschaft oder in Volksherrschaft; beide aber arten leicht aus (C. 42.). Schilderung der Uebel der Pöbelherrschaft (C. 43.); und wie sich aus ihr gewöhnlich die Herrschaft eines Tyrannen entwickelt (C. 44.). Resultat: die beste Verfassung ist eine aus monarchischem, aristokratischem und demokratischem Element gemischte (C. 45.): und eine solche sey in der Idee des Römischen Staates, den Scipio nun zu schildern verspricht (C. 46. 47.).

Ueber die erste Lücke des Werkes,

zum Theil nach Angelo Majo.

Da dem Cicero sowohl wegen seines eigenen politischen Lebens, als wegen des Zweckes seines gegenwärtigen Werkes daran liegen mußte, daß Theilnahme an der Verwaltung des Staates als preiswürdig, ja als Pflicht des edlen und weisen Mannes anerkannt werde; so mag er wohl von dem Platonischen Gedanken ausgegangen seyn, den er auch in einem Briefe an seinen Bruder Quintus berührt (I, 1. 10.). »Jener Mann, sagt er, der an Geist und Kenntnissen Keinen über sich hatte, Plato, hatte die Ansicht: nur dann werden Staaten beglückt seyn können, wenn entweder die kenntnißreichen und weisen Männer an die Spitze gestellt würden, oder wenn Die, die an der Spitze stünden, mit allem Eifer darnach trachteten, kenntnißreich und weise zu werden.« Da aber mehrere Griechische Philosophen den Satz aufgestellt hatten, der Weise thue am besten, wenn er sich, ganz ohne alle Rücksicht auf äußere Lebensverhältnisse, der Wissenschaft widme und hingebe, und diese Ansicht sogar an dem Schüler des Aristoteles, dem Theophrastus, einen Vertheidiger gefunden hatte; so mußte Cicero hier diesen von ihm sonst hochverehrten Mann zu widerlegen suchen; und da Epikurus und seine Schule denselben Grundsatz als ganz nothwendig und wahr zu vertheidigen pflegten; so wurde ohne Zweifel auch gegen diese gekämpft, die ohnedieß gar oft die Zielscheibe seines Witzes waren. Den Raum, den das in der ersten Lücke Gesagte einnahm, mochten also wohl die Gründe der Gegner, ihre Einwendungen, Ausflüchte, nebst Cicero's Gegengründen ausfüllen, vielleicht auch diejenigen Gründe eingeflochten oder angedeutet seyn, welche von Dicäarchus in einer eigenen Schrift gegen die Ansicht des Theophrastus vorgebracht worden waren. Vielleicht mochte auch P. Rigidius Figulus mit Ehren erwähnt worden seyn, welchem, nach Plutarchus, [36]Cicero das Zeugniß gegeben haben soll, Rigidius sey es, dessen Grundsätze und Rath er in der Verwaltung seines Consulats zum größten Heil des Vaterlandes befolgt habe. Und Dieß konnte dann den Uebergang bilden auf die großen Männer Roms, die, weit entfernt, ihren geraden Sinn durch philosophische Theorien sich verdorben zu haben, oder zur Erwählung des Rechten erst durch weit hergeholte Gründe und Maximen gebracht werden zu müssen, durch ihr richtiges, und nicht blindes, Gefühl zum Wirken für das Vaterland hingeleitet worden waren.

Erstes Buch.

[Der Anfang fehlt. [37]]

1. – – [von der Gallier] Einfall befreit; nicht C. Duellius, [38]Aulus Atilius, L. Metellus von dem furchtbar herandrohenden Karthago; nicht hätten die beiden Scipione [39]den schon anflammenden Brand des zweiten Punischen Krieges mit ihrem Blute gelöscht; nicht hätten ihm, als er mit verstärkter Streitkraft sich erhob, Quintus Maximus [40]den Lebensnerv abgeschnitten, oder M. Marcellus [41]ihn gelähmt, oder P. Africanus ihn von den Thoren dieser Stadt weggeschlagen und in den Umkreis der feindlichen Mauern eingezwängt. Dem M. Cato [42]aber, einem Manne ohne frühern Ruhm und Ahnen, der für uns Alle, die wir gleiches Streben haben, gleichsam Vorbild für die Richtung unserer Thätigkeit und würdigen Gesinnung bleibt, stand es doch gewiß frei, zu Tusculum in Muße ein behagliches Leben zu führen, an einem gesunden und [dabei von der Stadt] nicht weit entfernten Orte. Allein dieser unsinnige Mensch (dafür sehen ihn wenigstens Jene an) wollte lieber, ungeachtet ihn kein [äußerer] Zwang nöthigte, sich von diesen Wogen und Stürmen bis in das höchste Alter herumtreiben lassen, als in jener stillen Zurückgezogenheit und Muße auf's Angenehmste leben. Ich unterlasse die Aufzählung unendlich vieler Männer, von denen Jeder an seinem Theile diesem Staate Heil gebracht hat; auch schließe ich hier die Aufführung Derjenigen, die der Erinnerung unserer Zeit nicht unmittelbar nahe liegen, damit nicht Jemand sich beklage, als ob entweder er oder Einer der Seinigen wäre übergangen worden, und beschränke mich blos auf die entschiedene Erklärung, daß in der menschlichen Natur eine solche [innere] Nöthigung zur Tugend, und ein solcher Drang, das Gemeinwohl zu vertheidigen, liege, daß dieser Trieb über alle Reize der Sinnenlust und [behaglichen] Muße die Oberhand gewonnen hat.

2. Dabei genügt es denn freilich nicht, die Tugend, wie irgend eine Kunstfertigkeit, zu besitzen, ohne sie in's Leben treten zu lassen. Wiewohl man eine Kunst, auch ohne sie auszuüben, doch wirklich als ein Wissen besitzen kann; die Tugend aber besteht, ihrem ganzen Werthe nach, blos in der Ausübung; ihre bedeutendste Ausübung findet sie aber in der Leitung des Staates, und in der thatsächlichen, nicht blos besprochenen Ausführung gerade derjenigen Dinge, [über] welche jene [Philosophen] in ihren Winkeln [ihre Weisheit] erschallen lassen. Denn

über keinen Satz, der nämlich wahr und würdig vorgetragen wird, sprechen sich die Philosophen aus, der nicht von Jenen zuerst aufgestellt und begründet worden wäre, welche in den Staaten die Rechtsverhältnisse festgestellt haben. Denn wo liegt die Quelle der Frömmigkeit, wo der Ursprung der Gottesverehrung? woher stammt das Völkerrecht, oder das, was wir das bürgerliche Recht nennen? woher Gerechtigkeit, Treu und Glauben, [woher] Billigkeit? woher Scheu vor Unedelm, Enthaltsamkeit, Widerwille gegen Schimpfliches, Streben nach Lob und Ehrbarkeit? woher [endlich] Muth und Ausdauer bei Anstrengungen und in Gefahren? Offenbar von Denen, welche dieß [den Völkern] durch Belehrung angebildet, und einen Theil davon durch Sitte und Herkommen festgegründet, einen andern durch Gesetze heilig und unverletzlich gemacht haben. Erzählt man doch bestimmt vom Xenokrates, [43] einem ausgezeichnet berühmten Philosophen, er habe auf die Frage, was denn seine Schüler erzwecken, geantwortet: das, daß sie Dasjenige aus innerm Triebe thun, wozu sie durch die Gesetze angehalten würden. Daher überwiegt Der, welcher die Gesammtheit der Staatsbürger, durch das Machtwort des Gebots und die von den Gesetzen bestimmte Strafe, zu Dem bringt, wozu die Philosophen durch ihre Vorstellungen kaum Wenige zu bewegen vermögen, an Werth selbst die Lehrer, die hierüber ausführliche Vorträge halten. Denn gibt es wohl einen so ausgezeichnet werthvollen Vortrag, der einem durch öffentliches Recht und Sitte gut eingerichteten Staate vorzuziehen wäre? Und wirklich wie ich

– – Städte von Macht und gewaltiger Herrschaft, (um mich eines Ausdrucks des Ennius zu bedienen [44]) für [wichtiger und] mehr Werth hatte, als kleine Dörfer und Castelle; so bin ich der Ansicht, daß Diejenigen, welche diesen Städten mit Rath und Ansehen vorstehen, gerade an Weisheit weit über Diejenigen zu stellen seyen, die ohne alle Theilnahme an öffentlichen Geschäften leben. Und weil uns ein besonderer innerer Drang antreibt, die werthvollsten Güter des Menschengeschlechts zu vermehren, und wir durch unsere innere und äußere Thätigkeit die Menschheit in einen gesichertern und an Besitzthum reichern Zustand zu bringen streben, auch die Natur uns selbst zu dieser Neigung anspornt; so laßt uns auf dieser Bahn, die stets nur die Besten betreten haben, kräftig vorwärts streben, und gar nicht auf die Signale Derjenigen achten, die zum Rückzug blasen, um auch Diejenigen zurückzurufen, die schon weit voran sind. [45]

3. Diesen so schlagenden und einleuchtenden Gründen werden von Seiten Derjenigen, welche das Gegentheil vertheidigen, erstens die Beschwerden entgegengesetzt, denen man sich bei Vertheidigung des Vaterlandes unterziehen muß: ein Gegengrund, der bei einem rührigen und thätigen Manne nicht viel wiegt, und der nicht blos bei Dingen von solcher Wichtigkeit, sondern auch bei weniger bedeutenden Bestrebungen oder Dienstleistungen oder gar im Geschäftsleben durchaus nicht in Anschlag kommen sollte. Da spricht man auch noch von Lebensgefahren, und will durch die Todesfurcht tapfern Männern einen Schrecken einjagen, die ihnen als etwas Schimpfliches erscheinen muß, da sie mehr Das zu beklagen finden, daß Natur und Alter die Lebenskraft verzehrt, als daß ihnen Veranlassung gegeben werde, das Leben, mit dem sie doch einmal die Schuld der Natur abtragen müßten, gerade dem Vaterlande aufzuopfern. Kommen jene Gegner aber gar auf die Zusammenstellung der Unfälle der ruhmwürdigsten Männer und auf die Kränkungen zu sprechen, die diese von dem Undank ihrer Mitbürger zu erdulden hatten, da glauben sie dem Strome ihrer Beredsamkeit eine recht weite Bahn geöffnet zu sehen. [46] Da bringen sie denn nicht nur jene Beispiele aus der Griechischen Geschichte vor, wie Miltiades, der Besieger und Bändiger der Perser, ehe noch die Wunden geheilt waren, die er vorne am Körper bei dem ruhmvollsten Siege erhalten, sein Leben, das den feindlichen Geschoßen nicht unterlag, im Kerker habe in den Fesseln aufgeben müssen, die ihm seine Mitbürger angelegt; [47] wie Themistokles aus dem Vaterlande, das er befreit, verstoßen und verscheucht, nicht in die von ihm geretteten Seehäfen Griechenlands, sondern in die Buchten des Barbarenlandes sich habe flüchten müssen, das die Schwere seines Armes gefühlt hatte – doch es fehlt ja nicht an Beispielen von Wankelmuth und Grausamkeit der Athener gegen ihre geachtetsten Bürger: ein Benehmen, wovon sie die ersten, und recht zahlreiche, Beispiele gaben, und das sich, wie Jene sprechen, auch in unsern Staat herüber verbreitete, der sonst stets in ernster Haltung nach festen Grundsätzen verfuhr. Da führt man die Verbannung des Camillus auf, die Kränkung des

Ahala, [48]den auf den Nasika geworfenen Haß, die Vertreibung des Länas, die Verurtheilung des Opimius, die Flucht des Metellus, das tiefkränkende Unglück des C. Marius, die Ermordung der ersten Männer des Staats, und den Untergang der Vielen, welcher bald darauf erfolgt ist. Ja selbst meinen Namen ziehen sie schon in dieses Register herein; und, vermuthlich weil sie sich durch meine Entschlossenheit und meine bestandenen Gefahren in dem Genusse jenes Lebens und ihrer Muße geschützt glauben, bekommt ihre Klage über mein Geschick noch einen besondern Anstrich von tiefem Gefühl und von Zuneigung. Allein nicht leicht vermöchte ich anzugeben, warum, da sie selbst, um sich Kenntnisse zu sammeln, oder ihre Schaulust zu befriedigen, über Meere schiffen. [49][Lücke von zwei Seiten.]

4. * * * [50]ich in öffentlicher Volksversammlung den, vom Volke wiederholten, Schwur bei'm Niederlegen meines Consulats ablegte; daß [das Vaterland durch mich] gerettet sey; leicht mich über das Bittere und Schmerzende aller [vorangegangenen] Kränkungen tröstete. Wiewohl all mein Mißgeschick von mehr Ehre als Drangsal begleitet war, und der Ruhm, den es mir gewährte, seine Beschwerden weit überwog; ja die Freude, von den ächten Vaterlandsfreunden zurückersehnt zu werden, größer war, als die Kränkung, die Uebelgesinnten triumphiren zu sehen. Doch, wie gesagt, [51]hätten sich die Ereignisse auch anders gestaltet, wie dürfte ich klagen? wäre mir doch gar nichts Unerwartetes, nichts Härreres, als ich vermuthet hatte, [52]für meine so einflußreichen Thaten zu Theil geworden! Ich war ja, ungeachtet ich entweder in genußreicherer Muße, als Andere, leben konnte, weil mir die von Jugend auf mit Lust getriebenen mannichfachen Studien die angenehmste Beschäftigung gewährten; [53]oder, falls ein allgemeines Unglück hereingebrochen wäre, nicht ein besonderes schlimmes, sondern ein dem der Uebrigen gleiches Loos zu gewarten hatte; [war ich doch, sage ich,] unbedenklich den furchtbarsten Stürmen, ja fast den Blitzen [54]sogar zur Rettung meiner Mitbürger entgegengetreten, und hatte durch meine persönliche Gefahr die gemeinsame Ruhe der andern Bürger erstrebt. Denn nicht unter der Voraussetzung hat das Vaterland uns erzeugt und erzogen, daß es von uns keine Art von Nährgeld erwartete, und, blos unserer Behaglichkeit Vorschub leistend, uns einen gesicherten Zufluchtsort für ein Leben in Muße und einen ungestörten Ruhesitz gewährte; nein, sondern um recht viele und die bedeutendsten Kräfte unseres Gemüthes, unseres Geistes und unserer Einsicht zu seinem Nutzen in Anspruch zu nehmen, für unsere persönlichen Zwecke aber uns so viel Spielraum zu lassen, als es, ohne sich selbst Eintrag zu thun, gewähren konnte.

5. Jene Ausflüchte aber, die sie zu ihrer Entschuldigung vorbringen, um ihre Muße ungestörter zu genießen, verdienen gar nicht einmal angehört zu werden; wenn sie zum Beispiel sagen: es drängen sich zu der Staatsverwaltung in der Regel Leute von nichtswürdigem Charakter; neben die sich zu stellen, erniedrigend, sich mit ihnen herumzuschlagen aber, besonders wenn sie die Menge aufgereizt hätten, unheilbringend und gefährlich sey. Aus diesem Grunde sey es weder weise, die Zügel zu ergreifen, [55]da man die tolle und unbändige Leidenschaft des Pöbels doch nicht bändigen könne; noch anständig, sich mit verächtlichen und rohen Gegnern herumzubalgen, und dabei entweder sich höhnender Mißhandlung auszusetzen, oder sich Kränkungen bloß zu stellen, die der Weise nicht an sich kommen lassen dürfe: [56]als ob es für Männer von Edelsinn, von Muth und Seelengröße einen dringendern Grund geben könnte, dem Vaterlande ihre Dienste zu weihen, als den, den Schlechtgesinnten nicht gehorchen zu müssen, und den Staat nicht von solchen Menschen zerfleischen zu lassen, wo sie dann, wenn es so weit gekommen ist, bei allem guten Willen nicht mehr helfen können. [57]

6. Wer kann aber nun vollends jener Einwendung Recht geben, wenn sie sagen, der Weise werde in keiner Hinsicht Theil an Staatsgeschäften nehmen, außer wenn ihn die Umstände oder die gebieterische Nothwendigkeit dazu zwingen? Als ob irgend einem Menschen eine dringendere Nöthigung vorkommen könnte, als mir vorkam! Was hätte ich in jenem Falle thun können, wenn ich nicht Consul gewesen wäre? Wie konnte ich aber Consul seyn, wenn ich nicht von Jugend an die Laufbahn verfolgt hätte, vermöge der ich, obwohl [nur] im Ritterstande geboren, dennoch zum höchsten Range emporsteigen konnte. [58]Es steht demnach Einem nicht frei, dem Vaterlande so gleichsam aus dem Stegreife, und wann man gerade will, Hülfe zu leisten, so sehr es auch von Gefahren bedrängt seyn mag, wenn man nicht auf einem Standpunkte steht,

wo man dazu befugt ist. Und da kommt mir immer besonders Das in den Aeußerungen jener gelehrten Männer sonderbar vor, daß sie, ungeachtet sie eingestehen, sie verstehen das Staatsschiff selbst bei ganz ruhigem Meere nicht zu lenken, da sie Dieß weder gelernt, noch nach der Kenntniß davon je getrachtet hätten, auftreten und sagen, sie werden sich an das Steuerruder stellen, wenn die Fluten recht heftig empört aufwallen. [59]Denn ganz offen pflegen sie zu sagen, ja sich dessen noch gar sehr zu rühmen, sie haben von den Regeln, wie man Staaten einrichten oder in ordentlichem Stande erhalten müsse, nie Etwas gelernt, und verstehen es auch nicht zu lehren, und äußern die Ansicht, nicht den Gelehrten und Weisen müsse man hierin Kenntniß zumuthen, sondern sie gehöre den in diesen Geschäften Geübten und Bewanderten. Wie reimt sich nun Dieß aber mit ihrer Aeußerung, sie wollen dem Staate erst dann doch mit Rath und That beistehen, wenn der dringendste Nothfall eingetreten sey, da sie doch in dem viel leichtern Falle, nämlich wenn gar keine Noth vorhanden ist, den Staat nicht zu lenken verstehen? Mein Urtheil ist: möchte es sogar wohl gethan seyn, daß der Weise sich nicht unaufgefordert in die Verwaltung des Staates zu mischen pflege, und daß er erst, wenn nöthigende Umstände eintreten, die Uebernahme einer solchen Verpflichtung nicht mehr verweigere; so wäre es doch gerathen, daß der Weise die Kenntniß der bürgerlichen Verhältnisse nicht vernachlässige; schon darum, weil er sich ja auch auf Das gefaßt machen sollte, wovon er nicht weiß, ob er nicht dennoch einmal davon werde Gebrauch machen müssen. [60]

7. Ich habe mich hierüber aus dem Grunde ausführlich herausgelassen, weil ich mir vorgenommen habe, in dem vorliegenden Werke eine Untersuchung über den Staat niederzulegen. Damit aber diese Erörterung nicht als überflüssig erscheinen möchte, mußte ich doch erst die Bedenklichkeit aus dem Wege räumen, als sey vielleicht die Theilnahme an den öffentlichen Angelegenheiten etwas Ungehöriges. Sollte es jedoch Welche geben, bei denen das Ansehen der Philosophen überwiegt, die mögen dem Folgenden einige Aufmerksamkeit schenken, und den Männern Gehör geben, die bei den unterrichtetsten Leuten im höchsten Ansehen und Ruhme stehen: Männern, von denen ich die Ueberzeugung habe, daß sie, falls auch Mancher von ihnen keine Rolle in Verwaltung des Staates gespielt haben sollte, dennoch, vermöge ihrer vielen Untersuchungen und Schriften über den Staat, in das Staatsleben selbst einigermaßen mit eingegriffen haben. Ohnedieß sind ja bekanntlich fast alle jene sieben Männer, welche die Griechen mit dem Beinamen Weise bezeichneten, so recht mitten im Staatsleben, also Staatsmänner gewesen. Es gibt aber auch wirklich gar keine Beschäftigung, wo des Menschen edelste Bestrebungen sich dem Walten der Götter mehr näherten, als bei der Gründung neuer oder bei Erhaltung schon bestehender Staaten.

8. Da ich nun in der günstigen Lage bin, daß ich in dieser Beziehung nicht nur in wirklicher Verwaltung des Staates etwas Denkwürdiges geleistet habe, sondern auch in der Entwicklung theoretischer Ansichten über das Staatsleben nicht bloß durch Uebung, sondern auch durch das Bestreben es richtig aufzufassen und vorzutragen, mir eine Gewandtheit erworben zu haben bewußt bin; während von meinen Vorgängern die Einen zwar im theoretischen Vortrage Meister waren, ohne jedoch im praktischen Leben eine politische Wirksamkeit aufweisen zu können: die Andern zwar praktisch tüchtig, aber darüber sich redend zu verbreiten unvermögend waren; [61]so konnte ich mich an dieses Werk machen, ohne jedoch aus mir selbst eine bisher unerhörte und neu erfundene Theorie herauszuspinnen; ich brauchte vielmehr nur die Unterhaltung hochberühmter und ausgezeichnet weiser Männer Einer Zeit im Gedächtniß aufzufrischen und darzustellen, die mir und dir [Atticus] als Jüngling einst von P. Rutilius Rufus, [62]als wir uns mehrere Tage beisammen in Smyrna befanden, vollständig mitgetheilt wurde; eine Unterhaltung, in welcher meines Erachtens fast Nichts übergangen ist, was über diesen Gegenstand in jeder Beziehung eine besondere Erörterung zu bedürfen scheinen möchte.

9. Da nämlich Publius Africanus, der Sohn des Paullus, unter dem Consulat des Tuditanus und Aquillius, [63]sich vorgenommen hatte, die Latinischen Ferien auf seinen Gütern zuzubringen, und seine vertrautesten Freunde ihm zugesagt hatten, sie wollten sich im Laufe dieser Tage zahlreich bei ihm einfinden; kam gerade am [ersten] Tage des Latinerfestes zu ihm früh Morgens zuerst seiner Schwester Sohn, Quintus Tubero. Scipio grüßte ihn freundlich, bezeugte ihm

Freude über seinen Besuch, und sagte dann: Bist du es, und so frühe, mein Tubero? Du hättest in diesen Ferien bequeme Gelegenheit gehabt, dich recht gemüthlich mit deinen Studien zu beschäftigen. – Nun, erwiederte er, an meine Bücher kann ich zu jeder Zeit gehen, denn sie sind nie von Geschäften in Beschlag genommen; aber dich einmal unbeschäftigt zu treffen, das muß man für ein hohes Glück schätzen, besonders bei den gegenwärtigen Bewegungen im Staate. [64] – Nun freilich, du findest mich so; aber doch ist meine Muße mehr äußerlich als innerlich: [denn mein Gemüth ist beschäftigt genug.] – Ey, erwiederte Tubero, du mußt auch dem Gemüthe eine Abspannung vergönnen; denn wir haben uns, unser Viele, entschlossen. wenn es dir nicht ganz ungelegen ist, deine gegenwärtige Muße in Beschlag zu nehmen. – Dagegen wende ich nichts ein; komme ich dadurch doch auch einmal wieder zu einer wissenschaftlichen Unterhaltung.

10. Nun, sprach Jener, weil du mich doch gewissermaßen aufrufst, und Hoffnung gibst, du werdest zu haben seyn, wollen wir nicht, mein Africanus, bevor noch die Andern kommen, uns erst darüber verständigen, was es denn mit jener Nebensonne für eine Bewandniß habe, von welcher im Senate die Meldung vorkam. [65] Denn es sind nicht wenige und unbedeutende Gewährsmänner, welche zwo Sonnen gesehen zu haben behaupten; so daß wir in dem Falle sind, nicht sowohl ihnen Glauben versagen, als nach den Gründen dieser Erscheinung fragen zu müssen. Wie sehr wünschte ich, erwiederte Scipio, wir hätten unsern Panätius [66] hier bei uns. Das ist ein Mann, der unter andern besonders auch über dergleichen Ereignisse am Himmel vorzüglich eifrig nachzudenken pflegt. Wiewohl ich, mein Tubero, (denn ich äußere hier unter vier Augen meine Ansicht ganz unverholen) jenem unserm guten Freunde in Beziehung auf jenes ganze Gebiet der Forschung nicht so ganz Recht geben kann, da er sich über Dinge, über deren Wesen wir kaum Ahnungen und Vermuthungen wagen dürfen, so entscheidend ausspricht, daß man meinen sollte, er sehe sie mit leibhaften Augen, oder könne sie gar mir Händen greifen. Gerade darum fühle ich mich auch gedrungen, den Sokrates für um so weiser zu erklären, da er sich des Nachfragens nach allen dergleichen Dingen entschlagen, und geradezu behauptet hat, die Forschungen über das Wesen der Naturerscheinungen übersteigen entweder die menschlichen Geisteskräfte, oder sie seyen ohne allen Einfluß auf das Leben der Menschen [als Menschen]. [67] Ich weiß doch nicht, mein Africanus, sagte darauf Tubero, warum denn so bestimmt dem Sokrates nachgesagt wird, er habe alle dergleichen Erörterungen verworfen, und in der Regel nur über das menschliche Leben von seiner moralischen Seite Untersuchungen angestellt. Denn, sprich, können wir über ihn einen vollgültigern Gewährsmann anführen, als Plato? und doch spricht Socrates in dessen Schriften an gar vielen Stellen, selbst wo er über Sittlichkeit, Tugend, ja über Staat und Verfassung sich ausläßt, dennoch so, daß er sich offenbar Mühe gibt, nach Pythagorischer Weise auf arithmetische, geometrische und musikalische Verhältnisse anzuspielen und sie einzuflechten. [68] Richtig, antwortete Scipio, so verhält es sich. Allein du hast doch, glaube ich, mein Tubero, schon gehört, daß Plato nach des Sokrates Tode sich, um seine Kenntnisse zu erweitern, erst nach Aegypten, späterhin nach Italien und Sicilien begeben habe, um sich eine gründliche Erkenntniß von den Entdeckungen des Pythagoras zu verschaffen; [69] daß er viel Umgang mit dem Archytas von Tarent und mit dem Timäus von Lokri gehabt, auch sich die Aufsätze und Studien des Philolaus zu verschaffen gewußt; [70] und, da um jene Zeit in diesen Gegenden der Name des Pythagoras hochgefeiert war, sich ganz besonders an Pythagoreer und das Studium ihrer Lehren gehalten habe. Dem zufolge hat er denn, bei seiner so innigen Liebe zum Sokrates, den er zum Träger des Besten, was er wußte, zu machen gesonnen war, die Sokratische Laune und gerundete Feinheit des Ausdrucks mit dem Tiefsinn des Pythogoras und jenem Vollgehalt vielseitiger Kenntnisse verwebt.

11. Als Scipio Dieses gesprochen hatte, erblickte er auf einmal den eben eintretenden L. Furius, begrüßte ihn, faßte ihn mit warmer Freundlichkeit bei der Hand, und nöthigte ihn neben sich auf sein Polster zu sitzen. Und da zu gleicher Zeit P. Rutilius gekommen war, eben Der, welcher mir, wie gesagt, die ganze Unterhaltung mitgetheilt hat, begrüßte er auch Diesen, und wies ihm seinen Platz neben dem Tubero an. Nun, begann Furius, was treibt ihr eben? hat unsere Dazwischenkunft eine von euch schon angesponnene Unterhaltung gestört? O nein, erwiederte Africanus; denn die kurz vorher von Tubero aufgeworfene Frage gehört gerade in den Kreis von

Gegenständen, die du mit besonderer Vorliebe zu untersuchen pflegst. Auch unser Rutilius hier pflegte sogar unter den Mauern von Numantia zuweilen über dergleichen Dinge sich mit mir in Untersuchungen einzulassen. [71]Nun, so sprich, sagte Philus, was war denn der Gegenstand eurer Unterhaltung? Die Doppelsonne, antwortete Jener, du weißt ja: und ich möchte wirklich, mein Philus, auch deine Ansicht darüber vernehmen.

12. Kaum hatte er Dieß gesagt, da meldete ein Sklave, Lälius komme zu ihm, und bereits sey er aus dem Hause herausgetreten. Da zog Scipio Schuhe und ein [Ober]kleid an, trat aus dem Gemache, und, nachdem er ein Paarmal in der Säulenhalle auf und ab gegangen, begrüßte er den eintretenden Lälius und seine Begleiter, den Spurius Mummius, auf den er besonders viel hielt, den C. Fannius und den Q. Scävola, die Schwiegersöhne des Lälius, unterrichtete junge Männer, schon im Quästorenalter. [72]Nachdem er sie Alle begrüßt, machte er durch eine Umwendung in der Säulenhalle, daß Lälius in die Mitte kam. Es bestand nämlich unter diesen beiden Männern in ihren freundschaftlichen Verhältnissen eine Art von [stillschweigender] Uebereinkunft, daß im Felde Lälius dem Africanus wegen seines ausgezeichneten Kriegsruhmes einen fast übermenschlichen Rang einräumte; wogegen Scipio zu Hause den Lälius, als den Aeltern, mit einer Art von kindlicher Achtung verehrte. [73]Als sie nun ein Paar Gänge durchwandelt und einige Worte mit einander gewechselt hatten, auch sich Scipio über ihre Ankunft sehr vergnügt und erfreut bezeugte, wurden sie einig, sich, weil es eben Winterzeit war, an dem sonnigsten Platze der kleinen Wiese niederzusetzen. Eben waren sie im Begriffe, Dieß zu thun, da trat noch M. Manilius zu ihnen, ein einsichtsvoller [74]und der ganzen Gesellschaft sehr willkommener und lieber Mann; der sich dann, nachdem ihn Scipio und die Andern auf's freundschaftlichste begrüßt, neben dem Lälius niederließ.

13. Ich denke, begann Philus, wir brauchen darum, weil diese [Freunde] gekommen sind, eben keinen andern Unterhaltungsstoff aufzusuchen, sondern den Gegenstand nur noch gründlicher zu besprechen, und darüber Etwas zu sagen, was von ihnen gehört zu werden verdient. Nun, fiel Lälius ein, woran waret ihr denn eben? worüber unterhieltet ihr euch denn, als wir euch unterbrachen? *Philus.* Soeben hatte mich Scipio gefragt, was ich denn von der von allen Seiten her bestätigten Nachricht halte, daß eine Doppelsonne gesehen worden sey? *Lälius.* Wirklich, Philus? sind wir schon so im Reinen mit Dem, was unser Haus [unsere nächsten Umgebungen] und unser Vaterland angeht, daß wir uns mit unsern Untersuchungen bereits bis zum Himmel versteigen? Nun, erwiederte Jener, meinst du nicht, es gehöre auch Das zu unserm Hause, daß wir wissen, was gerade zu Hause geschieht und vorgeht? Unser Haus aber nenne ich nicht den Raum, den unsere [vier] Wände einschließen, sondern die ganze Welt, die uns von den Göttern zur gemeinsamen Wohnung und Heimath mit ihnen angewiesen ist; [75]zumal da wir, wenn wir damit unbekannt sind, mit gar Vielem und Bedeutendem unbekannt bleiben müssen. Ich meines Theils, und wahrhaftig auch du, Lälius, und Alle, die nach Weisheit streben, wir finden an der Erkenntniß und Betrachtung der Dinge schon an sich ein Vergnügen. Ich habe nichts dagegen, antwortete Lälius, besonders da wir gegenwärtig ja Ferien haben. Aber gibt es auch für uns noch Etwas zu hören, oder sind wir zu spät gekommen? *Philus.* Bis jetzt habt ihr noch Nichts versäumt. Und weil denn die Sache noch ganz unbesprochen ist, so möchte ich gar gerne dich, mein Lälius, als Sprecher darüber deine Stimme abgeben lassen. *Lälius.* Nein, dich wollen wir hören; es müßte nur etwa Manilius der Meinung seyn, es müsse zwischen den beiden Sonnen ein Interdict eingelegt werden, vermöge dessen sie den Besitz des Himmels so zusammen haben sollen, wie er bisher von der einen [oder] und der andern ausgeübt worden ist. [76]Wie, fiel Manilius ein, hörst du nimmer auf, mein Lälius, dich über die Wissenschaft lustig zu machen, in der du erstlich selbst Meister bist, [77]und ohne die überdieß Niemand wissen kann, was sein, oder eines Fremden, Eigenthum ist? Doch hievon gleich nachher. Jetzt laß uns einmal den Philus vernehmen, der, wie ich sehe, bereits über wichtigere Gegenstände, als ich oder als P. Mucius, zu Rathe gezogen wird.

14. Da nahm Philus das Wort und sagte. Neues werde ich euch gerade nicht vortragen, oder etwas von mir Ausgedachtes oder Erfundenes. Es ist mir nämlich noch erinnerlich, wie C. Sulpicius Gallus, [78]

[Lücke von acht Seiten.]

15. * * * gewesen; weil ich nicht nur selbst [Scipio spricht] den Mann [den C. Sulpicius Gallus] lieb hatte, sondern auch wußte, daß er meinem Valer Paullus besonders lieb und werth gewesen war. Ich erinnere mich (es war in meinen frühesten Jünglingsjahren [79]), wie mein Vater als Consul in Macedonien war, und wir uns im Lager befanden, daß unser Heer von abergläubischer Besorgniß und Furcht ergriffen war, weil bei heiterer Nacht auf einmal die helle Scheibe des Vollmonds sich verdunkelt hatte. Da setzte jener [Sulpicius] (er war gerade unser Legat, etwa ein Jahr, ehe er zum Consul ernannt wurde) den Tag darauf die Sache öffentlich im Lager belehrend auseinander und sagte geradezu, das sey gar nichts Außerordentliches, es habe sich diesesmal darum ereignet, und werde sich zu bestimmten Zeiten jedesmal wieder so ereignen, wann die Sonne eine solche Stellung hätte, daß ihr Lichtstrahl den Mond gar nicht treffen könne. Wirklich? sagte Tubero; das konnte der Mann jenen fast ganz ungebildeten Leuten begreiflich machen? und hatte Muth genug, vor ganz Unkundigen Dieß zu sagen? *Sc.* Ja wohl, und zwar mit großer [Zuversicht] [80] * * *

[Lücke von wenigstens zwei Seiten.] * * *

[und dabei war weder] hochmüthiges Großthun, noch eine Ausdrucksweise, die sich mit der Würde eines Mannes von Charakter nicht vertragen hätte; er hatte indessen doch ein bedeutendes Resultat gewonnen, nämlich einer bestürzten Menschenmasse einen grundlosen Aberglauben und [daraus entstandene] Angst benommen.

16. Etwas Aehnliches soll ja auch Perikles [81] in jenem furchtbaren Kriege, den die Athener und Lacedämonier gegen einander mit der größten Erbitterung führten, gethan haben, ein Mann, der durch persönliches Uebergewicht, durch Beredsamkeit und Einsicht die erste Rolle in seinem Vaterlande spielte. Als nämlich bei einer Sonnenfinsterniß es auf einmal dunkel geworden, und sich der Gemüther der Athener eine außerordentliche Furcht bemächtigt hatte, belehrte er seine Mitbürger, ganz so, wie er es von seinem ehmaligen Lehrer Anaxagoras vernommen hatte, dieses Ereigniß trete zu bestimmten und nothwendig erfolgenden Zeiten ein, wenn die ganze Mondscheibe gerade vor die Sonnenscheibe trete. und Dieß ereigne sich demnach, wiewohl nicht bei jedem Mondwechsel, aber doch immer nach Verlauf einer bestimmten Mondumlaufszeit. [82] Dadurch nun, daß er Dieß belehrend und mit Gründen auseinander setzte, benahm er dem Volke die Furcht. Es war nämlich die Theorie, daß die Sonnenfinsterniß durch den zwischen die Erde und die Sonne tretenden Mond entstehe, damals noch ganz neu und unbekannt; und der Erste, der diese Bemerkung machte, soll Thales von Milet gewesen seyn. [83] Späterhin war Dieß auch unserm Ennius nicht unbekannt, demnach, wie er schreibt, daß ungefähr im Jahre Roms 350.

    – Mondesdunkel die Sonn' an den Nonen des Junius deckte. [84]

Und wirklich herrscht in diesem Puncte eine solche Sicherheit und Gewandtheit der Berechnung, daß man von dem Tage an, den wir bei Ennius und in den Jahrbüchern der Oberpriester [85] verzeichnet finden, die frühern Sonnenfinsternisse rückwärts berechnet hat, bis zu der, welche sich am 7. Julius unter der Regierung des Romulus ereignet hat, bei welcher Sonnenfinsterniß Romulus, wenn er auch damals auf menschliche Weise diesem Erdenleben entrafft wurde, doch vermöge seiner Tugend zu den Unsterblichen entrückt worden seyn soll. [86]

17. Da nahm Tubero das Wort und sagte: Siehst du, Africanus, was dir kurz vorhin nicht einleuchten wollte, daß gelehr * * * [87]

[Es fehlen zwei Seiten]

* * * [88] das mögen die Andern bedenken. Was kann ferner Einer, der einen Blick in diese Reiche der Götter gethan, entweder für herrlich halten in den menschlichen Verhältnissen, oder für dauernd Der, welcher erkannt hat, was ewig ist, oder für ruhmvoll Derjenige, der sich überzeugt hat, wie klein die Erde ist; schon im Ganzen, und dann noch davon der Theil derselben, den die Menschen bewohnen; und wie [lächerlich] wir, auf einem ganz kleinen Fleckchen festgebannt, selbst den meisten Völkern vollkommen unbekannt, dennoch hoffen, daß unseres Namens Ruhm, wer weiß wie weit, fliegen und sich verbreiten werde: [89] der ferner Ländereien, und Gebäude, und Viehheerden, und eine unermeßliche Masse Silbers und Goldes weder für

Güter zu halten noch so zu nennen pflegt, weil ihm der Genuß von diesen Dingen werthlos, ihr Nutzen unbedeutend, weil ihr Besitz unsicher ist, und weil sie oft auch in unermeßlicher Menge als Eigenthum der verabscheuungswürdigsten Menschen erscheinen. [90]Für wie hochbegütert ist Derjenige zu achten, der allein mit Wahrheit Alles als sein Eigenthum anzusprechen die Befugniß hat, nicht nach dem Quiritenrechte [Römischen Eigenthumsrechte], [91]sondern nach dem Rechte der Weisen; nicht nach bürgerlichem Schuldverbande, sondern nach dem gemeinsamen Gesetze der Natur, welches nicht haben will, daß irgend Etwas Jemands Eigenthum sey, außer Dessen, der es zu behandeln und zu gebrauchen versteht, der die Ansicht hat, daß unsere Befehlshaberstellen und Consulwürden unter die Dinge gehören, denen man sich unterziehen, nicht die man sich wünschen müsse, die man auf sich nehmen soll, um das Seinige zum Dienste des Vaterlandes beizutragen, die man aber nicht der Belohnungen oder des Ruhms wegen suchen dürfe; der endlich, wie, nach der Erzählung des Cato, mein Großvater Africanus zu sagen pflegte, von sich rühmen kann, daß er nie mehr thue, als wenn er Nichts zu thun habe, daß er nie weniger allein sey, als wenn er allein sey. [92]Denn Wer kann mit Wahrheit glauben, daß Dionysius, als er durch alle möglichen Ränke seinen Mitbürgern ihre Freiheit raubte, mehr gethan habe, als sein Mitbürger Archimedes, als er eben jene Sphäre, von der vorhin die Rede war, verfertigte, zu einer Zeit, wo er Nichts zu thun schien? Wer muß aber nicht Diejenigen mehr für einsam halten, die auf dem Markte und im Volksgewühle Niemand haben, mit dem sie sprechen möchten, als Die, welche, ohne einen Zeugen um sich zu haben, sich entweder mit sich selbst unterhalten, oder dadurch sich gleichsam in die Versammlung der kenntnißreichsten Männer versetzen, daß sie sich an ihren Entdeckungen und Schriften erfreuen? Wer aber darf Jemanden für reicher halten, als Den, dem Nichts von Dem gebricht, was die Natur als ihr Bedürfniß anspricht? oder für mächtiger, als Den, der Alles, was er begehrt, auch wirklich bekommt? oder für glückseliger, als Den, der von aller Störung der Gemüthsruhe befreit bleibt? oder im Besitze eines gesichertern Wohlstandes, als Den, der Dasjenige besitzt, was, wie man im Sprüchwort sagt, er auch aus dem Schiffbruche mit sich retten kann? [93]Kann aber Einer mit der Feldherrnwürde, in einer Beamtenstelle, ja im Königsrange höher stehen, als ein Mann, der allen menschlichen Tand verachtet, und ihn tief unter der Weisheit erblickt, und der nie etwas [Geringeres] als Ewiges und Göttliches in seinem Geiste erwägt und erstrebt? Der überzeugt ist, es tragen zwar auch die Andern den Namen Menschen, [wahre Menschen] seyen aber nur Die, welche durch reinmenschliche Geistesbildung aus der Gemeinheit sich emporgearbeitet haben? Demnach erscheint mir jenes Wort des Plato, oder Wer es sonst gesagt haben mag, [94]höchst treffend; als er nämlich von der hohen See durch den Sturm an ein unbekanntes Land und eine verödete Küste verschlagen worden war, und seine Gefährten wegen der Ungewißheit, wo sie denn wären, Angst verriethen; soll er im Sande die Zeichnung einiger geometrischen Figuren bemerkt, und bei deren Anblick sogleich ihnen zugerufen haben, sie sollten gutes Muthes seyn, denn er sehe Spuren von Menschen, und diese deutete er nicht aus einem etwa erblickten angebauten Acker heraus, sondern aus jenen Geistesbildung verrathenden Gestalten. Und aus diesem Grunde, mein Tubero, haben mir immer wissenschaftliche Bildung und wissenschaftlich gebildete Menschen und jene Studien, die du treibst, gefallen.

18. Da sprach Lälius: Zwar wage ich es nicht, mein Scipio, gegen Dieß Einwendungen vorzubringen, und nicht sowohl dich und den Philus und Manilius * * * [95]

[Lücke von zwei Seiten.]

* * * mit ihm von Vaterseite verwandt war unser Freund, der wohl verdient, von diesem [dem Tubero] zum Muster genommen zu werden:

Sextus Aelius, kundig, gewandt und verständigen Sinnes: [96]

und wirklich war der Mann recht verständigen Sinnes und gewandt, wie ihn Ennius schildert; nicht darum, weil er Dinge untersuchte, hinter die er nie hätte kommen können, sondern weil er solche [Rechts-] Gutachten ertheilte, welche Die, die ihn zu Rathe zogen, von Sorge und Unruhe befreiten, und darum, weil er, wenn er gegen die Studien des Gallus sprach, immer jene Worte des Achilles aus der Iphigenia [des Ennius oder des Nävius] im Munde führte:

»Zeichen der Astrologen forscht er nach am Himmel: Deutelt aus,
»Wann des Juppiter Ziege, der Scorpion oder sonst ein Thier erscheint.
»Keiner schaut, was vor dem Fuß liegt, Himmelsräum' ausspähen sie.« [97]

Doch sagte derselbe Mann (denn ich hörte ihn gar oft und gerne), jener Zethus bei Pacuvius [98] sey den Wissenschaften gar zu abhold: besser gefiel ihm Neoptolemus bei Ennius, welcher sagt: das Philosophiren liebe er, nur aber kurz; denn Nichts thun, als Das, sey ihm zuwider. [99] Indessen wenn euch die Studien der Griechen so gar sehr behagen, so gibt es doch noch andere zwanglosere und umfassendere, von denen sich auch eine Anwendung auf das Leben, oder auch selbst auf den Staat machen läßt. Jene Wissenschaften jedoch, wenn sie anders einen Werth haben, dienen dazu, den Geist der jungen Leute einigermaßen zu schärfen und gleichsam aufzureizen, damit er das Wichtigere desto leichter erfassen könne.

19. Nun gut, sagte Tubero, ich gebe dir Recht, Lälius; allein ich möchte wissen, was du denn unter dem *Wichtigern* verstehst. *Lälius.* Das will ich dir wahrhaftig gleich sagen, selbst auf die Gefahr hin, von dir verächtlich angesehen zu werden, da du den Scipio über jene Dinge am Himmel befragt hast, während ich der Ansicht bin, man müsse sich mehr um Das bekümmern, was unmittelbar vor den Augen liegt. Warum denn, frage ich, forscht der Enkel des L. Paullus, [100] der einen solchen Oheim hat, [101] der in der ruhmreichsten Familie und in einem so berühmten Staate geboren ist, darnach, wie es sich mit der Erscheinung der Doppelsonne verhalte, anstatt zu forschen, warum in Einem Staate gegenwärtig zwei Senate und fast gar zwei Völker sich finden? Hat doch, wie ihr seht, der Tod des Tiberius Gracchus und früher schon dessen ganzes Benehmen in seinem Tribunate das Eine Volk in zwo Parteien zerspalten, [102] die Verläumder und Neider des Scipio dagegen, nachdem einmal von P. Crassus und Appius Claudius der Anfang gemacht worden, [103] erhalten demungeachtet, ob jene gleich todt sind, den einen Theil des Senats, angestiftet von Metellus und P. Mucius, in Feindschaft gegen uns, und, indem sie die Bundesgenossen und Latiner aufhetzen, die Verträge gebrochen werden, die unruhstiftenden Triumvirn [104] täglich neue Unordnungen veranlassen, die wohlhabenden Vaterlandsfreunde aber eingeschüchtert sind, machen sie, daß der einzige Mann, der es vermag, bei diesen gefahrvollen Zeiten nicht helfend einschreitet. Darum, meine jungen Freunde, laßt euch rathen, und fürchtet die Nebensonne nicht; denn entweder kann es keine geben, oder wenn auch ihre Erscheinung keine optische Täuschung ist, so darf *euch* darüber keine Besorgniß anwandeln, oder wir können von dergleichen Dingen gar Nichts wissen; oder wenn wir auch davon alles Mögliche wüßten, so kann uns doch ein solches Wissen weder besser noch glücklicher machen. Daß wir aber Einen Staat und Ein Volk haben, das ist nicht nur möglich, sondern es ist auch höchst nachtheilig, wenn es nicht so ist: zudem wissen wir, daß es nicht so ist, und sehen zugleich, daß wir, wenn es dahin gebracht wird, besser und beglückter leben werden.

20. Nun, was meinst du denn, Lälius, fiel Mucius ein, daß wir lernen müssen, um eben das zu Stande zu bringen, was du haben willst? *Lälius.* Diejenigen Kenntnisse, die uns dahin führen, daß wir dem Vaterlande nützlich werden können. Denn Das halte ich für das herrlichste Resultat der [Bemühung um] Weisheit, und für den größten Beweis oder die höchste Pflicht der Tugend. Darum laß uns denn, damit wir die gegenwärtigen Ferien zu einer für das Vaterland recht ersprießlichen Unterhaltung anwenden, den Scipio bitten, er möge uns seine Ansicht darüber mittheilen, welche Verfassung eines Staates er für die beste halte. Dann wollen wir uns noch auf andere Untersuchungen einlassen; und wenn wir damit im Reinen sind, dann werden wir durch den Gang der Erörterung eben auf dieses kommen und über das Verhältniß der Dinge, die uns unmittelbar vorliegen, uns verständigen.

21. Da hierüber Philus und Manilius und Mummius ihre freudige Zustimmung bezeugt hatten * * * [105]

[Lücke von zwei Seiten.] [106]

* * * [und Dieß] habe ich nicht blos aus dem Grunde gewünscht, weil es sich gehört, daß gerade Der, welcher im Staate am höchsten steht, über den Staat spreche, sondern auch weil ich mich erinnerte, daß du gar oft mit dem Panätius in Gegenwart des Polybius [107] [hierüber] dich

unterhieltest, zwei Griechen, die wir wohl zu den staatskundigsten rechnen dürfen, und daß
du dabei viele Gründe zusammenstelltest und bewiesest, daß bei weitem die beste Verfassung
diejenige sey, die sich von unsern Vorfahren auf uns vererbt habe. Und weil du denn zu einer
Erörterung hierüber der am meisten Gerüstete bist, so wirst du uns Allen (um auch im Namen
unserer Freunde hier zu sprechen) einen recht angelegentlichen Wunsch erfüllen, wenn du uns
deine Ansichten über den Staat entwickelst.

22. Da sprach Jener: Allerdings gestehe ich, daß ich über keinen Gegenstand ernstere und
vielseitigere Betrachtungen anzustellen pflege, als gerade über den, den du, mein Lälius, mir
eben vorschlägst. Da ich nämlich die Bemerkung gemacht habe, daß jeder Künstler, der sich in
seinem Fache wirklich auszeichnet, nur darauf denkt, dichtet und sinnt, sich in jenem Kunstge-
biete zu vervollkommnen; so will ich in dem Fache, das meine Eltern und Vorfahren auf mich
vererbt haben, ich meine die Besorgung und Verwaltung des Gemeinwohls [des Staates], mich
nicht läßiger finden lassen, als irgend Einer, der aus einer Kunst ein Gewerbe macht, dadurch,
daß ich auf die größte Kunst etwa weniger Anstrengung verwendete, als Jene auf so gering-
fügige. Allein so wenig ich mich mit Dem begnüge, was die größten Weisen Griechenlands
[108]uns über diesen Gegenstand des Nachdenkens schriftlich hinterlassen haben, eben so wenig
wage ich es meine eigenen Ansichten über Jene zu stellen. Aus diesem Grunde bitte ich euch,
bei meinem Vortrage Das zu berücksichtigen, daß ich zwar der Ansichten der Griechen nicht
ganz unkundig bin, ohne sie indessen, in diesem Punkte besonders, den unsrigen vorzuziehen;
daß ich jedoch bei dem Allem ein Römer bin, der zwar durch die Sorgfalt seines Vaters eine
anständige Erziehung genossen, [109]auch von den Knabenjahren an großen Eifer gehabt hat, sich
Kenntnisse zu sammeln, der aber demungeachtet aus dem Leben und mündlicher Belehrung in
der unmittelbaren Umgebung [110]mehr, als aus Büchern gelernt hat.

23. Wahrhaftig, mein Scipio, fiel ihm Philus ein, ich bin überzeugt, daß an Talent dich Keiner
übertrifft, an Erfahrung aber in den wichtigsten Dingen, die im Staate vorkommen, du ohne
weiteres über Allen stehst, wohin aber dein Streben gegangen ist, [111]das wissen wir. Darum wenn
du, wie du sagst, auch auf jene Wissenschaft oder gleichsam Kunst deine Bestrebungen gerichtet
hast, so bin ich dem Lälius in hohem Grade verpflichtet; denn ich hoffe, was du vortragen wirst,
wird bei weitem gehaltvoller seyn, als Alles, was uns die Griechische Literatur bietet. [112]Da
erregst du eine gar große Erwartung von meinem Vortrage, erwiederte er, und Dieß hat für
Den, welcher über wichtige Gegenstände zu sprechen im Begriff ist, immer etwas Drückendes.
Sey die Erwartung immerhin groß, antwortete Philus, du wirst sie, wie gewöhnlich, übertreffen:
denn Das ist wohl gar nicht zu besorgen, es möchte dir, wenn du über den Staat sprichst, die
Sprache ihre Dienste versagen.

24. So will ich denn, sagte Scipio, eurem Willen entsprechen, so gut ich kann, und meine
Erörterung unter Beobachtung der Form beginnen, die meines Erachtens bei jeder Art von
Auseinandersetzung statt finden muß, wenn man sich vor Mißverständnissen verwahren will,
daß man sich erst über die Benennung des abzuhandelnden Gegenstandes und dann über den
Begriff desselben verständige, denn dann erst, wenn man hierüber im Reinen ist, kann man auf
die Ausführung selbst gehörig eingehen. niemals aber wird man über die Beschaffenheit des Gegenstandes, von dem man zu sprechen hat, in's Klare kommen, wenn man nicht erst, was denn
der Gegenstand ist, klar erkannt hat. Und weil wir denn jetzt eine Untersuchung über den Staat
beginnen wollen, so laßt uns zuerst uns fragen, was denn eigentlich Das für ein Ding ist, was
wir zu untersuchen gedenken. Als Lälius dieser Vorbemerkung seinen Beifall geschenkt hatte,
fuhr Africanus fort: bei einem Gegenstande jedoch, der so vielfach beleuchtet und so allbekannt
ist, verschone ich euch mit dem Zurückgehen auf die Urbegriffe, von denen die Systematiker
hierin auszugehen pflegen, und beginne deßwegen nicht mit der ersten Verbindung zwischen
Mann und Weib, dann von deren Nachkommen und der Stammesverwandtschaft, [113]auch will
ich nicht wiederholte Bestimmungen der gebrauchten Ausdrücke, und aus wie vielerlei Arten
jeder Begriff sich in Worte fassen lasse, vorbringen. Wohl bedenkend, daß ich vor einsichtsvollen Männern spreche, die sich in dem bedeutendsten Staate im Krieg und Frieden schon auf's
rühmlichste ausgezeichnet haben, will ich nicht in den Fehler verfallen, daß der Gegenstand,

über den ich spreche, großartig, mein Vortrag aber in Vergleichung mit ihm kleinlich erscheine; auch habe ich mir nicht die Aufgabe gemacht, wie ein Lehrer vor Schülern, [114]den Gegenstand zu erschöpfen: noch versprech' ich, es so weit zu treiben, daß in meiner Darstellung auch nicht ein unbedeutender Punkt unerörtert bleiben soll. Das versteht sich, sagte Lälius; eine solche und keine andere Art der Ausführung erwarte ich auch.

25. Also sagte Afrikanus, Staat [oder Gemeindewesen, eigentlich Gemeinsache] ist Volkssache. [115]Volk aber ist nicht jede auf jede mögliche Weise zusammengekommene Menschenmasse, sondern eine zusammengetretene Menschenmasse, die durch gemeinsames Recht und gemeinsamen Vortheil sich zu einer Gesellschaft verbunden hat. Die erste Veranlassung dieses Zusammentretens ist aber nicht sowohl die Schwäche, als ein gewisser den Menschen angeborner Vereinigungs- [Geselligkeit-]trieb Denn das [Menschen-] Geschlecht ist nicht zum Einzelleben und Gleiche Ansicht hat Plato v. d. Gesetzen III, 678: eine abweichende aber Derselbe vom Staat II, 369: worin ihm Aristoteles (Rep. III, 9.) widerspricht, ohne jedoch ganz mit dem Cicero übereinzustimmen.getrennten Herumschweifen [von der Natur] bestimmt, sondern so geschaffen, daß nicht einmal vom reichsten Ueberflusse an allen Dingen umgeben * * * [116]

[Lücke von zwei Seiten.]

26. * * * [117]gewisse Keime; so wenig man aber sagen kann, die Tugenden seyen etwas Veranstaltetes, so wenig läßt sich Dieß vom Staate nachweisen. Diese Vereine nun, die auf die von mir angegebene Weise gegründet wurden, haben zuvörderst an einem bestimmten Platze einen Wohnsitz, um sich anzusiedeln, gewählt, ihn dann durch die Wahl des Ortes selbst und durch künstliche Nachhülfe befestigt, und eine solche Aneinanderreihung von Wohnungen einen Ort oder eine Stadt genannt, wo zwischenein zum Gottesdienst bestimmte Räume und öffentliche gemeinsame Plätze waren. Jedes Volk also, welches ein solcher Verein einer Menge ist, wie ich ihn beschrieben habe, jeder Bürgerverein, der die Grundlage eines Volkes ist, jedes Gemeinwesen, das, wie gesagt, Volkssache ist, muß durch vernünftige Berathung geleitet werden, um dauerhaft seyn zu können. Diese muß sich aber jedesmal eben auf die Grundursache beziehen, welche zur Gründung des Staates Veranlassung gegeben hat. Dann muß Das, [was hiebei zu thun ist,] entweder Einem übertragen seyn, oder einer Anzahl von Auserlesenen, oder die Menge und die Gesammtheit muß es übernehmen. [118]Ist die Hauptleitung des Ganzen in der Hand eines Einzigen, so nennen wir diesen Einen König, und die Verfassung eines solchen Staates, Königthum. Ist sie in den Händen Auserlesener, dann sagt man, ein solcher Staat werde aristokratisch regiert. Ein demokratischer Staat aber (denn so nennt man ihn) ist der, wo die höchste Gewalt [Souveränität] auf dem Volke ruht. Von allen diesen drei Arten [der Verfassung] ist jede, wenn sie jenes Band fest hält, das zuerst die Menschen zur Verbindung zu einem Gemeinwesen veranlaßt hat, zwar nicht vollkommen (und nach meiner Ansicht die beste), aber es läßt sich doch unter derselben leben; nur ist die eine allenfalls besser als die andere. Denn je nachdem entweder der König unpartheiisch und weise; oder die Ausgewählten und Vornehmen es sind; oder das Volk selbst (wiewohl darauf am wenigsten zu rechnen ist) [119]– doch wenn sich nicht Aufhebung der Rechtsgleichheit oder Leidenschaftlichkeit einmischt; so kann der Staat immerhin auf einem ziemlich festen Fuße stehen.

27. Allein so wie in einem Königreiche alle Staatsbürger [außer dem Könige] Gleichheit der Rechte und Theilnahme an der Berathung [des Staatswohls] entbehren, und, wo die Vornehmen herrschen, der Menge kaum noch ein [gehöriger] Antheil von Freiheit bleiben kann, da sie weder das Gemeinwohl mit berathen darf, noch die vollziehende Gewalt besitzt, so ist auch, wo das Volk die ganze Regierung des Staates in Händen hat, sey es auch gerecht und gemäßigt, in diesem Falle selbst die [vollkommene] Gleichheit ungleich [und unbillig], da gar keine Abstufung der Würdigkeit [ein Gewicht zu haben] beachtet wird. [120]Darum wenn auch der berühmte Perserkönig Cyrus noch so gerecht und weise war, so scheint mir doch eine solche [Repräsentation der] Volkssache, (denn Das ist, wie ich gesagt habe, der Staat) nicht eben die wünschenswertheste gewesen zu seyn, da die Regierung von eines Einzigen Wink und Leitung abhieng. [121]Werden auch immerhin die Massilier, meine Clienten, [122]durch ausgewählte und angesehene Bürger mit der höchsten Gerechtigkeit regiert, so ist doch auch dort das Volk in einer

Lage, die einer Sclaverei ähnlich sieht. Gab es zu Athen eine gewisse Periode, wo der Areopagus aufgehoben war [123]und die Athener Nichts thaten, als was das [souveräne] Volk entschied und beschloß; so hatte der Staat seine eigenthümliche Zierde verloren, weil sich unter den Bürgern keine Abstufung des Ranges [nach dem Verdienste] fand.

28. Was ich hier sage, gilt von jenen drei Arten von Staatsverfassungen in ihrer [absoluten] Reinheit, ohne Mischung betrachtet, sondern ganz in ihrem [Ur-] Bestande. Diese Arten haben erstlich jede an sich die eben vorhin gerügten Fehler; und dann liegt in ihnen die Richtung [oder Neigung] zu noch andern höchst verderblichen Mängeln: denn es gibt keine unter den genannten Staatsverfassungen, welche nicht gar rasch und leicht zu einer ihr ganz nahe liegenden Ausartung abgleitete. [124]Denn jener [souveräne] König, um eben Jenen als Beispiel beizubehalten, Cyrus, unter dem sich's erträglich leben ließ, oder der, wenn ihr wollt, sogar liebenswürdig war, gränzt in Rücksicht auf die Möglichkeit, seine Gesinnung umzuwandeln, an jenen so furchtbar grausamen Phalaris, [125]zu dessen Weise sich die Alleinherrschaft nur gar zu leicht im raschen Eilschritt hinneigt; so wie die oligarchische Staatsverwaltung der Aristokraten in Massilia nur gar zu nahe an die eine Zeit lang zu Athen herrschende und eng zusammenhaltende Faction der dreißig Tyrannen hinstreift. Daß aber die Volkssouveränität der Athener bis zur frechsten Pöbelwuth ausgeartet war, beweisen, um keine andern Beispiele aufzusuchen, die verderb * * * [126]

[Lücke von zwei Seiten.]

29. * * * [127]der furchtbarste [Feind des Glückes der Staaten erhebt sich oft] aus der aristokratischen Parthei, den Partheiungen [zur Erringung] der Tyrannengewalt, dem Königthum oft auch der Volksherrschaft: und es geht [aus der Verwirrung] dann wieder eine der von mir genannten Verfassungen hervor. So findet sich denn ein wunderbarer Kreislauf und gleichsam eine regelmäßige Abwechslung von Veränderungen und Umwälzungen in den Staaten. Es gehört jedoch Weisheit dazu, sie zu erkennen, aber nur ein Bürger von großem Talent und ein Mann von beinahe göttliche, Geiste vermag, sie bestimmt vorauszusehen, wenn sie herandrohen, und [zu rechter Zeit] das Steuer der Regierung des Staats ergreifend, ihrem Laufe selbst die Richtung zu geben, und dadurch ihrer Herr zu bleiben. Und darum muß ich denn eine vierte Art von Verfassung eines Staates für die allerbeste erklären, nämlich eine aus den drei angegebenen ursprünglichen gemischte und [dadurch] gemäßigte. [128]

30. Ich weiß, fiel Lälius ein, daß Dieß deine Lieblingsidee ist, mein Africanus. Denn ich habe dich schon oft in diesem Sinne sprechen hören. Doch möchte ich, wenn du es nicht zu ungerne thust, von dir eine Erklärung vernehmen, welche von den genannten drei Verfassungen du für die beste hältst. Denn es kann sogar vortheilhaft seyn zur Erk * * * [129]

[Lücke von zwei Seiten.]

31. * * * und so ist eben jeder Staat, wie entweder der Charakter oder der Wille Desjenigen, der wirklich regiert. Darum hat [im Grunde] die Freiheit in keinem andern Staate ihre [eigentliche] Heimat, als wo das Volk der Souverain ist. Sie ist für den Menschen der süßeste aller Genüsse; aber sie verdient diesen Namen nicht, wenn sie nicht mit Gleichheit [der Rechte] verbunden ist. Wie kann aber Gleichheit statt finden, ich will nicht sagen, in einer Monarchie, [130]wo die Sclaverei nicht einmal überschleiert oder zweifelhaft ist, sondern in solchen Staaten, in welchen [zwar] dem Worte nach Alle frei sind. denn sie stimmen ab, übertragen Befehlshaberstellen und Aemter; man bewirbt sich bei ihnen und befragt sie um ihre Ansicht; allein sie geben eigentlich nur, was sie geben müssen, auch wenn sie nicht wollen, und sind im Grunde nicht einmal im Besitz Dessen, um was sie gebeten werden: denn sie sind ausgeschlossen von Befehlshaberstellen, von Sitz und Stimme im Senat, von Gerichtsstellen, wozu Richter gewählt werden; denn dazu gelangen nur Solche, die durch das Alter ihrer Familien oder durch Geld ein Uebergewicht haben. In einem freien Volke aber, wie in Rhodus, [131]wie zu Athen, ist kein Bürger, der * * * [132]

[Lücke von zwei Seiten.]

32. * * * wenn in einem Volke einer oder mehrere Reichere und Begütertere aufstanden, dann entwickelte sich aus ihrem Stolze gegen Geringere übermüthige Anmaßung, indem die Feigen

und Schwachen nachgaben, und vor dem Hochmuthe der Reichen krochen. Verstehen aber die Völker ihr Recht zu behaupten, da erklären sie sich in ihrem Selbstgefühl für die edelsten, freiesten und beglücktesten: da ja von ihrem Willen Gesetze, Gerichte, Krieg, Frieden, Bündnisse, Leben und Gut eines Jeden abhängen. Dann allein erklären sie, verdiene ein Staat den Namen eines Gemeinwesens [res publica], das heißt einer Volkssache [res populi]. Daher sage man, ein Volk erkämpfe sich die Freiheit, wenn es sie von Königsherrschaft und Aristokratengewalt losmache; nie aber trachten freie Völker darnach, Könige zu bekommen oder mächtige und einflußreiche aristokratische Häupter. [133] Zudem erklären sie, wenn auch ein zügelloses Volk Mißgriffe thue, so müsse man darum nicht die freie Verfassung der Völker an sich verwerflich finden. Nichts sey unerschütterlicher, Nichts fester, als ein Volk, das zusammenhalte, und dessen einziges Interesse seine Unverletztheit und seine Freiheit sey. Eintracht aber erhalte sich am leichtesten in demjenigen Staate, in welchem Allen Dasselbe Vortheil bringe, während ein getheiltes Interesse, wo Dieß Diesem, Jenes Jenem fromme, die Quelle der Zwietracht sey. Darum sey auch, wann immer die Patricier [oder der Senat] die ganze Macht in Händen gehabt hätten, der Staat nie auf festen Füßen gestanden. Noch weit weniger sey Dieß aber in Monarchieen der Fall, »wo ein Herrscher mit Königsgewalt keinen Nebenbuhler duldet, kein Theilnehmer an der Oberherrschaft vor dem andern sicher ist [134]«, wie Ennius sagt. Darum, weil das Gesetz das Band ist, das die bürgerliche Gesellschaft zusammenhält, das Recht aber, das Jeder durch das Gesetz hat, Allen gleich gilt, wie kann die bürgerliche Gesellschaft durch das Recht zusammengehalten werden, wenn die Bürger nicht Alle gleiche Befugniß haben? Denn mag man auch keine Vermögensgleichheit einführen wollen, mögen die Talente unmöglich bei Allen gleich seyn können; so müssen doch wenigstens die gegenseitigen Rechte Derjenigen gleich seyn, die Bürger in einem und demselben Staate sind? Denn was ist ein Staat, als ein Verein [zum Genusse] gleicher Rechte * * * [135]

[Lücke von zwei Seiten.]

33. Ja [die Bürger eines solchen freien Staates] behaupten, die übrigen Staaten verdienen nicht einmal die Namen, mit welchen sie benannt seyn wollen. Denn warum soll ich mit dem Namen König, der Benennung des allgütigen Jupiter, [136] einen Menschen benennen, der nach despotischer Alleinherrschaft trachtet, das unterdrückte Volk wie Sclaven beherrscht, und ihn nicht vielmehr einen Tyrannen heißen? Denn eben so gut kann ein Tyrann mit Milde, als ein König mit Härte regieren. so daß es in diesem Falle [unter einer Monarchie] für das Volk zwar einen Unterschied macht, ob es einen freundlichen, oder einen rauhen Gebieter hat; aber es doch offenbar sich in keinem andern, als einem Sclavenzustande befindet. Wie konnte es aber Lacedämon zu der Zeit, als die Ordnung im Staate für ausgezeichnet musterhaft galt, möglich machen, gute und gerechte Könige zu haben, da man eben Jeden zum Könige haben mußte, der von königlichen Stamme war? [137] Wer nun könnte vollends eine Aristokratie erträglich finden, deren Glieder nicht durch Zugeständniß des Volkes, sondern durch eigene Wahl aus ihrer Mitte sich zu Optimaten gestempelt hätten? Denn wie kommt denn so Einer zu der Benennung eines Besten [Optimaten]? Etwa durch Gelehrsamkeit, Kunsterfahrung, eifrige Thätigkeit * * * [138]

[Lücke von vier Seiten.]

34. * * * wenn [der Staat] es auf den Zufall ankommen läßt, so wird er eben so schnell [umstürzen], als ein Schiff umschlägt, wenn von der Schiffsmannschaft ein durch's Loos Gezogener an das Steuerruder tritt. Ja, wenn das Volk ohne allen Zwang Diejenigen wählen darf, denen es sich anvertrauen will; und es wird sicher, wenn ihm nur sein eigenes Wohl nicht gleichgültig ist, immer nur die Besten auswählen; dann freilich beruht das Wohl der Staatsbürger auf der Einsicht der Besten: zumal, da es eine Einrichtung der Natur ist, nicht blos, daß die an Tüchtigkeit am höchsten Stehenden über die Schwächern gestellt sind, sondern daß auch Diese sich gerne den Ueberlegenen unterwerfen. [139] Aber, sagt man, dieser allerdings beste Zustand ist durch heillose Vorurtheile der Menschen zerstört worden, die aus Unkenntniß der wahren Tüchtigkeit [Tugend], die sich theils bei Wenigen findet, theils nur an Wenigen erkannt und entdeckt wird, die Begüterten und Reichen, dann auch die von vornehmem Stamme Entsprossenen für die Besten halten. Seitdem nun durch diesen Mißverstand des großen Haufens die

Geldmacht Weniger, nicht die wahren Vorzüge, im Staate den Meister zu spielen angefangen hat, wollen sich jene Staatshäupter den Namen Optimaten durchaus nicht mehr nehmen lassen, so wenig er ihnen wirklich zukommt. Denn Reichthum, Name, Geldmacht, ohne Einsicht und Maß im Leben und Gebieten über Andere, bringen nur gehäufte Schande und hochmüthige Anmaßung hervor, und keine Staatsform gewährt einen widerlichern Anblick, als die, in der die Begütertsten für die Besten gelten. [140]Wenn aber die Tüchtigkeit das Steuerruder des Staats führt, läßt sich dann etwas Trefflicheres denken? wenn Der, der Andern gebietet, selbst keiner Begierde fröhnt, wenn er Alles, wozu er die Bürger gewöhnen will und anhält, an sich selbst und in seinem Leben darstellt, und nicht dem Volke Gesetze aufbürdet, denen er selbst nicht gehorcht, sondern seinen Wandel, wie ein Gesetz, seinen Mitbürgern vorhält. Wäre es möglich, daß Einer Alles vollkommen in sich vereinigte, so bedürfte man nicht Mehrerer; vermöchte die gesammte Masse das Beste zu erkennen und sich darin übereinstimmend zu verstehen, so würde Niemand ausgewählte Staatshäupter verlangen. Die Schwierigkeit, Rath zu schaffen, hat die Leitung des Staats von der Einheit des Königthums zu einer Mehrheit [der Beirathenden] gebracht; der Mißverstand und die blinde Leidenschaft der Völker hat sie aus den Händen der Menge in die weniger [Machthaber] gespielt. [141]So haben denn zwischen der unzureichenden Kraft des Einen, und der blinden Leidenschaftlichkeit der Menge, sich die Optimaten in der Mitte einen Standpunkt gewonnen, der das Gleichgewicht vollkommen erhält; und wenn diese den Staat lenken, so müssen die Völker höchst beglückt seyn, frei von aller Sorge und Störung ihrer Ruhe, da sie die Erhaltung ihrer Ungestörtheit Andern anvertraut haben, die darüber wachen müssen, und es nie dahin kommen lassen dürfen, daß das Volk denkt, sein Wohl werde von den Staatshäuptern vernachlässigt. Denn einerseits läßt sich [vollständige] Rechtsgleichheit, welche freie Völker [als ihr Liebstes] umfassen, gar nicht erhalten: denn die Völker selbst, so unbändig und zügellos sie sind, geben doch vorzugsweise Manchen Vieles in die Hände, und sie selbst machen einen großen Unterschied unter den Leuten und dem Range, [den sie ihnen zugestehen], andererseits ist die [wirkliche, vollkommene] Gleichheit der höchste Grad von Ungleichheit [Unbilligkeit]. Denn wird den Werthvollesten und Werthlosesten (und dergleichen gibt es nothwendig in jedem Volke) gleiche Ehre erwiesen, so wird die Gleichheit selbst ganz ungleich: [142]ein Fall, der sich in den Staaten, die von den Besten geleitet werden, nicht ereignen kann. Das ungefähr, mein Lälius, und einiges Aehnliche der Art, pflegen Diejenigen vorzubringen, die diese Form der Staatsverfassung vorzüglich empfehlen.

35. Nun, sprach Lälius, so sprich denn, Scipio, welcher von jenen drei Formen gibst du denn den Vorzug? *Scipio.* Du thust wohl daran, daß du fragst, welcher von den dreien: denn einzeln und für sich gefällt mir keine vollkommen, und jeder von den dreien ziehe ich die vor, die aus allen in Eine verschmolzen ist. Soll ich aber durchaus eine, und eine einfache vorziehen, so möchte ich die königliche gut heißen, und vor allen ihr Beifall geben. Bei Nennung dieser ersten Form tritt uns gleich der, so zu sagen, väterliche Name eines *Königs* entgegen, der für seine Bürger, wie für seine Kinder, sorgt, und mit mehr Eifer auf ihre Erhaltung. als auf ihre Unterjochung, bedacht ist; [143]so daß es doch wohl ersprießlicher erscheinen muß, daß die an Vermögen und Einsichten Geringern in der sorgfältigen Umsicht Eines Mannes, der der Höchste und Beste zugleich ist, ihre Stütze finden. Dagegen treten die Optimaten auf, und sagen, sie verstehen eben Das besser zu thun, und behaupten, Mehrere werden doch besser Rath zu schaffen wissen, als Einer, bei gleicher billigen und rechtlichen Gesinnung. Da ruft aber mit laut erhobener Stimme das Volk darein: weder Einem wolle es gehorchen, noch Wenigen: sey doch selbst den wilden Thieren Nichts süßer als die Freiheit; diese aber fehle Allen, die, sey es einem Könige oder den Optimaten, dienen. So spricht uns das Königthum durch die Herzlichkeit [des Verhältnisses des Regierenden zu den Regierten] an, die Aristokratie durch die [vielseitigere] Einsicht, die Demokratie durch die Freiheit, so daß bei der Vergleichung, die Wahl, welche Form vorzuziehen sey, schwierig erscheint. [144]

36. *Scipio.* So will ich es denn machen, wie Aratus, [145]der, wie er über Dinge von Wichtigkeit zu sprechen beginnt, sein Werk mit Jupiter anfangen zu müssen glaubt. *Lälius.* Warum eben mit Jupiter? oder was hat denn der hier zu verhandelnde Gegenstand mit des Aratus Gedichten für

eine Verwandtschaft? *Scipio.* So viel wenigstens, daß wir gebührend mit Dem unsere Rede [und Unterhaltung] beginnen, den allein unter Allen Alle, Gelehrte wie Ungelehrte, einstimmig den König der Götter und Menschen nennen. Nun? erwiederte *Lälius* [was willst du damit sagen?] Was sonst, antwortete Jener, als was klar vor Augen liegt? Sey es nun, daß von den Lenkern der Staaten die Ansicht zum Besten des menschlichen Zusammenlebens aufgestellt worden ist, daß Ein König im Himmel walte, der, wie Homer sagt, durch das Nicken seines Hauptes den ganzen Olymp in Bewegung setze, [146]und der zugleich als König und Vater Aller zu betrachten sey; und diese Ansicht bekommt ein großes Gewicht durch viele Zeugen: (wenn man anders Alle Viele nennen will:) daß die Stimmen der Völker, nämlich durch der Könige Willen veranlaßt, sich so ausgesprochen haben, Nichts sey besser als ein König, da ja nach dem allgemeinen Glauben alle Götter durch die Obmacht eines Einzigen regiert werden: [147]oder sey es, daß wir zu aufgeklärt sind, um darin etwas Anderes als Mißverstand Unkundiger und Behauptungen, die nicht viel besser als Mährchen sind, zu erkennen; so laßt uns Die hören, welche gleichsam die gemeinsamen Lehrer der Gebildeten sind, die Das so zu sagen mit leiblichen Augen gesehen haben, was uns kaum zu Ohre gekommen ist. Wer sind denn Diese? fiel Lälius ein. Diejenigen, [antwortete Scipio,] welche durch Erforschung der Natur aller Dinge sich überzeugt haben, daß diese ganze Welt durch die Weisheit * * * [148]

[Lücke von vier Seiten.]

[Der erste Herausgeber füllt diese Lücke nicht unpassend mit folgender Stelle aus Lactantius (Epit. 4.), der unser Werk vor sich hatte, aus.] [»Plato spricht für die monarchische Verfassung, indem er Einen Gott annimmt, von dem die Welt eingerichtet, und auf wunderbare Weise vollkommen hergestellt worden sey. Aristoteles, sein Schüler, räumt ein, daß es ein geistiges Wesen [Eine Seele, Einen Verstand] gebe, das über der Welt walte. Antistenes sagt, es sey in der Natur ein göttliches Wesen, das den ganzen Inbegriff der Dinge lenke. Es wäre zu weitläuftig aufzuführen, was über den höchsten Gott schon früher Pythagoras, Thales und Anaximenes, oder später die Stoiker Kleanthes, Chrysippus und Zeno (und Tullius selbst) gesprochen haben: kurz, sie alle behaupteten von [Einem] Gott werde die Welt allein regiert. Hermes, der wegen seiner Vortrefflichkeit und der Kenntniß vieler Wissenschaften den Namen Trismegistus [der »Dreimalgrößte«] bekommen hat, dessen Lehre älter, als die aller Philosophen ist, und der bei den Aegyptern als ein Gott verehrt wird, preist die Majestät des einzigen Gottes mit dem erhabensten Lobe, und nennt ihn Herrn und Vater.«]

37. * * * doch wenn du willst, mein Lälius, so will ich dir Zeugen stellen, die weder zu alt sind, noch auf irgend eine Weise [als] Barbaren [verwerflich]. *Lälius.* Ja, solche wünschte ich. *Scipio.* Gut; du weißt doch, daß es noch keine volle 400 Jahre sind, seit diese Stadt keine Könige mehr hat [149]? *Lälius.* Ja, nicht volle [400 Jahre]. *Scipio.* Nun, ist dieses Alter von 400 Jahren für eine Stadt oder einen Staat sehr groß? *Lälius.* Das ist kaum Zeit genug zum Heranreifen. *Scipio.* Also von jetzt an 400 Jahre rückwärts war zu Rom ein König. *Lälius.* Und zwar ein übermüthiger. *Scipio.* Und vor Diesem? *Lälius.* Ein höchst gerechter; und so immer nach der Reihe rückwärts bis auf den Romulus, der von jetzt an gerechnet vor 600 Jahren König war. *Scipio.* Also auch Der gehört noch nicht in's hohe Alterthum? *Lälius.* Nichts weniger; da ging ja Griechenland schon seinem Greisenalter entgegen. *Scipio.* So sage doch, war etwa Romulus ein König über Barbaren? *Lälius.* Freilich, wenn die Erklärung der Griechen gilt, welche sagen, alle Menschen seyen entweder Griechen, oder Barbaren, [150]so muß am Ende freilich Romulus ein Barbaren-könig gewesen seyn. Darf man aber diesen Namen in Hinsicht auf Gesittung ertheilen, nicht in Hinsicht auf die Sprache, so, glaube ich, sind die Griechen nicht weniger Barbaren gewesen, als die Römer. [151]. Für unsern Zweck fragen wir hier überhaupt nicht nach der Abstammung, sondern nach dem Geiste [eines Volkes]. Wenn also nicht nur verständige, sondern auch nicht gar zu weit der Zeit nach entlegene Menschen, Könige gerne hatten, so sind die Zeugen, deren ich mich bediene, weder zu alt, noch zu ungebildet und roh.

38. *Lälius.* Wie ich merke, Scipio, so bist du mit Zeugnissen wohl versehen. Doch bei mir gelten, wie bei einem guten Richter, Beweise mehr, als Zeugen. Nun, erwiederte Scipio, so laß denn, mein Lälius, dein eigenes Gefühl als Beweis gelten. Was für ein Gefühl? entgegnete Jener.

Scipio. Wenn du etwa dir bewußt bist, einmal auf Jemand böse gewesen zu seyn. *Lälius.* Ich war es wahrlich öfter, als ich wünschte. *Scipio.* Nun, sprich: wenn du erzürnt bist, gestattest du dem Zorn die Herrschaft über dein Gemüth? *Lälius.* Nein, wahrhaftig nicht: [152]vielmehr mache ich's wie der berühmte Archytas von Tarent. Als dieser einmal auf sein Landgut kam, und Alles anders antraf, als er es befohlen hatte, sagte er zu seinem Gutsverwalter. Unglückseliger! Ich hätte dich gleich zu Tode peitschen lassen, wenn ich nicht im Zorn wäre. [153]Schön, sagte *Scipio.* Archytas hielt also den Jähzorn, eben weil er sich mit vernünftiger Besonnenheit nicht verträgt, für eine Art von Empörung der Seele, die er durch Besinnung gedämpft wissen wollte. Dazu nimm noch Habsucht, Herrschsucht, Ruhmgier, wilde Begierden; und du begreifst, daß, wenn in der menschlichen Seele eine königliche Regierung statt findet, der Oberherr ein Einziger seyn werde, nämlich die Besonnenheit: denn diese ist der beste Theil der Seele: daß aber, wenn die Besonnenheit herrscht, die wilden Begierden, der Zorn und die Unbesonnenheit nicht aufkommen können. *Lälius.* Ganz richtig. *Scipio.* Du erklärst also, daß eine so gestimmte Seele in der rechten Stimmung sey. *Lälius.* So sehr, als ich nur von irgend Etwas überzeugt bin. *Scipio.* Du würdest es demnach doch wahrlich nicht billigen, wenn die Begierden, deren Zahl unendlich ist, und die Ausbrüche des Jähzorns die Besonnenheit vom Throne stießen, und sich darauf setzten. *Lälius.* Ich kann mir nichts Unseligeres denken, als ein solches Gemüth, und einen Menschen von solcher Gemüthsart. *Scipio.* Unter königlicher Gewalt sollen also nach deiner Ansicht alle Theile der Seele seyn, und ihr König die Besonnenheit? *Lälius.* Ja, so halte ich es für recht. *Scipio.* Und du besinnst dich noch, dich in Beziehung auf Staatsverfassung zu entscheiden? Es ist doch wohl vollkommen begreiflich, daß, wenn die oberste Gewalt Mehrern übertragen ist, im Grunde kein Oberbefehl statt findet; denn dieser ist ohne Einheit schlechterdings unmöglich. [154]

39. Aber, fiel Lälius ein, ich möchte doch wissen, ob es nicht einerlei ist, ob Einer oder Mehrere an der Spitze stehen, wenn nur bei diesen Mehrern sich Gerechtigkeit findet. *Scipio.* Nun, weil ich denn bemerkt habe, Lälius, daß *meine* Zeugen nicht sonderlich viel Ueberzeugendes für dich haben, so gedenke ich nicht abzulassen, immer *dich selbst* als Zeugen zum Beweise für meine Behauptungen zu gebrauchen. Mich? erwiederte Jener, wie so? *Scipio.* Weil ich dabei gewesen bin, neulich, als wir auf dem Formianischen Gute waren, [155]wie du deinen dortigen Sclaven recht ernstlich einschärftest, sie sollen ja Einem auf's Wort folgen. *Lälius.* Freilich, dem Gutsverwalter. *Scipio.* Und wie hältst du es denn zu Hause? stehen da deine Geschäfte unter der Leitung Mehrerer? Nichts weniger, sagte er, Einer leitet sie. *Scipio.* Und das ganze Hauswesen? hat da noch ein Anderer, ausser dir, zu befehlen? *Lälius.* Im geringsten nicht. *Scipio.* Und du willst nicht zugestehen, daß auch in den Staaten die Regierung Eines, wenn er nur gerecht ist, die beste sey? *Lälius.* Nun, ich gebe ja nach, und bin so ziemlich deiner Ansicht.

40. *Scipio.* Du wirst meine Ansicht noch mehr theilen, Lälius, wenn ich mit Beseitigung aller Gleichnisse, (nämlich, daß es besser sey, ein Schiff Einem Steuermanne, einen Kranken Einem Arzte, [156]natürlich wenn sie ihr Fach tüchtig verstehen, anzuvertrauen, als Vielen,) zu wichtigern Gründen übergehe. *Lälius.* Was sind das für Gründe? *Scipio.* Nun, du weißt doch wohl, daß blos durch den unerträglichen und übermüthigen Charakter des Einen Tarquinius der Name König bei unserm Volke verhaßt worden ist? *Lälius.* Freilich weiß ich es. *Scipio.* Nun so weißt du wohl auch Das, wovon ich im weitern Verlauf meines Vortrags noch mehr zu sprechen gedenke, daß das Volk nach Verbannung des Tarquinius im Trotz der noch ungewohnten Freiheit sich ganz seltsamer Zügellosigkeit hingegeben hat; [157]wie damals Unschuldige verbannt, Vieler Eigenthum geplündert wurde; wie man jährliche Consuln einsetzte, die Fasces [Lictorenstäbe] vor dem Volke senkte, [158]wie man bei Allem, was vorkam, an das Volk appellirte, wie die Plebejer in Masse auszogen, überhaupt die ganze Staatsverwaltung sich so gestaltete, daß das Volk als der Souverain erschien. *Lälius.* Ja, es verhält sich so, wie du sagst. *Scipio.* Das geht nun wohl so im Frieden, und wenn Ruhe herrscht. So lange man Nichts zu fürchten hat, mag man immerhin muthwillig seyn, wie man auf einem Schiffe thut, oder in einer unbedeutenden Krankheit. Aber wie der Schiffende, wenn sich plötzlich das Meer aufzubäumen [zu kräuseln] beginnt, und der Unpäßliche, wenn sich die Krankheit verschlimmert, Einen zu Hülfe ruft:

so ist auch unser Volk im Frieden und in der Heimath Oberherr, bedroht sogar die Beamten, sträubt sich, appellirt, provocirt; im Kriege jedoch ist es (dem Befehlshaber) so gehorsam, wie einem Könige: [159]denn dann gilt Rettung mehr als Eigenwille. In besonders bedeutenden Kriegen hat aber unser Volk den ganzen Oberbefehl immer Einem, ohne einen Theilnehmer an der Macht, übertragen, dessen Name schon den Umfang seiner Vollmacht andeutet. *Dictator* nämlich heißt er zwar, weil er ernannt [ausgesprochen] wird [dicitur]. Aber in unsern [Auguren] Büchern [160]siehst du ihn, Lälius, Meister des Volks betitelt. *Lälius.* Richtig. *Scipio.* Darum haben die Alten weislich * * * [161]

[Lücke von zwei Seiten.]

41. * * * hat das Volk einen gerechten König verloren,

Dann füllt Trauer die Herzen, so hart sie auch sind –

wie nach des Ennius Bericht nach des besten Königes Tode geschehen ist,

– und sie klagen
Also zusammen: wie warst du, o Romulus, Romulus, werth uns!
Ja dich zeugten die Götter dem Heimathlande zum Hüter:
Vater, Erzeuger! O Blut dem Blute der Götter entsprossen [162].

Nicht Herren, noch Gebieter nannten sie Die, denen sie gesetzmäßig gehorchten; ja nicht einmal Könige, sondern Hüter des Vaterlandes, sondern Väter und Götter. [163]Und nicht ohne Grund. Denn was setzen sie hinzu?

Du ja zogst uns hervor an das Licht des Lebens und Daseyns.

Leben [also], Ehre, Wohlseyn glaubten sie der Gerechtigkeit des Königs zu verdanken. Und gewiß wäre auch bei ihren Nachkommen diese Gesinnung herrschend geblieben, wären nur die Könige immer Jenem ähnlich gewesen. aber du weißt ja, daß durch die Ungerechtigkeit eines Einzigen jene Regierungsform ganz zu Grunde gegangen ist. *Lälius.* Freilich weiß ich es; und ich wünsche den Verlauf, den solche Veränderungen nehmen, eben so gut bei den Staaten und Verfassungen überhaupt, als von unserm Staate kennen zu lernen.

42. Allerdings werde ich, erwiederte Scipio, wenn ich mich erst vollständig über die Art der Verfassung, die ich vorziehe, ausgesprochen habe, noch genauer über die Veränderungen, die die Verfassungen erleiden, mich verbreiten müssen; [164]wiewohl ich glaube, daß sie bei jener Verfassung gar leicht eintreten werden. Bei dieser königlichen aber ist die angegebene Veränderung die erste und die am gewissesten eintreffende. Sobald der König ungerecht zu seyn beginnt, so ist es auf der Stelle mit dieser Verfassung aus, und er wird zum Tyrannen; und Dieß ist die heilloseste Form, die doch so nahe an die beste gränzt. Haben die Optimaten Diesen unterdrückt; und das geschieht in der Regel; [165]so bekommt der Staat die zweite Verfassung von den genannten dreien: denn sie streift noch an die königliche hin, das heißt, es ist da eine väterliche Berathung des Volkes durch wohl und verständig sorgende Volksvorsteher. Hat das Volk aber selbst den Tyrannen erschlagen oder verjagt, so benimmt es sich gemäßigter, soweit sein (richtiges) Gefühl und seine Einsicht reicht, freut sich über das Gelingen seiner That, und strebt, die Verfassung, welche es gegründet hat, zu behaupten. Hat aber einmal das Volk einem gerechten Könige Gewalt angethan und ihn vom Throne gestoßen; oder hat es etwa, was sich öfter ereignet, Blut von Optimaten gekostet [vergossen], und den ganzen Staat seiner wilden Begierde unterworfen; dann glaube nur, daß kein (empörtes) Meer und keine Flamme so gewaltig ist, die man nicht leichter dämpfen könnte, als die zügellose und übermüthige Menge. [166]

43. Dann tritt Das ein, was bei Plato so treffend gesagt ist, wenn ich es nur in unserer Sprache wieder geben kann; denn das hat seine Schwierigkeit; doch ich will es versuchen. [167]»Wenn einmal, sagt er, der unersättliche Schlund des Volkes nach Freiheit dürstet und lechzt, und haben ihm dann böswillige Schenken eine nicht durch gehörige Mischung gemäßigte, sondern allzu unvermischte Freiheit zu Stillung seines Durstes zu trinken gegeben; [168]dann verfolgt es die Beamten und Vornehmen, wenn sie nicht äußerst gelind und gemäßigt sind, und ihm die Freiheit in vollen Zügen einzuschlürfen geben, es macht ihnen Beschuldigungen und Vorwürfe, heißt sie Aristokraten, Könige, Tyrannen.« [169]Ich glaube nämlich, du kennst die Stelle. *Lälius.*

Allerdings: ich kenne sie ganz gut. *Scipio.* Nun heißt es weiter. »Wer noch den Vornehmen gehorcht, den verfolgt in einer solchen Stimmung das Volk, und nennt Solche freiwillige Sclaven; Diejenigen dagegen, welche als Beamte sich ganz den Privatleuten gleichstellen; und diejenigen Privatleute, welche es zu machen wissen, daß zwischen einem Privatmanne und einem Beamten aller Unterschied verschwindet, die preist es hoch, und überhäuft sie mit Ehre: so daß nothwendig in einem solchen Staate die Freiheit sich überallhin in Fülle verbreitet; daß auch in keinem Privathause mehr Ein Gebieter ist, und sich die (Freiheits-) Seuche selbst bis auf die Thiere herab verbreitet; daß am Ende gar der Vater den Sohn fürchtet, der Sohn sich Nichts aus dem Vater macht; daß man alle Scheu und Scham ablegt, nur um vollkommen frei zu seyn; daß man zwischen einem Fremden und einem Bürger keinen Unterschied mehr macht; daß der Lehrer die Schüler fürchtet und ihnen schmeichelt, die Schüler dagegen ihre Lehrer verachten; daß die Jünglinge sich so viel herausnehmen, als die Alten, die Alten aber sich zu den Spielen der Jünglinge herablassen, um ihnen nicht verhaßt und lästig zu seyn: wovon dann die Folge ist, daß auch die Sclaven sich freier benehmen, die Frauen mit den Männern gleiche Rechte bekommen, und daß bei so allgemeiner Freiheit auch die Hunde und Pferde, am Ende gar die Esel frei sind, und so anrennen, daß man ihnen aus dem Wege gehen muß. Die Folge dieser schrankenlosen Frechheit, sagt er, ist dann zuletzt die, daß die Gemüther der Bürger so empfindlich und reizbar werden, daß sie, sobald nur mit dem geringsten Ernste auf Befolgung eines Gebotes gedrungen wird, aufbrausen und es nicht ertragen können: worauf sie denn auch anfangen, die Gesetze nicht mehr zu achten, um ganz und gar keinen Herrn mehr über sich zu haben.«

44. Da hast du, sprach Lälius, Plato's Sinn vollkommen getroffen. *Scipio.* So will ich denn in meine Redeweise wieder eintreten. Aus jener übertriebenen Frechheit, sagt er, [170]welche allein Jene für Freiheit halten, erwächst und sproßt gleichsam, wie aus seinem Stamme der Tyrann hervor. Denn so wie aus der übertriebenen Macht der Vornehmen auch der Untergang der Vornehmen entspringt, so stürzt die Freiheit selbst dieses allzu freie Volk in Sclaverei. Und so schlägt alles zu hoch Getriebene, wenn es in der Witterung, oder in der Vegetation, oder in den Körpern zu üppig sich auftrieb, gewöhnlich in sein Gegentheil um, und vorzüglich trifft Dieß im Leben der Staaten zu, so daß jene allzu große Freiheit die Völker wie die Einzelnen in eine nur allzu tiefe Knechtschaft stürzt. [171]Es geht demnach aus jenem Freiheitsrausche der Tyrann hervor, und in seinem Gefolge die ungerechteste und härteste Dienstbarkeit. Denn aus diesem unbändigen oder vielmehr thierisch wilden Volke wird gewöhnlich Einer gegen jene schon geschwächten und ihres hohen Ranges beraubten Vornehmen zum Anführer gewählt, ein verwegener und niedrigen Leidenschaften fröhnender Mensch, der mit Frechheit oft um den Staat wohl verdiente Männer verfolgt, Eigenes und Fremdes dem Volke als Geschenk preisgibt: und weil er als Privatmann sich [vor gerechter Vergeltung] fürchten müßte, so gibt man ihm Oberbefehlshaberstellen, verlängert sie nach ihrer Umlaufszeit, [172]ja gestattet ihm gar, wie zu Athen dem Pisistratus, eine Leibwache: [173]und so wird denn ein Solcher der Tyrann desselben Volkes, das ihn aus dem Staube emporgehoben hat. Gelingt es den wahren Vaterlandsfreunden, was oft geschieht, ihn wieder zu überwältigen, dann erholt sich der Staat zu neuem Leben; stürzen ihn freche Abenteurer, dann bilden diese zusammen eine Faction, [und man hat] nur eine andere Art von Tyrannen. und eine ganz gleiche entsteht auch oft aus jener an sich trefflichen Staatsverwaltung durch Optimaten, wenn die Staatsoberhäupter selbst durch eine sittliche Verschlechterung von der [rechten] Bahn abkommen. So fangen den Staat und die Verfassung die Tyrannen wie einen Spielball aus der Hand der Könige auf; von Jenen wieder entweder die Aristokraten oder die Demokraten; und von Diesen dann entweder Faktionen oder [wiederum] Tyrannen, und nie erhält sich dieselbe Form der Staatsverfassung in die Länge gleich. [174]

45. Unter diesen Umständen bleibt von den drei erstgenannten Formen die königliche, meiner Ansicht nach, immer noch die beste; [175]besser aber noch, als selbst die königliche, wird diejenige seyn, die aus jenen drei herausgehobenen Staatsverfassungsformen gemischt und im Gleichgewicht erhalten wird. Mein Grundsatz ist nämlich: es soll im Staate ein oberstes und königliches Princip seyn; ein Theil der Staatsgewalt sey den Vornehmen zugetheilt und überlassen. Einiges aber sey der [freien] Beurtheilung und dem Willen des Volkes vorbehalten. Eine solche

Verfassung hat erstlich den Vorzug einer sehr gleichförmigen Vertheilung der Rechte, welche freien Menschen nicht wohl zu lange vorenthalten werden darf; dann den der Festigkeit; denn [wie gesagt] jene drei ersten Formen arten leicht in die ihnen gegenüberstehenden Mißformen aus, so daß aus einem König ein Despot wird, aus Optimaten eine Faktion, aus der Demokratie Verwirrung und Regellosigkeit; und diese Verfassungen wechseln selbst oft mit einander ab; solche Uebelstände aber treten in einer so verbundenen und in gehörigem Gleichgewichte gemischten Staatsverfassung nicht ohne große Fehler und Mißgriffe der Staatsoberhäupter ein. Denn wo Jeder an seinem Posten einen festen Standpunkt hat, und unter und neben ihm kein Raum ist, in den er hinabstürzen oder wo er fallen kann, so ist auch keine Ursache zur Umwälzung vorhanden. [176]

46. Allein ich fürchte, mein Lälius, und ihr meine wohlwollenden und einsichtsvollen Freunde, es möchte mein Vortrag, wenn ich über diesen Gegenstand mich noch länger verbreite, sich zum Tone eines Lehrenden vor Schülern hinneigen, anstatt daß ich die Sache gemeinsam mit euch besprechen wollte. Ich gehe darum auf Das aus, was Allen bekannt, von mir aber schon lange durchforscht ist. Das nämlich ist mein Grundsatz, meine innigste Ueberzeugung und mein unerschütterlicher Glaube, daß unter allen Verfassungen in Rücksicht auf ihre Grundlage, auf Vertheilung der Gewalt und auf geregelte Ordnung sich keine mit derjenigen vergleichen lasse, welche unsere Väter von unsern Vorfahren ererbt und auf uns vererbt haben. [177]Und weil ihr denn doch, was ihr ohnedieß wußtet, von mir wolltet vortragen hören, so will ich denn, wenn ihr es wünschet, nicht nur ihre Einrichtung schildern, sondern auch beweisen, daß sie die beste ist; und wenn ich dann unsere Verfassung als Muster dargestellt habe, will ich daran, wo möglich, meine ganze übrige Erörterung, die ich euch über die beste Staatseinrichtung versprochen habe, anknüpfen. Gelingt mir Dieß, und komme ich damit zu Stande, so wird die mir von Lälius gemachte Aufgabe, denke ich, mehr als hinlänglich [ganz befriedigend] gelöst seyn.

Gut, sagte Lälius; das ist eben, mein Scipio, so ganz die rechte Aufgabe für dich. Wer sollte denn besser, als du, über die Einrichtungen unserer Vorfahren sprechen können, da deine Vorfahren selbst so hochberühmte Männer waren? Wer besser über die beste Staatseinrichtung? Denn wenn wir sie besitzen, (wiewohl Dieß gegenwärtig nicht der Fall ist,) Wer kann dann mehr hervorstrahlen, als du? oder Wer über die Maßregeln, die für die Zukunft zu ergreifen seyn möchten, da du die beiden Schrecknisse unserer Stadt [178]abgewendet, und dadurch für alle Zukunft für sie gesorgt hast.

Einige Fragmente des ersten Buches, deren Stelle nicht nachzuweisen ist.

[– Offenbar haben wir dem Vaterlande mehr Wohlthaten zu verdanken, und es ist älter und heiliger, als die Eltern, die uns erzeugt haben: darum gebührt ihm auch größere Dankbarkeit, als unsern Eltern selbst. – *Nonius*.]

[– Ohne verständige Einrichtung und ohne Handhabung derselben hätte sich Karthago nicht fast 600 Jahre auf einer solchen Höhe erhalten können. – *Nonius*.]

[– Ja, alle ihre [der Griechischen Philosophen] Untersuchungen, mögen sie auch für Tugend und Wissenschaft sehr förderlich seyn, möchten doch in Vergleichung mit Dem, was diese Männer [die großen Römer] in der Wirklichkeit und im Leben durch ihre Thaten leisteten, der Menschheit nicht so viel praktischen Nutzen gewährt haben, als geistigen Genuß in geschäftfreier Muße. – Lactantius Inst. III, 16.]

Zweites Buch

Uebersicht des zweiten Buches.

Nicht an einem Ideal, sondern an einem wirklichen, und zwar großen Staate will Scipio zeigen, wie ein Staat eingerichtet seyn soll. Er geht von dem Satze des Cato aus, der behauptet hatte, der Römische Staat sey darum so vorzüglich, weil er nicht durch Einen und auf einmal, sondern durch Mehrere, und im Laufe von Jahrhunderten, seine Verfassung erhalten habe: (Cap. 1.) Und nun beginnt er mit der Urgeschichte Roms, der Erziehung des Romulus (C. 2.), seinem Plane, eine Stadt zu gründen, und der zweckmäßigen Wahl des Platzes (C. 3.) spricht von den Nachtheilen und Gefahren einer unmittelbar an der Meeresküste liegenden Stadt, und von den Vortheilen einer nicht zu weit von der See entfernten (C. 4.); von dem Plane des Romulus, einen Staat auf die Dauer zu gründen, und der sich in's Unendliche zu vergrößern geeignet sey (C. 5.): von der gesunden Lage Roms (C. 6.); vom Raub der Sabinerinnen, und der Vereinigung dieses Volkes mit den Römern (C. 7.); von der Eintheilung des Volks in Tribus und Curien (C. 8.); von den Auspicien, der Clientel und andern Einrichtungen (C. 9.). Tod des Romulus und seine Vergötterung (C. 10.). Zwischenbemerkung des Lälius, daß Scipio bei seiner Schilderung der besten Staatsverfassung ganz anders verfahre, als Plato; nebst Billigung seines Verfahrens (C. 11.), Das Interregnum (C. 12.). Numa's Wahl. Er will das Volk des Krieges entwöhnen(C. 13.). Seine bürgerlichen und religiösen Einrichtungen (C. 14.). Untersuchung, ob Numa ein Pythagoreer gewesen sey (C. 15.), Rom hat seine besten Einrichtungen nicht vom Auslande (C. 16.), Tullus Hostilius. Einführung der Fecialen (C. 17.), Ancus Marcius. Erweiterung der Stadt (C. 18.). Tarquinius Priscus. Griechische Cultur. Neue Einrichtungen im Staate. Vermehrung der Patricier und der Ritter (C. 19. 20.). Servius Tullius. Seine Centurieneintheilung (C. 21. 22.). Hinneigung der Königsgewalt zum Despotismus (C. 23.). Tarquinius der Uebermüthige führt durch sein Benehmen eine Staatsumwälzung herbei (C. 24. 25.). Nachtheile einer tyrannischen Verfassung oder der Tyrannenherrschaft (C. 26-29.). Königshaß des Römischen Volkes (C. 30.). Valerius Poplicola. Einführung der Provocation an das Volk (C. 31.). Die Consulargewalt. Die erste Dictatur (C. 32.). Die Plebejer dehnen ihre Rechte aus (C. 33.). Volkstribunen. Würdevolles Benehmen der Patricier (C. 34.), Versuch des Spurius Cassius, sich die Königswürde anzumaßen (C. 35.). Die Decemvirn zur Abfassung von Gesetzen. Ihre Ausartung und ihr Fall (C. 36. 37.). – Tubero wünscht, es möchte Scipio von dem Speciellen (der Römischen Geschichte) mehr in's Allgemeine gehen (C. 38.). Scipio's Antwort darauf (C. 39.). – Anfang der Schilderung eines guten Staatsmannes (C. 40.). Unterbrechung durch eine Lücke, Uebergang zu der Untersuchung, ob in Anlegung und Verwaltung des Staats die Gerechtigkeit das oberste Princip seyn könne (C. 41-43.).

Zweites Buch.

1. Als nun Scipio Alle begierig sah, ihn zu hören, begann er seinen Vortrag mit folgenden Worten. Es ist eine Behauptung des alten Cato – ihr wißt, wie ich ihn vor Allen geliebt, und wie sehr ich ihn bewundert habe, wie ich mich auf den Rath meines Vaters und meines Adoptivvaters, so wie aus eigenem innerm Triebe, von Jugend auf so ganz an ihn angeschlossen habe, und ihn nie genug hören konnte: [179] denn der Mann hatte eine außerordentliche Erfahrung in Staatsgeschäften, da er zu Hause und im Felde dem Vaterlande treulich und eine lange Reihe von Jahren gedient hatte, er besaß in seinem Vortrage die schönste Mäßigung und eine mit Würde gepaarte Anmuth, einen eben so großen Eifer sich zu unterrichten, als [Andere] zu belehren, [180] und führte ein Leben, das mit Dem, was er sprach, in der besten Uebereinstimmung stand [181] – dieser Mann pflegte zu sagen, [182] darin liege der Grund des Vorzuges unserer Verfassung vor der der übrigen Staaten, daß, während in diesen immer nur Einzelne lebten, die, Jeder in seinem Vaterlande, die Verfassung des Staates durch ihre Gesetze und Einrichtungen begründet

hätten; zum Beispiel bei den Kretern Minos, bei den Spartanern Lykurgus, bei den Athenern, deren Verfassung mehrmals eine Veränderung erlitten, erst Theseus, dann Drako, dann Solon, dann Klisthenes, [183] und noch mehrere Andere, bis endlich dem schon ganz kraftlosen und tief gesunkenen Staate der Phalereer Demetrius, ein wissenschaftlich gebildeter Mann, noch einmal aufhalf; dagegen in unserm Staate nicht das Talent eines Einzelnen, sondern Vieler, die Verfassung begründete; und nicht nur im Lebensraume Eines Menschen, sondern in einer Reihe von Jahrhunderten und Menschenaltern. Denn, sagte er, nie und nirgends gab es wohl einen Mann von so allumfassendem Geiste, dem gar Nichts entgangen wäre; auch ist es unmöglich, daß ein Verein aller Talente in Einem Zeitraume Alles so auf die Dauer berechnen könnte, daß er die Erfahrung und die Probe der Zeit zu ersetzen vermöchte. Darum will ich denn, wie Cato zu thun pflegte, in meinem Vortrage jetzt auf die *Uranfänge* unseres Volkes zurückgehen, denn ich bediene mich gern eines Ausdruckes des Cato. [184] Ich werde aber meinen Zweck leichter erreichen, wenn ich euch nachweise, wie unser Staat entstanden, wie er herangewachsen, wie er gereift ist, und dann festgegründet und stark da stand, als wenn ich, wie Socrates bei Plato, irgend ein Ideal aus meinem Kopfe ersinne.

2. Als Alle damit ihre Zufriedenheit bezeugten, fuhr er fort: haben wir wohl einen berühmtern und allbekanntern Anfang der Geschichte der Gründung eines Staates, als die Unternehmung der Erbauung dieser Stadt, die von Romulus ausging? Dieser, ein Sohn des Mars – wir wollen einmal uns nach der Sage bequemen, die nicht nur schon durch hohes Alter ehrwürdig, sondern auch von unsern Vorfahren weislich fortgepflanzt worden ist, vermöge welcher man um das Gemeinwohl höchst verdienten Männern nicht nur göttlichen Geist, sondern auch göttliche Abkunft zuschrieb. – Romulus also, mit seinem Bruder Remus, [185] soll auf Befehl des Amulius, des Königes von Alba [Longa], weil Dieser seinen Thron durch ihn gefährdet glaubte, an der Tiber ausgesetzt worden seyn. Als ihm nun dort ein wildes Thier seine Brüste gereicht und ihn ernährt, darauf Hirten ihn gefunden, und bei ihrer ländlichen Lebensweise und Beschäftigung groß gezogen hatten, soll er, nachdem er herangewachsen war, sich vor Allen in seiner Umgebung durch Körperstärke und kühnen Trotz so ausgezeichnet haben, daß alle damaligen Bewohner der Gegend, wo jetzt unsere Stadt liegt, ihm ohne Widerstand und gerne gehorchten. Und nachdem er sich an die Spitze dieses Haufens gestellt, habe er, berichtet die Sage, (um aus der mythischen Erzählung auf wirkliche Thatsachen einzulenken,) Alba Longa, eine damals bedeutende und mächtige Stadt, überwältigt, und den König Amulius erschlagen.

3. Auf diese glänzende Waffenthat, soll er den Gedanken gefaßt haben, unter Berathung durch Auspicien eine Stadt zu erbauen und einen Staat zu begründen. Für seine Stadt wählte er aber (ein Punkt, der für Den, welcher einen Staat auf die Dauer zu gründen gedenkt, der sorgfältigsten Erwägung bedarf) einen Platz, welcher der künftigen Stadt unglaubliche Vortheile gewährte. [186] Denn erstlich verlegte er sie nicht an das Meer hin, wiewohl es ihm mit seinem Heere und seiner Truppenzahl ein Leichtes gewesen wäre, in das Gebiet der Rutuler oder der Aboriginer vorzurücken, oder an der Tibermündung seine Stadt anzulegen, wo viele Jahre nachher der König Ancus eine Pflanzstadt anlegte: [187] denn als ein Mann von weitsehendem Blicke erkannte und fühlte er sehr richtig, daß für Städte, die man mit Absicht auf lange Dauer und Begründung ausgebreiteter Herrschaft erbauen wolle, die Lage an der See nicht die vortheilhafteste sey: [188] und Dieß schon aus dem Grunde, weil Städte an der See nicht nur überhaupt vielen Gefahren ausgesetzt sind, sondern auch unvoraussehbaren. Denn das Festland kündigt nicht nur das erwartete, sondern auch ein plötzliches Anrücken von Feinden durch viele Merkzeichen, und gleichsam durch ein Getöse und ein vernehmbares Geräusch, zum voraus an. Denn so schnell kann kein Feind zu Lande herbeieilen, daß man nicht wissen könnte, nicht nur, daß er erscheine, sondern auch, Wer er sey, und woher er komme. Kommt aber der Feind von der See her und zu Schiffe, so kann er eher da seyn, als nur Jemand zu ahnen vermag, daß er kommen werde. Und ist er da, so sieht man ihm erst noch nicht an, Wer er ist, woher er kommt oder was er will: überhaupt gibt es ja nicht einmal ein äußeres Kennzeichen, woraus man erkennen und schließen könnte, ob, Wer kommt, Freund oder Feind sey.

4. Auch reißt in Seestädten leicht Verderbniß, wenigstens unerfreuliche Veränderung der Sitten ein: die Einwohner eignen sich neue Redeweisen und fremde Gebräuche an, wodurch die ihrigen anders gestaltet werden; auch werden nicht nur ausländische Waaren, sondern auch ausländische Gewohnheiten eingeführt, so daß keine der vaterländischen Einrichtungen davon unangesteckt bleibt. Die Leute in solchen Städten haben keine Anhänglichkeit an ihre Heimath, sondern es flattern ihre Hoffnungen und Gedanken immer in's Weite und Entlegene hinaus, ja selbst, wenn sie mit ihrem Körper an Ort und Stelle bleiben, schwärmen und schweifen sie doch mit ihrem Sinne in der Ferne herum. Und wahrlich, kein Umstand hat bei Korinth [189] und Karthago, als beide Staaten schon wankten, den gänzlichen Umsturz mehr beschleunigt, als dieser unstete Sinn und diese Unheimathlichkeit der Bürger, [190] weil sie aus Lust am Handel und an der Schifffahrt die Uebung des Ackerbaues und der Waffen aufgegeben hatten. Auch werden solchen Städten von der See her viele verderbliche Reizmittel zur Ueppigkeit beigeschafft, die entweder als erbeutetes Gut oder als Einfuhrgegenstände hereinkommen; ja schon die reizende Lage (an der See) verursacht eine Menge Lockungen zu Genüssen, die zum Nichtsthun oder zum Aufwand verführen. Und was ich vorhin von Korinth gesagt habe, Dieß läßt sich [möchte ich fast behaupten] mit voller Wahrheit eigentlich auf ganz Griechenland anwenden. Denn nicht nur der Peloponnes ist eigentlich fast nichts als Küste [191] und außer den Phliasiern [192] ist kein Staat, dessen Gebiet nicht die See berührte; sondern außer dem Peloponnes sind bloß die Aenianer, Dorier und Doloper von der Küste entfernt. [193] Und nun gar vollends die Griechischen Inseln! Ringsumflutet schwimmen sie beinahe im eigentlichsten Sinne nebst allen Einrichtungen und Sitten ihrer Städte (unstet umher). So ist es, wie gesagt, im alten Griechenland. Ist aber von den Griechen je eine Colonie in Asien, Thracien, Italien, Sicilien, Afrika [das einzige Magnesia ausgenommen [194]] gegründet worden, die nicht von der See bespült würde? So scheinen gleichsam die Griechischen Ansiedelungen wie ein Saum an den Barbarenländern angewebt. Von den Barbaren selbst waren wirklich in früherer Zeit blos die Etrusker und Pöner [Karthager] Seestaaten; die Letztern, um Handel, Jene, um Seeräuberei zu treiben. [195] In jenen Umständen finde ich nun die offenbare Ursache der Unfälle und des Unbestandes (der Staatsformen) in Griechenland, nämlich in den Mängeln der Seestädte, die ich kurz vorhin im Umrisse geschildert habe. Bei allen diesen Uebelständen findet indessen der große Vortheil statt, daß nicht nur die Produkte aller Völker zu der Stadt, wo man wohnt, zu Schiffe hergeschafft, sondern auch die eigenen Landesprodukte, wohin man nur will, ausgeführt und versendet werden können.

5. Wie konnte demnach Romulus mit höherer Einsicht seiner Stadt einerseits die Vortheile der Seestädte verschaffen, andererseits ihren Fehlern ausweichen, als dadurch, daß er sie an das Ufer eines nie versiegenden gleichförmig fortfließenden Stromes anlegte, der in breiter Mündung in's Meer ausströmt, wodurch die Stadt von der See her die Zufuhr erhalten konnte, die sie bedurfte, dann auch ausführen, woran sie Ueberfluß hatte; und daß sie auf demselben Strome die zum Unterhalt und zur Lebensverschönerung vorzüglich nöthigen Gegenstände nicht nur von der Seeseite her an sich ziehen, sondern auch aus dem Binnenlande die eingeführten sich herbringen lassen konnte: so daß ich glaube, er habe schon damals geahnet, daß diese Stadt einst einen Sitz und Mittelpunkt für ein Weltreich abgeben werde: denn zu einer solchen Höhe der Macht hätte es nicht wohl eine auf irgendeinem andern Punkte Italiens angelegte Stadt bringen können. [196]

6. Was aber die Stadt selbst für bedeutende in ihrer Lage liegende Schutzmittel hat, Dieß nicht zu bemerken, anzuerkennen und davon überzeugt zu seyn, würde einen hohen Grad von Unaufmerksamkeit verrathen. Schon die Richtung und der Zug der Ringmauer ist durch die weise Anordnung des Romulus und der übrigen Könige [197] von der Art, daß sie von allen Seiten über steil abgeschnittene Berge hinläuft, und der einzige (freie) Zugang, der zwischen dem Esquilinischen und Quirinalischen Hügel wäre, durch einen ungeheuren aufgeworfenen Erdwall und einen breiten und tiefen Graben versperrt ist, und daß die Burg durch ringsum steile und, so zu sagen, senkrecht abgeschnittene Felsen so geschüzt und gesichert da steht, daß sie selbst in jener furchtbaren Unglückszeit des Gallischen Einfalls unerobert, ja unangetastet geblieben ist. Und dann wählte er zugleich einen Platz, der nicht nur Quellen im Ueberfluß hat [198] son-

dern auch in einer (sonst) ungesunden Gegend dennoch der Gesundheit zuträglich ist: denn er besteht aus Hügeln, welche einerseits der freien Luft Durchzug gestatten, andererseits den Thälern Schatten gewähren. [199]

7. Das Alles war das Werk einer ganz kurzen Zeit. Erst gründete er die Stadt und gab ihr nach seinem Namen den Namen Rom; [200] dann befolgte er zu fester Begründung seines neuen Staats eine ungewöhnliche und an das Plumpe gränzende Maßregel, die indessen einen Mann von Kraft verräth, der zur Befestigung der Macht seines Reiches und seines Volkes einen sichern Blick in die ferne Zukunft that, indem er Sabinische Jungfrauen von Stande, die, um Spielen beizuwohnen, nach Rom gekommen waren, (da nämlich Romulus eben diese jährlichen Spiele im Circus damals das erstemal an den Consualien [201] angestellt hatte,) bei dieser Gelegenheit rauben ließ, und sie den Angesehensten seiner Bürger (der neu gegründeten Stadt) zu Frauen gab. [202] Als aus dieser Veranlassung die Sabiner gegen die Römer zu Felde gezogen waren, und sie in einem lange unentschiedenen und gefährlichen Kampfe sich herumschlugen, ging er mit dem Sabinerkönige T. Tatius ein Bündniß ein, wobei eben die Frauen, die geraubt worden waren, die Vermittlerinnen machten. [203] Diesem Bündnisse zu Folge nahm er die Sabiner zu Bürgern seines Staates auf, machte die Verehrung der Götter beiden Völkern gemeinschaftlich, und theilte seinen Thron mit ihrem Könige.

8. Nachdem aber Tatius um's Leben gekommen war, und er den Thron wieder allein besaß – wiewohl er nebst dem Tatius zum Beirath für beide Könige eine Anzahl Vornehme ausgewählt hatte, die wegen der Anhänglichkeit (des Volkes an sie) Väter hießen; [204] und er das Volk nach seinem und des Tatius Namen, und dem des Lucumo, der, ein Verbündeter des Romulus, in der Sabinerschlacht gefallen war, in drei Tribus [205] und dreißig Curien eingetheilt hatte, welche Curien er mit dem Namen der Frauen benannte, die, als Sabinische Jungfrauen geraubt, später-hin die Vermittlerinnen des Friedens und des Bündnisses geworden waren, [206] – wiewohl [sage ich,] Dieß so zu den Lebzeiten des Tatius angeordnet worden, so fuhr Romulus dennoch auch als Jener erschlagen war, [207] fort, bei seiner Regierung die Väter zu Rathe zu ziehen und ihrem Rathe Gehör zu geben.

9. Durch dieses Verfahren sprach er erstlich die Einsicht und Ueberzeugung aus, die nur ein wenig früher Lykurgus zu Sparta gehabt hatte, [208] daß nämlich die Staaten dann besser mon-archisch und durch königliche Herrschaft verwaltet und regiert werden, wenn jene Herrscher-gewalt das Ansehen einer Anzahl der tüchtigsten Staatsbürger beiziehe. Durch diesen Rath oder gleichsam Senat [209] gestützt, und so zu sagen verschanzt, führte er nicht nur mit seinen Nachbarn viele Kriege mit dem glücklichsten Erfolge, sondern bereicherte seine Bürger fort-während, ohne auch nur einen Theil der Beute sich selbst anzueignen. Im Laufe der ganzen Zeit richtete sich Romulus bei seinen Unternehmungen gewöhnlich durchaus nach den Auspicien; ein Verfahren, das wir auch gegenwärtig noch zu großem Vortheile unseres Staats beibehalten. [210] Er gründete nämlich nicht nur zur ersten Anlage seines Staates die Stadt selbst den Auspicien zu Folge, sondern wählte sich auch, für alle Unternehmungen im Namen des Staats, aus jeder Tribus einen Augur zur Mithülfe bei den Auspicien; vertheilte die Plebejer als Clienten unter die Vornehmen: [211] ein Anordnung, deren Nutzen ich später zeigen werde; und anstatt durch Ausübung von Gewalt und durch Hinrichtungen zu strafen, setzte er Strafen an Schafen und Rindern fest, weil damals das Vermögen in Vieh (pecus) und im Besitz von Grundstücken (loca) bestand, woher die Reichen *Viehbesitzer* (pecuniosi) und *Begüterte* (locupletes) genannt wurden. [212]

10. Nachdem nun Romulus sieben und dreißig Jahre regiert, und die beiden trefflichen Stütz-pfeiler des Staates, die Auspicien und den Senat, eingeführt hatte, ward ihm die Anerkennung zu Theil, daß man, als er nach einer plötzlichen Sonnenverfinsterung nicht mehr gesehen wur-de, annahm, er sey in die Reihen der Götter aufgenommen worden: ein Glaube, der für einen Sterblichen so ehrenvoll ist, daß durch ihn nur Menschen von ganz ausgezeichnetem Ruhme wegen ihres hohen Werthes verherrlicht wurden. Daß aber Dieß dem Romulus widerfuhr, ge-reicht ihm um so mehr zu hohen Bewunderung, weil Andere, die die Sage aus Menschen zu Göttern werden ließ, in Jahrhunderten lebten, in denen die Aufklärung noch nicht so viel Licht

verbreitet hatte, wo also eine solche Erdichtung ganz im Geiste der Zeit lag, da Ungebildeten solcher Glaube leicht eingeredet werden konnte. Bekanntlich aber fällt die Lebenszeit des Romulus vor nicht volle sechshundert Jahre, wo es schon längst eine Literatur und Wissenschaft gab, und jener ganze alte Irrwahn, der in der Menschheit zu den Zeiten der Uncultur geherrscht hatte, verschwunden war. Denn ist (ein Punkt, den die Griechen in ihren Jahrbüchern zum Gegenstande der Untersuchung gemacht haben) Rom im zweiten Jahre der siebenten Olympiade erbaut, [213] so fiel des Romulus Lebenszeit in die Zeitperiode, da es in Griechenland bereits eine Menge von Dichtern und Sängern gab, und man Erdichtungen, außer über Gegenstände aus der Vorzeit, nicht mehr viel Glauben schenkte. Denn die erste Olympiade fällt nach der gewöhnlichen Rechnung hundert und acht Jahre nach der Zeit, in welcher Lykurgus seine Gesetze abzufassen begann; welche Zeitrechnungsweise aus Namenverwechslung Einige demselben Lykurgus [214] zuschreiben; den Homer aber setzen Die, welche die geringste Zahl annehmen, doch etwa dreißig Jahre vor Lykurgs Zeit. Das Resultat dieser Berechnung ist (wenigstens) Dieß, daß Homer viele Jahre vor Romulus gelebt hat, so daß zu einer Zeit, wo die Menschen schon viele Kenntnisse besaßen, und selbst die Zeit (gleichsam) schon gebildet war, eine Erdichtung kaum noch Raum gewinnen konnte. Das Alterthum nämlich ließ sich auch bisweilen recht plump ersonnene Mährchen aufbinden; jenes Zeitalter aber, in dem schon Bildung herrschte, und das besonders alles Unmögliche mit Hohn zurückwies, verschmäht sie. * * *

[Lücke von etwa 230 Buchstaben.]

* * * [215] [gleiches Namens ein anderer Enkel von ihm, den seine Tochter gebar; weil Jener in demselben Jahre starb; demnach wurde Simonides in der sechs und fünfzigsten Olympiade geboren; woraus um so klarer hervorgeht,] daß der Glaube an die Versetzung des Romulus unter die Götter zu einer Zeit aufgekommen ist, als die Menschheit nicht mehr in ihrer Kindheit lag, sondern schon in der Ausbildung vielseitig vorgeschritten war. [216] Aber es lag wahrhaftig in ihm eine so große Geisteskraft und eine solche Tüchtigkeit, daß man von Romulus dem Julius Proculus, einem schlichten Landmanne, Etwas glaubte, was die Leute schon Jahrhunderte früher von keinem andern Sterblichen geglaubt haben würden. Dieser Proculus soll nämlich, veranlaßt von den Senatoren, um den sie verhaßt machenden Verdacht, als seyen sie am Tode des Romulus Schuld, von ihnen abzuwälzen, öffentlich vor dem Volk aufgetreten seyn und gesagt haben, er habe den Romulus auf dem Hügel erblickt, der jetzt der Quirinalische heißt, und Dieser habe ihm aufgetragen, das Volk zu bitten, ihm auf diesem Hügel einen Tempel zu erbauen: er sey (jetzt) ein Gott, und heiße Quirinus.

11. Seht ihr also, wie durch Eines Mannes weise Maßregeln ein neues Volk nicht blos entstanden, auch nicht blos noch in der Wiege wimmernd zurückgelassen worden, sondern schon groß gewachsen und fast gereift. Ja, sagte *Lälius*, wir sehen es; und finden zugleich, daß du bei deinem Vortrage einen ganz neuen Weg eingeschlagen hast, wovon sich in den Schriften der Griechen kein Vorgang findet. Denn jener Hauptschriftsteller, [217] den in der Darstellung Keiner übertroffen hat, hat sich selbst einen Boden geschaffen [zur Aufführung seines Gebäudes] und zwar er vielleicht einen ganz trefflichen, der aber für die Menschen, wie sie sind, und für ihren Charakter nicht paßte. [218] Die Andern aber sprachen [in ihren Büchern], ohne mit sich selbst über eine bestimmte Idee einig zu seyn, von den verschiedenen Formen und Gattungen der Staaten hin und her. [219] Du scheinst mir Beides vereinigen zu wollen; denn in deinem bisherigen Vortrage sprichst du dich so aus, daß du die Resultate deines eigenen Nachdenkens lieber, als wären es fremde Gedanken, darstellen, als, wie Sokrates bei Plato thut, aus dir selbstthätig schaffen zu wollen scheinst; und daß du Dem, was den Romulus der Zufall oder die Noth zu thun veranlaßt hat, nämlich der für die Stadt gewählten Lage, einen berechneten Plan unterlegst, und nicht mit unbestimmt umherschweifender Rede, sondern einem auf Einen Staat gerichteten Blicke. Darum setze nur immerhin deine Entwicklung fort, in der Weise, wie du sie begonnen hast. Denn schon ist mir, als werdest du bei Schilderung der übrigen Könige nach und nach ein Gemälde einer vollendeten Staatsform liefern.

12. Wie nun, fuhr Scipio fort, jener Senat des Romulus, der aus Optimaten bestand, die der König selbst so hoch geachtet hatte, daß er sie Väter (patres) und ihre Söhne Patricier

(patricios) [220] genannt wissen wollte, nach dem Hintritt des Romulus ohne König die Zügel der Regierung fassen und leiten wollte, lehnte sich das Volk dagegen auf, und ließ fortwährend aus Sehnsucht nach dem Romulus nicht ab, einen König zu fordern: [221] bei welcher Gelegenheit jene Staatshäupter ein ganz neues und bei andern Völkern unerhörtes Auskunftsmittel, nämlich die Ernennung von Zwischenkönigen, [222] ausdachten, so daß, bis Einer zum bestimmten König erklärt wäre, weder der Staat ohne König, noch lange unter Einem [Zwischen-] König war, und dadurch zu verhüten wußten, daß Einer, an die Obergewalt zu sehr gewöhnt, zu ungeneigt würde, die Regentenstelle niederzulegen, oder mächtig genug, sie mit Gewalt zu behaupten. Und wirklich erkannte das um jene Zeit noch ganz neue Volk, [eine Wahrheit,] die dem Spartanischen Gesetzgeber Lykurgus entging, der die Ansicht hatte, man müsse einen König nicht wählen (wenn es anders dem Lykurgus frei stand, hierüber zu entscheiden), sondern annehmen, wie er auch seyn möge, wenn er nur aus des Herkules Stamme entsprossen sey: unsere einfachen Landleute, sage ich, erkannten wirklich schon damals, daß königliche Thatkraft und Weisheit, nicht königliche Abstammung, die Hauptsache sey, auf die man sehen müsse. [223]

13. Da nun nach der allgemeinen Stimme Numa Pompilius diese Eigenschaften besaß, so nahm das Volk auf den Vorschlag der Väter, [224] ohne Berücksichtigung seiner Mitbürger, einen König aus einem fremden Volke, einen Sabiner, und berief ihn von Cures her auf den Römischen Thron. [225] Sobald er hierher kam, ließ er, obgleich das Volk in einer nach Curien abstimmenden Wahlversammlung ihn zum Könige ernannt hatte, doch noch erst wegen seines Oberbefehls auch in einer Curienversammlung ein förmliches Gesetz aussprechen: und wie er sah, daß die Römer durch das von Romulus eingeführte Staatsleben eine gar große Vorliebe für den Krieg gewonnen hatten, so glaubte er sie von dieser Neigung ein wenig entwöhnen zu müssen.

14. Er fing damit an, daß er die von Romulus eroberten Ländereien unter seine Mitbürger Mann für Mann austheilte, [226] und sie die Möglichkeit lehrte, ohne Plünderung und Beute durch Anbau des Bodens sich reichlichen Unterhalt zu verschaffen, wodurch er ihnen Lust an Waffenruhe und am Frieden beibrachte, die vorzüglich dazu geeignet sind, Gerechtigkeit und Achtung der Verträge zu begründen, und unter deren Obhut der Ackerbau und das Einernten seines Ertrages vorzüglich gesichert ist. Auch brachte Pompilius die größern Auspicien auf, [227] verstärkte die frühere Zahl der Auguren um zwei, und setzte über die Verwaltung des Götterdienstes aus der Mitte der Vornehmen fünf Hauptpriester; [228] dabei wußte er durch den Vorschlag jener Gesetze, die wir noch in den [alten] Denkmälern haben, die von Gewohnheit und Lust an Kriegen entflammten Gemüther durch Einführung religiöser Formen zu mildern; und indem er die Flamines [Einzelpriester gewisser Götter [229]] die Salier [230] und die Vestalischen Jungfrauen stiftete, gab er somit allen Theilen der Religion eine unverbrüchlich heilige Begründung. Bei allem Dem sollte nach seinem Plane die Religionsübung eine mühsame Genauigkeit, die Anstalten dafür aber nur einen ganz kleinen Aufwand erfordern: denn zu lernen und zu beobachten gab es dabei sehr Vieles, aber das Alles ohne Kosten. Und so gelang es ihm, dem Volke bei Ausübung seines Götterdienstes viel zu thun zu geben, und dennoch alle verschwenderische Pracht zu beseitigen; und in demselben Geiste führte er auch Marktverkehr, Spiele und mancherlei Veranlassungen und Feierlichkeiten ein, die die Menschen mit einander in Berührung bringen. Durch alle diese Veranstaltungen machte er die durch Kriegeslust schon ganz verwilderten und roh gewordenen Menschen wieder menschlich und mild. Und nachdem er so neun und dreißig Jahre lang in vollkommenem Frieden und in Eintracht regiert hatte, (ich halte mich nämlich am liebsten an meinen Polybius, dem es an gründlicher Untersuchung der Zeitangaben Keiner zuvorgethan hat,) schied er aus dem Leben, nachdem er zwei die Dauer und Festigkeit des Staates trefflich begründende Dinge, Religion und Menschlichkeit, [dem neuen Volke] eingeflößt hatte.

15. Bei diesem Ruhepunkte fiel *Manilius* dem Scipio in die Rede, und sagte zu ihm: Ist aber wohl Etwas an der Sage, Africanus, daß jener König Numa entweder wirklich ein Schüler des Pythagoras, oder doch wenigstens ein Pythagoreer gewesen sey? Denn oft haben wir Das von ältern Personen gehört, und wissen auch, daß es allgemein geglaubt wird, ohne daß sich doch dafür hinlängliche Beweise in den öffentlichen Jahrbüchern vorfänden [231] Natürlich, erwiederte *Scipio*, denn das ganze Vorgeben, mein Manilius, beruht auf Erdichtung, und zwar auf einer un-

gereimten und abgeschmackten. Das ist gerade an einer Lüge das unausstehlichste, wenn wir nicht nur einsehen, daß das Erzählte nicht geschehen ist, sondern daß es unmöglich hat geschehen können. [232]Es ergibt nämlich die Berechnung der Zeiten, daß Pythagoras erst im vierten Regierungsjahre des L. Tarquinius (des Uebermüthigen) nach Sybaris, nach Kroton und in jene Gegenden von Italien gekommen ist. Denn gerade in die zwei und sechzigste Olympiade fallen die beiden Thatsachen: der Anfang der Regierung des Tarquinius Superbus und die Ankunft des Pythagoras. Berechnet man nun die Regierungsjahre der Könige; so kommt heraus, daß Pythagoras ungefähr erst hundert und vierzig Jahre nach dem Tode des Numa Italien betreten hat; und hierüber hat unter Denjenigen, welche die Jahrzeitbücher gründlich studirt haben, durchaus nie ein Zweifel obgewaltet. Unsterbliche Götter, fiel *Manilius* ein, was ist das für ein großer, und dennoch so allgemeiner und eingewurzelter Irrthum! Doch ist es mir ganz recht, daß wir demnach unsere Bildung nicht einer fremden und über die See her zu uns eingeführten Wissenschaft, sondern angestammter und einheimischer Kraft zu verdanken haben.

16 Und Das wird dir erst noch viel klarer vor die Seele treten, erwiederte *Scipio*, wenn du siehst, wie unser Staat immer fortgeschritten, und nach einem naturgemäßen Gange und Zuge zu der besten Verfassung gelangt ist; ja wenn du gerade darin wieder einen preiswürdigen Zug von der Weisheit unserer Vorfahren erblickst, daß sie zwar Manches auch aus fremdem Boden auf unsern heimischen verpflanzten, daß es aber bei uns viel besser geworden, als es dort war, wo es zuerst aufgekommen und woher es zu uns herüber gebracht worden: [233]und du wirst dich überzeugen, daß das Römische Volk nicht durch Zufall, sondern durch planmäßige Bildung so stark geworden sey, wobei ihm übrigens das Glück wenigstens nicht abhold gewesen ist.

17. Nach dem Tode des Pompilius, wählte das Volk in einer nach Curien abstimmenden Wahlversammlung, auf den Antrag des Zwischenkönigs, den Tullus Hostilius, [234]und auch Dieser ließ sich, nach dem Beispiele des Pompilius, von den Curien des Volkes noch besonders den Oberbefehl übertragen. Er war ein Mann von ausgezeichnetem Kriegsruhm, und verrichtete große Heldenthaten. Er war es auch, der von dem Ertrage der Beute das Comitium [den Wahlversammlungsplatz] umzäunte und die Curie [das Senatsversammlungshaus]erbaue; er bestimmte auch die Rechtsgrundsätze für die Kriegsankündigungen, und diese an sich schon höchst gerechte Einrichtung heiligte er durch die religiöse Anordnung der Fetialen, [235]so daß jeder Krieg, der nicht erst angekündigt und angesagt worden, für ungerecht und frevelhaft erklärt wurde. Und damit ihr erkennet, wie weislich auch Das schon unsere Könige erwogen haben, daß man auch dem Volke gewisse Rechte einräumen müsse, (denn ich habe über diesen Gegenstand noch Manches zu sagen:) [so überseht nicht], daß sich Tullus nicht einmal herausnahm, sich der äußerlichen Zeichen der königlichen Würde zu bedienen, ohne vom Volke besonders dazu ermächtigt zu seyn. Denn die Befugniß, zwölf Lictoren mit den Fascen [Gewaltstäben] vor sich her treten zu lassen, * * * [236]

[Lücke von zwei Seiten.]

[Aus diesem Grunde wurde nach einer solchen Todesart von ihm nicht auch [wie vom Romulus] geglaubt, daß er unter die Götter aufgenommen worden sey, weil die Römer das bei Romulus gern Geglaubte nicht gemein machen wollten, dadurch, daß man es nur so leicht auch von einem Andern annähme.] [237]

18. * * * Denn nicht langsam fortrückend, sondern gleichsam im Fluge eilte der Staat, wie du sein Emporkommen schilderst, dem höchsten Grade seiner Vollkommenheit entgegen. *Scipio.* Nach ihm wurde vom Volke der Tochtersohn des Numa Pompilius zum Könige ernannt, Ancus Marcius; und auch er ließ sich erst vom Volke in einer nach den Curien stimmenden Versammlung den Oberbefehl bestimmt ertheilen. Er überwand die Latiner in einem Kriege, und nahm sie dann zu Bürgern seines Staates auf. Auch zog er den Aventinischen und Cälischen Hügel in den Umkreis der Stadt, theilte die eroberten Ländereien aus, machte die gewonnenen Wälder an der Seeküste zu Gemeingut, gründete an der Mündung der Tiber eine Stadt, und verpflanzte zu ihrer Sicherung [Römische Bürger als] Colonisten dahin. [238]Nach einer auf diese Weise drei und zwanzig Jahre fortgesetzten Regierung starb er. *Lälius.* Auch das war ein preiswürdiger König: aber gerade hier ist ein dunkler Punkt in unserer Geschichte: denn von der Mutter

dieses Königes wissen wir Etwas: seinen Vater kennen wir nicht. *Scipio.* Allerdings. Allein aus jenen Zeiten heben sich überhaupt fast nur die Namen der Könige hell hervor. [239]

19. Doch gerade in diesem Zeitpunkt scheint der Staat zum erstenmale durch eine Art von eingeimpfter Bildung gleichsam gelehrter worden zu seyn. Es floß nämlich nicht nur ein schwaches Bächlein aus Griechenland zu uns herüber, sondern ein überwallender Strom der dort blühenden Wissenschaften und Künste. [240] Der Sage zu Folge lebte nämlich zu Korinth ein gewisser Demaratus, der an Ehre, Ansehen und Vermögen in seinem Vaterlande seines Gleichen nicht hatte. Dieser soll, weil er sich nicht unter die Tyrannengewalt des Cypselus schmiegen wollte, mit einer großen Summe Geldes sich aus seiner Heimath entfernt, und sich nach Tarquinii, einer höchst blühenden Stadt Hetruriens, begeben haben. Und als er vernahm, daß die Gewaltherrschaft des Cypselus [241] sich immer fester gründe, entschloß sich der freisinnige und muthvolle Mann, sein Vaterland ganz aufzugeben, ließ sich von den Tarquiniern als Bürger aufnehmen, und schlug dort, als in seinem neuen Vaterlande, seinen Wohnsitz auf. Da erzeugte er denn mit einer Frau aus Tarquinii zwei Söhne, und gab ihnen eine ganz Griechische wissenschaftliche Bildung * * *

[Lücke von zwei Seiten. [242]]

20. * * * er ohne Anstand als Bürger [in Rom] aufgenommen worden war; wurde er wegen seiner Bildung und seiner Kenntnisse bei dem König Ancus so beliebt, daß er als Theilnehmer aller seiner Beschlüsse, und fast für seinen Mitregenten galt. Ueberdieß war er äußerst leutselig, und erwies sich gegen alle Bürger sehr gütig durch Unterstützung, Hülfe, Schutz und Freigebigkeit. [243] Darum wurde er denn auch nach dem Tode des Marcius vom Volke ganz einstimmig zum Könige gewählt, unter dem Namen Lucius Tarquinius; denn diesen Namen hatte er, statt seines Griechischen, [244] angenommen, um in allen Stücken die Sitte dieses Volkes sich anzueignen. Nachdem auch er sich den Oberbefehl erst noch durch ein förmliches Gesetz hatte übertragen lassen, verdoppelte er gleich anfangs die frühere Zahl der Väter; nannte dann die alten Väter [die Väter] der ältern Geschlechter (patres majorum gentium), die er immer zuerst abstimmen ließ; die von ihm Angenommenen aber die der *jüngern* [minorum]. [245] Darauf gab er der Reiterei [dem Ritterstande] die Form der Einrichtung, die heut zu Tage noch besteht: nur konnte er, ungeachtet er es gerne gethan hätte, die Namen *Titienses*, *Ramnenses* und *Luceres* nicht verändern, weil ihm Attius Navius, ein Augur vom höchsten Ansehen, davon abrieth. Auch bei den Korinthiern finde ich, daß sie in frühern Zeiten die Einrichtung hatten, aus Beiträgen kinderloser [Männer] und Wittwen [den Reitern] öffentliche Pferde anzuschaffen und zu unterhalten. [246] Er fügte indessen zu den ersten Abtheilungen der Ritter noch eben so viel andere, und brachte sie auf 1200, wodurch sich ihre Zahl verdoppelte, nachdem er das große und auf seine Kraft trotzende Aequervolk, das Roms Existenz bedrohte, überwunden hatte. Auch die Sabiner schlug er von den Mauern der Stadt zurück, zerstreute sie mit seiner Reiterei, und überwand sie vollkommen in einem Kriege. [247] Er soll auch, nach geschichtlichen Angaben, zuerst die großen Festspiele, Römische Spiele genannt, eingeführt, [248] dem allgütigen, allmächtigen Jupiter während der Schlacht im Sabinerkriege auf dem Capitolium einen Tempel zu errichten gelobt haben, [249] und nach einer Regierung von acht und dreißig Jahren gestorben seyn.

21. Nun, sagte *Lälius*, leuchtet mir erst die Behauptung des Cato ein, eine Staatsverfassung sey weder das Werk Eines Zeitpunkts noch Eines Menschen. [250] Denn es liegt am Tage, wie durch jeden einzelnen König unser Staat an Vorzügen und zweckmäßigen Einrichtungen gewonnen hat. Wir kommen aber jetzt auf Den, der meines Erachtens in Hinsicht auf Staatseinrichtung den schärfsten Blick hatte. [251] Allerdings, erwiederte *Scipio*. Nach Jenem nämlich, meldet die Geschichte, regierte, zuerst ohne durch einen Volksbeschluß die Befugnisse erhalten zu haben, Servius Tullius, [252] der Sohn, wie es heißt, einer Sclavin aus Tarquinii und eines Clienten des Königs. Er wurde unter den Sclaven erzogen und mußte bei der Tafel des Königs aufwarten; allein der Funke des Talents, der schon damals aus dem Knaben hervorleuchtete, blieb nicht unbemerkt, da er in allen Verrichtungen und Aeußerungen große Gewandtheit verrieth. [253] Und so gewann denn Tarquinius, dessen eigene Kinder damals noch ganz klein waren, [254] den Servius so

lieb, daß man denselben allgemein für seinen Sohn hielt, und bildete ihn mit der größten Sorgfalt in allen den Kenntnissen aus, die er selbst gelernt hatte, wie nur immer ein junger Grieche eine ausgezeichnete Bildung erhalten konnte. [255] Als aber Tarquinius durch die Nachstellungen der Söhne des Ancus das Leben verloren, und Servius, wie gesagt, ohne [förmlichen] Beschluß, wiewohl mit Willen und Zustimmung der Bürger den Thron bestiegen hatte, (er war nämlich, als man fälschlich vorgab, Tarquinius sey nur an einer Verwundung krank gelegen, und lebe noch, mit den Zeichen der Königswürde bekleidet, zu Gericht gesessen, hatte Verschuldete durch Geld aus seinen Mitteln losgekauft, sich sehr freundlich [gegen die Bürger] bewiesen, und ihnen den Glauben beigebracht, er halte auf Befehl des Tarquinius Gericht;) da hielt er sich von den Vätern [dem Senat] unabhängig: das Volk aber ließ er, nachdem Tarquinius begraben war, abstimmen; und nachdem ihn dasselbe zum König gemacht, brachte er auch den [gewöhnlichen] Gesetzesvorschlag wegen seines Oberbefehls in der nach Curien stimmenden Volksversammlung zur Vollziehung. Die erste Handlung seiner Regierung war, daß er durch einen Krieg die [den Römern] von den Etruskern zugefügten Beleidigungen rächte. Als er dabei eine bedeutende * * * [256]

[Lücke von zwei Seiten.]

22. * * * [257]achtzehn aus der ersten [Vermögens-] Klasse. Später, nachdem er eine große Zahl von Rittern aus der ganzen Masse des Volks herausgehoben hatte, theilte er den Rest des Volkes in fünf Klassen, und schied die Aeltern von den Jüngern, [258]wobei er die Eintheilung so zu machen wußte, daß die [Resultate der] Abstimmungen nicht in der Hand der Menge, sondern der Wohlhabenden waren, [259]und veranstaltete, worauf immer in einem Staate gehalten werden muß, daß das Uebergewicht nicht in den Händen der Ueberzahl war. [260]Dürfte ich diese Vertheilung nicht als euch bekannt voraussetzen, so würde ich sie hier entwickeln. Es ist also, wie ihr seht, das Verhältniß folgendes. Die [drei] Rittercenturien [Ramnes, Tities, Luceres, die alten und die neuen] nebst den sechs Stimmen [der Rittercenturien, die noch zu den von Tarquinius Priscus bestimmten hinzugefügt worden waren] und die erste (Vermögens-) Klasse [, achtzig Centurien] die Centurie eingerechnet, die zum größten Nutzen der Stadt den Zimmerleuten zugestanden ist, haben neun und achtzig Centurien: schließen sich nun an diese von den hundert und vier Centurien (denn so viele sind dann noch von der Gesammtsumme [die aus hundert und drei und neunzig besteht] übrig) auch nicht mehr als acht an, so ist die übrige Stimmenmehrheit im Volke schon vollkommen [auf der Seite der ersten Vermögensklasse, nämlich sieben und neunzig]: und doch ist die weit größere Masse (der Bürger), nämlich sechs und neunzig Centurien, weder von der Stimmgebung ausgeschlossen, damit Dieß nicht den Schein des Uebermuthes [von Seiten der Reichen] haben möchte, noch zu einflußreich, damit sie nicht gefährlich werden kann. [261]Dabei war er auch selbst in der Wahl der Worte und Benennungen behutsam, indem er die Reichen assiduos nannte, weil sie Geld zahlten [aes dabant], [262]Diejenigen aber, die entweder nicht mehr als fünfzehnhundert Aß, oder ausser ihrer Person gar Nichts bei der Vermögensschätzung [census] angaben, *Proletarier* hieß; so daß der Staat von ihnen gleichsam den Nachwuchs [an Menschen, proles], das heißt die Fortpflanzung der Bürgermasse zu erwarten schien. Von jenen sechs und neunzig Centurien aber wurden in der letzten [263]Centurie damals bei der Schätzung mehr Köpfe gezählt, als fast in der ganzen ersten [aus achtzig Centurien bestehenden] Klasse. Auf diese Weise wurde einerseits Keiner von dem Stimmrecht ausgeschlossen, andererseits war der Stimme Derjenigen am meisten Einfluß zugetheilt, denen am meisten daran lag, daß der Staat im bestmöglichen Zustande sey. Ja auch den Accensis velatis, [264]den Zinkenbläsern, den Hornbläsern, den Proletariern * * * [265]

[Lücke von vier Seiten.]

23. * * * [Meiner Ansicht nach ist ein Staat am besten eingerichtet, wenn in seiner Verfassung eine zweckmäßige Mischung des monarchischen, aristokratischen und demokratischen Princips ist, und die Strafgewalt die Bürger nicht aufreizt und empört [266]]

* * * [Demnach ist Karthago fünf und] sechzig Jahre älter [als Rom], weil es neun und dreißig Jahre vor der ersten Olympiade erbaut wurde. Und jener älteste Lykurgus hatte fast dieselbe [267]Ansicht. [268]Demnach, scheint mir, haben wir jenes Gleichgewicht und diese Mischung der

drei Verfassungsarten mit jenen Völkern gemein gehabt. Was aber das Eigenthümliche unserer Verfassung ist, das ihr einen so überwiegenden Vorzug verleiht, das will ich, wo möglich, noch genauer erörtern, weil es sich zeigen wird, daß sich seines Gleichen in keinem Staate findet. Denn das bisher Entwickelte fand sich in solcher Mischung bei der Spartanischen und Karthagischen Verfassung, wie in der unsrigen, daß es nicht durch eine bestimmte Regel in ein rechtes Verhältniß gebracht war. Denn ein Staat, in welchem ein Einzelner in ununterbrochenem Besitze einer [ihm übertragenen] Gewalt, besonders der königlichen, ist, mag auch in demselben sich immerhin ein Senat befinden, wie damals, zur Zeit der Könige, Einer in Rom war; wie zu Sparta nach der Lykurgischen Verfassung; mag auch dem Volke noch einiges Recht eingeräumt seyn, wie es unter unsern Königen war; so gibt doch eben der Name König ein Uebergewicht; und ein solcher Staat ist und heißt demnach nothwendig eine Monarchie. [269]Eine solche Form der Verfassung ist aber aus dem Grunde sehr unhaltbar, weil sie durch den Mißbrauch eines Einzigen nur gar zu leicht zur verderblichsten aller Formen ausartet. Denn das Königthum an sich ist nicht nur nicht zu verwerfen, sondern möchte leicht allen übrigen einfachen Formen bei weitem vorzuziehen seyn, [270](wenn ich ja irgend eine einfache Regierungsform für zweckmäßig erklären könnte:) aber nur so lange es nicht ausartet, und seine [rechte] Haltung behält. Das aber ist die [rechte] Haltung, daß durch die ununterbrochene rechtmäßige Gewalt eines Einzigen, durch seine Gerechtigkeit und Weisheit das Wohl und die [Rechts-] Gleichheit und die Ruhe Aller geschützt und beaufsichtigt werde. Im Allgemeinen fehlt (jedoch) einem Volke viel, das einen König über sich hat, besonders die Freiheit; die nicht darin besteht, daß wir einen gerechten Oberherrn haben, sondern [daß wir] gar keinen [haben] * * * [271]

[Lücke von zwei Seiten.]

24. * * * . . . Denn jener ungerechte und harte Herrscher hatte im Laufe seiner Regierung eine Zeit lang das Glück im Gefolge seiner Unternehmungen. Er überwand nicht nur ganz Latium in einem Kriege, und nahm die wohlhabende und reiche Stadt Suessa Pometia ein; [272]sondern, mit ungeheurer Beute an Gold und Silber bereichert, löste er auch das Gelübde seines Vaters [273]durch Erbauung des Capitoliums, legte Pflanzstädte an, [274]und schickte nach der Sitte Derjenigen, von welchen er abstammte, prachtvolle Geschenke, gleichsam als Opfergaben von der Beute, nach Delphi an den Apollo.

25. Und hier komme ich nun an den Wendepunkt [Kreislauf], dessen natürliche Bewegung und Umdrehung [275]ich euch vom Entstehen an auseinander zu setzen und zu entwickeln gedenke. Denn Das ist eben der Gipfel der Einsicht in die Staatsverhältnisse, um die sich mein ganzer Vortrag dreht, zu erkennen, was die Verfassungen für einen Verlauf und für eine Wendung nehmen, um euch, durch die Erkenntniß, wohin sich jede neigt, in den Stand zu setzen, hemmend einzugreifen und (dem gedrohten Umschwunge) zum voraus zu begegnen. [276]Denn jener König, von welchem ich spreche, war, nachdem er erst sich mit dem Morde des besten Königes befleckt hatte, nicht mehr reines Gemüthes; und da er selbst die höchste Bestrafung seines Verbrechens fürchtete, wollte er auch gefürchtet seyn. Späterhin, durch seine Siege und Reichthümer gehoben, pochte er in übermüthigem Stolze darauf, verlor die Herrschaft über sein Benehmen, und vermochte die zügellosen Begierden der Seinigen nicht mehr zu bändigen. [277]Und so kam es denn, daß, als sein ältester Sohn [278]der Tochter des Tricipitinus, Lucretia, die des Collatinus Gemahlin war, Gewalt angethan, und die züchtige und edle Frau wegen dieser Entehrung sich selbst den Tod gegeben hatte, ein durch Geist und Thatkraft ausgezeichneter Mann, L. Brutus, jenes ungerechte Joch harter Knechtschaft von dem Nacken seiner Mitbürger abschüttelte: und ungeachtet er Privatmann war, hielt er doch den ganzen Staat zusammen und aufrecht, und war der Erste, der in unserm Staate die Lehre [praktisch] aufstellte, daß, wo es sich um Rettung der Freiheit seiner Mitbürger handle, Jeder aus dem Privatstande heraustreten müsse [Keiner Privatmann sey]. Auf seinen Rath und unter seiner Leitung standen die Bürger auf, da zu der noch ganz frischen Beschwerde des Vaters der Lucretia und ihrer Verwandten sich die Erinnerung an den Uebermuth des Tarquinius und vieles durch ihn und seine Söhne geschehenen Unrechts gesellte, und sprach die Verbannung nicht nur des Königes selbst, sondern auch seiner Kinder und der ganzen Familie der Tarquinier aus.

26. Seht ihr also, wie aus einem König ein Despot geworden, und durch Eines Schlechtigkeit die Verfassung aus einer guten zur schlechtesten umgewandelt worden ist? Denn ein Gewaltherrscher [Despot] des Volks ist eben Der, den die Griechen einen Tyrannen nennen: denn unter einem Könige verstehen sie einen Mann, der wie ein Vater für sein Volk sorgt, der Die, über welche er gesetzt ist, in dem besten Lebenszustande erhält. Allerdings eine preiswürdige Art von Staatsverfassung die sich aber nur zu sehr zur heillosesten hinneigt, und zu ihr nur zu leicht hinabsinkt. Denn sobald ein solcher König zu ungerechter Gewaltherrschaft sich hingeneigt hat, so wird gleich ein Tyrann aus ihm; und ein häßlicheres und scheußlicheres, Göttern und Menschen verhaßteres Ungethüm läßt sich nicht denken; und, trotz der Menschengestalt, übertrifft er doch an Unmenschlichkeit die gräßlichsten Ungeheuer. Denn Wer kann so Einen mit Recht noch einen Menschen nennen, der mit seinen Mitbürgern, ja mit der ganzen Menschheit in keinem menschlichen Gesellschaftsverhältnisse stehen will? [279] Doch über diese [Miß-] Art [Ausartung] werde ich späterhin zu sprechen noch eine passendere Stelle finden, wenn mich der Gang der Darstellung mahnt, über Diejenigen zu sprechen, die, auch nachdem der Staat schon frei geworden war, nach Gewaltherrschaft trachteten.

27. Da habt ihr nun eine Schilderung der ersten Entstehung eines Tyrannen: diese Namen nämlich haben die Griechen Demjenigen gegeben, der mit Ungerechtigkeit König ist: unsere Sprache hat Alle mit dem Namen Könige benannt, die eine ununterbrochene [lebenslängliche] Gewalt über ihre Völker allein [und ungetheilt] besitzen. Daher sagte man vom Spurius Cassius, M. Manlius und Spurius Mälius, [280] sie haben sich zu Königen aufschwingen wollen: und erst neuerlich * * * [281]

[Lücke von zwei Seiten.]

28. * * * nannte Lykurgus zu Sparta den Rath der Alten [282]; nur machte er ihn zu schwach an Zahl, [283] nämlich acht und zwanzig, in deren Hände er die oberste Leitung und Berathung gab, während der König die höchste [vollziehende] Gewalt hatte. Dieselbe Einrichtung nahmen denn auch die Unsrigen an, und übersetzten sogar den Amtstitel, indem sie Die, die Jener den Rath der Alten [γέροντας, γερουσίαν] hieß, Senat [von senes] nannten, wie es auch (wie gesagt) Romulus bei der Auswahl der *Väter* machte. Immer überwiegt und überragt jedoch des Königes Gewalt, Macht und Name [Rang]. Lasse man auch immerhin daneben das Volk noch etwas gelten, wie Lykurgus und Romulus wirklich thaten; durch eine solche Freiheit wird es sich nicht befriedigt finden, sondern da man sie ihm nur ein wenig zu kosten gegeben hat, so wird es darnach nur noch mehr dürsten. [284] Auf jeden Fall wird die Besorgniß nie verschwinden, es möchte (ein Fall, der gemeiniglich eintritt) einmal ein ungerechter König [auf den Thron] kommen. Darum steht denn das Glück eines Volkes auf schwachen Füßen, das, wie vorhin gesagt, von dem [guten] Willen oder dem Charakter eines Einzelnen abhängt.

29. Und hier zeigt sich denn das erste Hervortreten, die erste Erscheinung und der Ursprung der Tyrannei, in demjenigen Staate, den Romulus nach Auspicien gegründet, nicht in einem solchen, den, wie Plato berichtet, Sokrates in jener Peripatetischen [285] Unterhaltung im Ideal entworfen hat. So möge denn, wie Tarquinius, ohne eine neue Gewalt bekommen zu haben, sondern nur durch Mißbrauch derjenigen, die er besaß, den Umsturz der ganzen [bisherigen] Verfassung herbeigeführt hat, Diesem ein Anderer gegenübergestellt seyn, ein gutgesinnter, weiser, den Vortheil und die Würde der Staatsbürger verstehender Mann, gleichsam der Pfleger und Vorsorger des Staats, denn so soll Der heißen, der (Wer es immer sey) der Leiter und Lenker des Bürgervereins ist. Diesen Mann laßt euch schildern; denn er ist es, der durch Rath und That den Staat schützen kann. Weil aber dieser Name bisher in unserer Unterhaltung noch nicht eigentlich vorgekommen ist [nämlich der Name Consul], und wir im Verfolg unseres Vortrages einen Mann dieser Art [Staatsbeamten] öfters werden berühren müssen, * * * [286]

[Lücke von zwölf Seiten.]

30. * * * [Plato] hielt für nöthig, [daß der gesammte Boden des Staats unter die Bürger zu gleichen Theilen vertheilt sey; und nahm einen Staat, wie man ihn mehr wünschen, als hoffen darf, von ganz kleinem Umfange an, [287] und so brachte er einen heraus, nicht, wie er in der Wirklichkeit möglich ist, sondern einen, an dem man die möglichen bürgerlichen und politischen

Verhältnisse studiren könnte. Ich aber, wenn mir irgend mein Vorhaben gelingt, werde, ganz nach den von ihm erkannten Grundsätzen, aber nicht an dem Schatten und Scheinbilde eines Staates, sondern an einem [wirklichen] vom ersten Range, die Ursache jedes Heils und Unheils im Staatsleben, wie mit einem Stabe darzustellen streben. Nachdem nämlich jene zweihundert und vierzig Jahre unter den Königen [mit den Regierungen der Zwischenkönige macht es etwas mehr aus] vorüber und Tarquinius vertrieben war, herrschte im Römischen Volke ein so großer Haß gegen den Königsnamen, als nach dem Hinscheiden, oder vielmehr dem Abschiede des Romulus die Sehnsucht nach diesem gewesen war. Und so wie das Volk damals nicht ohne einen König seyn konnte, so konnte es nach Vertreibung des Tarquinius den Namen König nicht mehr nennen hören. * * * [288]

[Lücke von sechszehn Seiten.]

31. * * * [Nachdem nun jene treffliche Einrichtung des Romulus ungefähr zweihundert und zwanzig Jahre unverändert bestanden hatte * * * Nonius Marcellus, angeblich aus dem zweiten Buche der Rep.] [289]

* * * wurde jenes Gesetz ganz anfgehoben. [290] In dieser Erwägung entfernten unsere Vorfahren sowohl den ganz unschuldigen Collatinus, blos weil seine Verwandtschaft mit den Tarquiniern Verdacht erregte, [291] als auch alle andern Tarquinier, weil der Name verhaßt war. In gleicher Rücksicht ließ P. Valerius [Poplicola] nicht nur die Gewaltstäbe, [Fasces] senken, wenn er in der Volksversammlung zu reden begann, sondern ließ auch sein Haus in die Niederung am Fuße des Velischen Hügels versetzen, nachdem er bemerkt hatte, daß bei dem Volke ein Argwohn gegen ihn rege geworden war, weil er auf einem höhern Platze des Velischen Hügels zu bauen angefangen hatte, gerade an der Stelle, wo der König Tullus gewohnt hatte. Er war es auch (und darin zeigte er sich besonders als Poplicola [Volksfreund]), der dem Volke das Gesetz vorschlug, welches zuerst in der nach Centurien stimmenden Volksversammlung gegeben wurde, daß kein Staatsbeamter einen Römischen Bürger der Berufung [Provocation] an das Volk zum Trotze hinrichten oder auch nur körperlich züchtigen lassen dürfe. Daß aber auch sogar eine Provocation von den Königen an das Volk statt gefunden habe, beweisen die Bücher der Hauptpriester, [292] auch deuten es unsere Auguralbücher an; und daß man überhaupt von jedem Urtheile und von jeder Strafe provociren dürfe, sprechen die zwölf Tafeln in mehreren Gesetzen aus; [293] auch spricht schon die historische Angabe, daß die zehen Männer, die die Gesetze verfaßten, bei ihrer Wahl die Begünstigung erhielten, daß man von ihnen nicht provociren dürfe, hinlänglich für den Satz, daß alle übrigen Staatsbeamten diese Begünstigung nicht hatten: überdieß enthält das consularische Gesetz des L. Valerius Potitus und M. Horatius Barbatus, [294] die der Eintracht wegen eine weise Volksthümlichkeit ausübten, die unverbrüchliche Bestimmung, daß kein Beamter gewählt werden sollte, von dem keine Provocation stattfände. [295] Auch enthalten die Porcischen Gesetze, deren drei sind, von drei Porciern vorgeschlagen, [296] bekanntlich nichts Neues, außer die feierliche Bestätigung [jenes Gesetzes]. Es ließ demnach Publicola, nachdem jenes Gesetz über die Provocation durchgegangen war, gleich die Beile aus den Gewaltstabbündeln [Fascen] herausnehmen, wählte sich dann den Tag darauf den Spurius Lucretius zum Amtsgenossen, und ließ seine Lictoren zu ihm, weil er der Aeltere war, hinübertreten: auch war er der Erste, [297] der die Sitte einführte, daß die Lictoren immer nur vor Einem Consul einen Monat um den andern hergehen sollten, damit es nicht zur Zeit der Volksfreiheit mehr Zeichen der Oberherrlichkeit gebe, als zur Zeit des Königthums gewesen wären. Nach meiner Ueberzeugung zeigte der Mann keinen geringen Grad von Staatsweisheit, indem er dadurch, daß er dem Volke in den gehörigen Schranken Freiheit gewährte, desto leichter das Ansehen der Staatsoberhäupter aufrecht erhielt. Nicht ohne Grund aber trage ich euch diese so uralten und so veralteten Dinge vor; sondern ich brauche ausgezeichnete Personen und Zeitpunkte als Beispiele für die Menschen und Ereignisse, auf welche ich dann im weitern Verlauf meiner Rede zu kommen gedenke.

32. In diesem Zustande hatte also der Senat den Staat in jenen Zeiten in Händen; so daß bei hergestellter Volksfreiheit dennoch nur Weniges durch das Volk vollzogen wurde, das Meiste dagegen durch das Ansehen des Senats, und dem Herkommen und der Sitte gemäß: und daß die Consuln der Zeit nach nur eine einjährige Macht besaßen, dem Wesen aber und dem Rechte

nach eine königliche. [298]Ein Punkt aber, der zur Aufrechterhaltung der Macht der Vornehmen von der höchsten Wichtigkeit war, wurde mit der größten Strenge behauptet, nämlich daß die Beschlüsse der Volksversammlungen nur dann Gültigkeit hatten, wenn sie durch die Zustimmung der Väter gebilligt waren. [299]In dieselben Zeiten fällt auch die Ernennung des [ersten] Dictators T. Larcius, ungefähr zehen Jahre nach Einführung der Consularregierung, und diese neue Gattung der Obergewalt schien der königlichen am meisten zu gleichen und sich ihr zu nähern. Im Ganzen aber war, ohne daß das Volk etwas dagegen hatte, die Leitung des Staates mit überwiegendem Ansehen in den Händen der Vornehmen: und im Laufe jener Zeit wurden von den tapfersten Männern den mit dem höchsten Oberbefehl bekleideten Dictatoren und Consuln ausgezeichnete Thaten im Kriege und Frieden verrichtet.

33. Aber (ein Fall, der dem natürlichen Laufe der Dinge gemäß eintreten mußte) das Volk suchte, nachdem es von den Königen befreit war, sich etwas mehr Recht anzueignen; und es gelang ihm Dieß in einer kurzen Zeitfrist, ungefähr im sechzehnten Jahre [nachher], unter den Consuln Postumus Cominius und Sp. Cassius. [300]Es geschah Dieß zwar vielleicht nicht nach vernünftiger Berechnung; allein der natürliche Gang der Entwicklung des Staatslebens macht oft die Berechnung zu Schanden. [301]Denn den Satz müßt ihr einmal fest halten, den ich gleich vorne herein aufgestellt habe, [302]daß, wofern nicht in einem Staate ein richtiges Gleichgewicht des Rechts und der Pflicht und der Dienste statt findet, so daß einerseits die Beamten hinlängliche Macht, andererseits die Vornehmen den gehörigen Einfluß durch ihre Einsicht besitzen, und dabei das Volk dennoch Freiheit genug hat, die Verfassung sich nicht auf die Dauer in unverändertem Zustande halten kann. Als nämlich unter den Bürgern wegen [zu großer Verarmung durch] Schulden Unruhen entstanden waren, zogen sich die Plebejer anfangs auf den heiligen Berg, [303]dann auf den Aventinischen Hügel. Ja nicht einmal Lykurgs strenge Staatszucht vermochte die Zügel diesem Griechenvolke so straff zu halten. Denn auch zu Sparta [304]wurden, unter der Regierung des Theopompus, [305]fünf Männer aufgestellt, die dort Ephoren heißen, in Kreta aber zehen, Kosmi genannt, und zwar so wie als Gegengewicht gegen die Consulargewalt [bei uns] die Volkstribunen, so bei Jenen Jene gegen die königliche eingeführt.

34. Gegen jene Schuldenlast hätten unsere Vorfahren vielleicht ein Heilmittel aufgefunden, welches auch dem Scharfblicke des Atheners Solon [306]kurze Zeit zuvor nicht entgangen war; und worauf auch einige Zeit nachher unser Senat verfiel, da aus Veranlassung der zügellosen Begierde eines Einzigen auf einmal die leibdienstfällig gewordenen Bürger frei wurden, und die Leibfrohn der Schuldner nachher ganz aufhörte: [307]wie denn überhaupt bei Uebeln der Art, wenn die Plebejer bei einem Staatsunglück einen ihre Kräfte übersteigenden Aufwand hatten machen müssen, des allgemeinen Wohls wegen irgend ein Mittel zur Linderung und Heilung aufgesucht wurde. In jenem Falle jedoch war diese Maßregel unterlassen worden, und dadurch dem Volke Veranlassung gegeben, daß durch die beim Aufstande gewählten zwei Volkstribunen [308]die Macht und das Ansehen des Senats geschwächt wurde, wiewohl Beides immer noch gewichtvoll und bedeutend blieb, da die weisesten und muthvollsten Männer durch Waffen und Rath den Staat schützten: Männer, deren Ansehen um so höher glänzte, weil sie, ungeachtet ihrer weit vor den Uebrigen erhabenen Stellung, dennoch weniger Genüsse suchten, ja auch in der Regel Jenen an Reichthümern nicht überlegen waren. [309]Und darum war eben eines Jeden Tüchtigkeit im Staate um so willkommener, weil sie im Privatleben die einzelnen Bürger durch That, Rath und Geld auf's theilnehmendste unterstützten.

35. Bei dieser Lage des Staates klagte der Quästor den Spurius Cassius, der damit umging, sich auf den Königsthron zu schwingen, ungeachtet der hohen Gunst, in welcher er bei dem Volke stand, an, und bestrafte ihn, wie ihr gehört habt, als sein Vater selbst erklärte, er wisse, daß sein Sohn sich dieses Verbrechens schuldig gemacht, selbst mit dem Tode, ohne daß das Volk sich dagegen setzte. [310]Auch war jenes Gesetz, welches, ungefähr im vier und fünfzigsten Jahre nach der ersten Ernennung von Consuln, die beiden Consuln Spurius Tarpeius und Aulus Aternius, [311]in einer nach Centurien abstimmenden Volksversammlung über die Bezahlung einer Geldsumme als Strafe, gaben, etwas dem Volke sehr willkommenes. Zwanzig Jahre später wurde aus dem Grunde, weil die Censoren L. Papirius und P. Pinarius [312]durch Strafansätze eine Menge

Pflugvieh aus dem Besitze der Privatpersonen in den Besitz des Staates gebracht hatten, durch ein Gesetz der Consuln C. Julius und P. Papirius zu Strafbezahlungen ein leichter Geldansatz für das Vieh bestimmt. [313]

36. Einige Jahre früher aber, als der Senat das höchste Ansehen genoß, wurde, ohne daß das Volk sich weigerte oder widersetzte, die Maßregel ergriffen, daß die Consuln und die Volkstribunen ihre Stellen niederlegten und Zehen-Männer [Decemvirn] mit der höchsten Gewalt und ohne daß man von ihnen provociren konnte, gewählt wurden, die neben dem Besitze des Oberbefehls auch [ein Ganzes von] Staatsgesetzen abfassen sollten. Als Diese nun zehen Tafeln mit Gesetzen, die von höchster Unpartheilichkeit und Einsicht zeugten, verfaßt hatten, [314] ernannten sie für das folgende Jahr zehen Andere [von gleichem Range und mit gleicher Vollmacht], die weder wegen Redlichkeit noch wegen Gerechtigkeit sich gleiches Lob [wie die Ersten] erwarben. Doch verdient aus ihrer Mitte C. Julius eine besondere Auszeichnung, der von einem vornehmen Manne, dem L. Sextus, in dessen Zimmer, wie er angab, in seiner Gegenwart ein Leichnam ausgegraben worden war, ungeachtet seiner höchsten Gewalt als Decemvir, von dem keine Provocation galt, dennoch einen Bürgen forderte, und erklärte, er könne sich nicht entschließen, jenes treffliche Gesetz unbeachtet zu lassen, welches verbiete, über das Leben eines Römischen Bürgers anderswo, als in einer nach Centurien abstimmenden Volksversammlung, zu entscheiden [315]

37. Noch ein drittes Jahr waltete die Decemviralregierung, und zwar die des zweiten Jahres, da diese keine Andern an ihrer Stelle hatte wählen wollen. Bei diesem Zustande des Staates, von dem ich schon mehrmals gesagt habe, daß er nicht von Dauer seyn könne, [316] weil die Gleichheit der Rechte unter den verschiedenen Ständen der Bürger aufgehoben war, hatten die Vornehmen den ganzen Staat in ihrer Gewalt, da an der Spitze zehen Männer vom höchsten Range standen, ohne das Gegengewicht der Volkstribunen, und ohne andere Beamte an der Seite zu haben, und ohne daß die Provocation an das Volk gegen Todesstrafe und körperliche Züchtigung vorbehalten war. Aus deren Ungerechtigkeit entstand nun auf einmal die größte Verwirrung und eine Umwandlung der ganzen Staatseinrichtung: da die Decemvirn zwo Tafeln mit Gesetzen, welche die Gleichheit der Rechte aufhoben, hinzufügten, wodurch das Recht der Verheirathung, was sonst sogar getrennten Völkern nicht versagt zu werden pflegt, nämlich die Verbindung zwischen dem Plebejer- und Patricierstande, durch eine empörende Anordnung vermehrt wurde: [317] (ein Gesetz, das späterhin durch den Canulejischen Volksbeschluß wieder abgeschafft worden ist,) und überhaupt in dem gesammten Umfang ihrer Macht das Volk nach den Eingebungen ihrer Lüsternheit, ihrer Härte und ihrer Habsucht beherrschten. Es ist ja eine bekannte und in vielen Geschichtswerken ausführlich erzählte Thatsache, daß, als ein gewisser Decimus Virginius seine Tochter, eine Jungfrau, wegen der zügellosen Lust eines jener Decemvirn auf dem Forum mit eigener Hand getödtet, und im Schmerz hierüber zu dem Heere, welches damals im Algidum stand, sich geflüchtet hatte, die Soldaten den Krieg, den sie eben zu führen hatten, aufgaben und anfangs den heiligen Berg, wie bei einer ähnlichen Veranlassung früher geschehen war, sodann den Aventinischen Hügel bewaffnet besetzten * * * [318]

[Lücke von acht Seiten.]

[– wo dann L. Quinctius zum Dictator ernannt wurde – [319]] [Philargyrius zu Virg. Landb. III, 125.]

* * * Daß [diese Einrichtung] von unsern Vorfahren besonders gebilligt, und mit großer Weisheit beibehalten worden, das ist meine entschiedene Ueberzeugung.

38. Als nach Endigung dieser Rede des Scipio eine kleine Pause entstand, während welcher Alle auf die Fortsetzung warteten, begann *Tubero*: Weil denn, mein Africanus, diese Aelteren hier dir keinen Einwurf machen, so will ich dir sagen, was ich an deinem Vortrage vermisse. Das höre ich recht gerne, erwiederte *Scipio*. Es scheint mir, sagte Jener, du habest [blos] eine Lobrede auf unsere Verfassung gehalten, da dich doch Lälius nicht über unsere, sondern über Staatsverfassung überhaupt zu sprechen aufgefordert hatte. [320] Und dennoch hat mich dein [bisheriger] Vortrag nicht belehrt, durch welche Ordnung, welche Sitten und Gesetze wir eben jene von dir gepriesene Verfassung aufstellen und erhalten können.

39. Ich denke, antwortete *Africanus,* wir werden bald [321]eine passendere Gelegenheit finden, über Einrichtung und Erhaltung der Staaten zu sprechen. Ueber die Frage des Lälius aber nach der besten Staatsverfassung glaubte ich hinlänglich befriedigend gesprochen zu haben. Denn erstlich hatte ich die drei beifallswürdigen Arten von Verfassungen beschrieben; darauf drei jenen entgegengesetzte verderbliche: dann den Satz aufgestellt, von jenen sey keine einzeln für sich [rein] die beste; die aber sey jeder einzelnen vorzuziehen, die alle Elemente der drei ersten in gut geordneter Mischung [in gehörigem Gleichgewicht] in sich habe. Daß ich aber unsern Staat als Beispiel gebraucht habe, dabei hatte ich nicht den Zweck, ein Ideal der besten Verfassung aufzustellen: denn dazu bedurfte es keines Beispiels: sondern damit an einem vorzüglich bedeutenden Staate in der Wirklichkeit erkannt werden möchte, was denn Das sey, was sich theoretisch denken und darstellen ließe. [322]Willst du aber, ohne von irgend einem Volke ein Beispiel gelten zu lassen, die an sich beste Verfassung kennen lernen, so muß ich eben die Natur selbst als Bild beiziehen, weil du denn doch diese Schilderung [unserer] Stadt und [unseres] Volkes all * * * [323]

[Große Lücke.]

40. * * * [*Scipio,* den] ich schon längst suche, und zu welchem ich zu gelangen wünsche. *Lälius.* Du suchst vielleicht einen Einsichtsvollen. *Scipio.* Richtig; Den gerade. *Lälius.* Nun so hast du ja selbst unter den hier Anwesenden eine hübsche Auswahl; du darfst nur gleich bei dir selbst den Anfang machen. Möchte doch, erwiederte *Scipio,* unter dem ganzen Senat eine verhältnißmäßige Wahl seyn. Doch ich nenne einen Solchen klug, der, wie ich oft in Afrika gesehen habe, auf einem ungeheuren gewaltigen Thiere sitzend, dieses Thier zu bändigen und zu leiten versteht, und wirklich die Bestie durch einen kleinen Zuspruch, ohne einen körperlichen Zwang, dahin zu bringen weiß, wohin er will. *Lälius.* Ich weiß es, und habe es oft gesehen, als ich dein Legat dort war. [324]. Jener Inder also oder Pöner bändigt Ein großes Thier, das dabei gelehrig und von Menschen gelenkt zu werden gewöhnt ist: die Seelenkraft aber, die in dem menschlichen Geiste verborgen liegt, und welche Vernunft heißt, zügelt und bändigt nicht [nur] eins, und zwar ein solches, das leicht zu zähmen wäre, wenn sie Dieß einmal zu Stande bringt, was sie [jedoch] sehr selten vermag. Denn [im Zaum] halten muß man nicht nur jene unbändige * * * [325]

[Lücke von wenigstens vier Seiten.]

41. [– Sie nährt sich von Blut, und tobt bei aller Grausamkeit so wild und frech, daß jammervolle Menschenleichen sie kaum zu sättigen vermögen –]

[– Die Begierde [beginnt] mit Verlangen, [steigt bis zur] frechen Lust und wälzt sich [endlich] in üppiger Sinnlichkeit –]

[– Drei Leidenschaften sind es, die die Menschen in blinder Hast zu allen Verbrechen hetzen. Zorn, Begierde, Sinnenlust. Der Zorn will Rache, die Begierde Schätze, die sinnliche Lust Genüsse – (Lact.)]

[– Die vierte, die Aengstlichkeit, neigt sich zur Traurigkeit und zum Gram hin, und quält sich immer selbst –]

[– solche Angst sinkt im Unglück zur Selbsterniedrigung, zur hoffnungslosen Furchtsamkeit und zur gänzlichen Erschlaffung aller Thätigkeit herab –]

[– [da wird endlich die Vernunft] wie ein ungeschickter Fuhrmann, vom Wagen [geworfen,] fortgeschleift, überfahren, weggeschleudert, zerfleischt –]

[– die Aufregungen der Gemüther gleichen einem bespannten Wagen, zu dessen richtiger Lenkung ein Haupterforderniß ist, daß der Fuhrmann den Weg recht wisse; hält er sich auf demselben, so mag der Wagen noch so rasch fortrollen, er wird nicht anstoßen; kommt er vom Wege ab, dann mag er so sachte und langsam fahren, als er will, es geht gefährlich über Stock und Stein, oder er stürzt einen Abhang hinunter, oder er kommt wenigstens wider Willen an einen Ort hin, wo er nicht hinkommen sollte – Lact.]

42. * * * genannt werden kann. Da sprach *Lälius:* Ja, schon sehe ich den Mann, den ich erwartete; ich sehe, was du ihm für eine Pflicht und für ein Geschäft auflegst. Natürlich, erwiederte *Africanus,* nur das Eine: denn dieses Eine umfaßt so ziemlich alle übrigen: daß er es

nie aufgebe, sich selbst zu belehren und zu beobachten; daß er Andere ihn nachzuahmen veranlasse; daß er durch den Glanz, der aus seinem Geiste und seinem Leben strahlt, sich selbst seinen Mitbürgern wie einen Spiegel vorhalte. [326]Denn wie beim Saiten- oder Flötenspiel, und im mehrstimmigen Gesange selbst, ein Zusammenstimmen der von einander verschiedenen Töne beobachtet werden muß, deren Tactverwirrung und Misklänge dem Ohre des Kenners unerträglich sind; und wie diese zusammentreffende Uebereinstimmung und dieser Einklang durch gehöriges Maßhalten selbst der verschiedenartigsten Stimmen bewirkt wird; so kommt durch Zusammenstimmung der verschiedenartigsten Elemente Einklang in einen Staat, wenn in ihm die höchsten, niedrigsten und die dazwischen stehenden mittlern Stände, wie Töne, in geregelter Haltung im Gleichgewichte stehen: und was die Musiker im Gesange Harmonie nennen, das ist im Staate die Eintracht, das festeste und beste Bindungsmittel der Erhaltung des Ganzen für jedes Gemeinwesen; und diese ist ohne Gerechtigkeit schlechterdings unmöglich.

43. [Nachdem sich nun Scipio ziemlich ausführlich und reichhaltig darüber verbreitet hatte, welchen Nutzen dem Staate die Gerechtigkeit gewähre, und wie verderblich ihm der Mangel derselben sey; [327]nahm *Philus* das Wort, einer der Theilnehmer an der Unterhaltung, und verlangte ein noch tieferes Eindringen und eine noch ausführlichere Erörterung der Lehre von der Gerechtigkeit, [328]weil eine ziemlich allgemein verbreitete Meinung den Satz für wahr halte, daß ein Staat nicht verwaltet werden könne, ohne daß Unrecht geschehe. Augustin de Civ. Dei II, 21.]

44. * * * voll Gerechtigkeit seyn. Darauf sagte *Scipio:* da gebe ich euch Recht, und erkläre, daß Alles, was bisher über den Staat gesagt worden, nichts werth ist, und daß wir nicht weiter gehen können, wenn nicht bis zur Ueberzeugung dargethan ist, daß nicht nur der Satz, es könne ein Staat nicht ohne Unrecht verwaltet werden, sich nicht halten läßt, sondern daß dagegen die Wahrheit unerschütterlich fest steht, ohne die höchste Gerechtigkeit sey die Verwaltung des Staates unmöglich. Doch für heute, wenn ihr es zufrieden seyd, genug. Das Uebrige, und dessen ist nicht wenig, wollen wir auf morgen verschieben. Dieß wurde beliebt, und für diesen Tag die Unterhaltung geschlossen.

Drittes Buch

Uebersicht des dritten Buchs.

Das Gespräch des zweiten Tages eröffnet eine Einleitung über die Vorzüge der menschlichen Natur (Cap. 1, 2.) und den Werth der bürgerlichen Vereine (Cap. 3.), Lob der Römischen Staatsmänner, die durch ihre Einrichtungen dem Staate dauernden Bestand sicherten (Cap. 4.). Aufforderung des Lälius an den Philus, die Rolle des Sprechers gegen die Gerechtigkeit im Sinne des Karneades zu übernehmen. Verwahrung des Philus, daß man ihn nicht verkennen soll (Cap. 5.). Karneades hatte die Verfechter der Gerechtigkeit, den Plato und Aristoteles, nach Rhetoren- nicht Philosophen-Weise, bekämpft (Cap. 6.), er hatte gegen jene behauptet, die Gerechtigkeit sey nicht nur Sache der Mächtigen und der Richter, sondern aller Menschen (Cap. 7.); es gebe eigentlich nur ein positives Wesen, kein natürliches (Cap. 8.); sonst müßten alle Völker das Gleiche für Recht und Unrecht halten, wovon doch das Gegentheil sich aus einer Menge von Beispielen nachweisen lasse (Cap. 9.); ja selbst bei einem und demselben Volke werde zu verschiedenen Zeiten Verschiedenes für Recht gehalten (Beweis aus der Römischen Geschichte) (Cap. 10.). Da es kein Naturrecht gebe so gebe es auch keine von Natur gerechten Menschen. Frage, ob auch die Thiere Rechte haben, wie Pythagoras und Empedokles glauben? (Cap. 11.). Widerstreit der Gerechtigkeit und der Klugheit (Cap. 12.). Widerstreit der Gerechtigkeit und des Nutzens, bei dem Streben der Staaten nach Vergrößerung ihrer Macht (Cap. 13.). Im Grunde ist in allen Verfassungen, der monarchischen, aristokratischen und demokratischen, Ungerechtigkeit: Gerechtigkeit wäre nur in der Mischung aus allen dreien durch das Gleichgewicht möglich (Cap. 14.). Zusammenfassung der Ansicht des Karneades (Cap. 15.). – Ansicht der Epikureer von der Gerechtigkeit (Cap. 16.): Wer der Gerechtigkeit zu Liebe zu Grunde geht, ist ein Wahnsinniger (Cap. 17.): Das erkennen die Staaten, die alle lieber mit Ungerechtigkeit herrschen, als mit Gerechtigkeit dienen wollen (Cap. 18.): Gerechtigkeit kann man oft nicht üben, ohne ein Thor zu seyn: Weisheit (Klugheit) nicht ohne Schlechtigkeit (Cap. 19.). Anwendung dieses Grundsatzes auf mögliche Fälle (Cap. 20.). Lälius übernimmt, auf den Zuspruch des Scipio, die Vertheidigung der Gerechtigkeit (Cap. 21.): er erklärt, was ein wahres und rechtes Gesetz sey (Cap. 22.). Ein Staat, wie er seyn soll, beginnt keinen Krieg, außer zur Bewährung seiner Rechtlichkeit, oder für seine Existenz (Cap. 23.). Es ist gerecht, seine Herrschaft auszubreiten, wenn diese die Unterworfenen glücklicher macht, als sie in der Freiheit waren (Cap. 24.). Es liegt in der Ordnung der Natur, daß der Tüchtigere über den Schwächern herrsche (Cap. 25.). Sittlichkeit ist nur möglich, wenn bei Collisionsfällen nach dem Gebote der Gerechtigkeit, nicht nach dem des Nutzens, gefragt wird (Cap. 26.). Die Liebe zu den Kindern hat ihre Quelle in der Natur, nicht im Eigennutz (Cap. 27.). Die Tugend verlangt nicht Lohn, nur Anerkennung; ja sie kann sich im Selbstgefühl ihres Werthes sogar bei dem Mangel dieser trösten (Cap. 28.). – Die in der Gracchischen Zeit eingerissene Ungerechtigkeit hat die Dauer und Festigkeit des Römischen Staates bedroht (Cap. 29.), Scipio erklärt dem Lälius seine Zufriedenheit mir seiner Vertheidigung der Gerechtigkeit (Cap. 30.); er erklärt, daß auch die herrlichste und reichste Stadt, wo Tyrannei herrsche, kein Staat sey (Cap. 31.): Beweis aus der Geschichte (Cap. 32.): eben so wenig sey Das ein Staat zu nennen, wo ein zügelloser Pöbel herrsche (Cap. 33.). Mummius erklärt von den drei einfachen Verfassungsarten die Aristokratie für die beste, die Volksherrschaft für die schlechteste (Cap. 34.). Ueber die letztere Behauptung gibt ihm Scipio Recht, über die erstere nicht (Cap. 35.). – Bruchstücke ohne bestimmbaren Zusammenhang (Cap. 36. 37.).

Drittes Buch.

[Der Anfang fehlt. Lücke von wenigstens vier Seiten, welche die Einleitung enthielten, an deren Stelle der erste Herausgeber folgende zwei Bruchstücke aus Augustinus und Lactantius einreiht.]

1. [Im dritten Buche vom Staate stellt Cicero den Satz voran, der Mensch sey von der Natur nicht wie von einer Mutter, sondern wie von einer Stiefmutter in die Welt gesetzt worden, mit einem nackten, hinfälligen und schwachen Körper; mit einem Gemüthe, dem vor Beschwerden bangt, das sich durch Furcht einschüchtern läßt, das sich aus Weichlichkeit der Anstrengung entziehen will, und einen starken Hang zur Befriedigung seiner Lüste hat, wiewohl bei dem Allem dennoch ein Funke göttlichen Geistes und Wesens in ihm schlummere. [329]]

Bei aller Hinfälligkeit und Gebrechlichkeit vermag sich der Mensch doch gegen alle sprachlosen Geschöpfe zu schützen; dagegen sind alle die Thiere, die von Natur stärker sind als der Mensch, auch wenn sie dem Einflusse des Klima's kräftig zu widerstehen vermögen, nicht im Stande, sich gegen den Menschen zu schützen. Demnach hat der Mensch der Vernunft mehr zu verdanken, als die Thiere der Natur; denn es vermag sie weder das Uebergewicht der Kräfte, noch die Festigkeit des Körpers in den Stand zu setzen. sich der Unterdrückung durch uns und der Unterwerfung unter unsere Obmacht zu erwehren. − [330]Plato sprach seinen Dank gegen die Natur aus, daß er als Mensch geboren sey. [331]

2. * * * und [helfen] durch Fuhrwerke der Langsamkeit [unserer Bewegung ab.] [332]Und da sie [die Vernunft] die Menschen so [unvollkommen] vorfand, daß sie mit regellosen Stimmen unverständliche und verwirrte Töne hervorbrachten, sonderte sie dieselben, und theilte sie ein, und prägte auf die Gegenstände ihre Benennungen wie Stempel, [333]und vereinte so die früher ungeselligen Menschen durch das so genußreiche Band der Sprache mit einander. Durch eine ähnliche geistige Thätigkeit, nämlich durch die Erfindung weniger Zeichen, sind auch alle die scheinbar zahllosen Laute der Stimme bezeichnet und ausgedrückt worden, durch die es möglich wurde, sich mit Abwesenden zu unterreden, ihnen seine Gesinnung zu verstehen zu geben, und vergangene Ereignisse für die Erinnerung aufzubewahren. Dazu kamen noch die Zahlen, die nicht nur für das Leben unentbehrlich, sondern allein ihrem Wesen nach unveränderlich und ewig sind; durch die zuerst auch der Mensch sich angetrieben fühlte, an den Himmel hinauf zu schauen, [334]und nicht nutzlos die Bewegungen der Gestirne zu beobachten, und dann durch Berechnung der Nächte und Tage * * * [335]

[Lücke von ungefähr acht Seiten.].

3. * * * deren Geist sich höher geschwungen und Etwas jener Gottesgabe (wie ich sie vorhin nannte) Würdiges hervorzubringen oder zu erdenken vermochte. Darum lasse ich denn auch Jene, welche Vorschriften für die Führung des Lebens ertheilen, als große Männer gelten, die sie auch sind, als Unterrichtete, als Lehrer der Wahrheit und Tugend; nur sey die Staatswissenschaft und die Kunst Völker zu leiten, mag sie nun von Männern, die im Wechsel der Staatsereignisse lebten, erfunden, oder in der wissenschaftlichen Muße jener [Philosophen] abgehandelt seyn, ein Gegenstand, der, wie es auch wirklich ist, aller Beachtung für würdig erkannt wird, denn durch sie gewinnen Männer von Kopf (eine Wirkung die sich schon oft gezeigt hat) eine außerordentliche und fast übermenschliche Thatkraft. Hält Einer für zweckmäßig, den geistigen Mitteln zu wirksamem Eingreifen, welche die Natur und die bürgerliche Einrichtung ihm gewähren, auch noch gelehrte Bildung und umsichtigere wissenschaftliche Kenntniß beizugesellen, wie gerade die Männer, welche in gegenwärtigem Werke im Gespräche mit einander begriffen sind, so wird solchen Jeder den Rang vor Allen zugestehen müssen. Denn läßt sich etwas Vortrefflicheres denken, als stete Beschäftigung und Uebung in großartigen Gegenständen, im Vereine mit dem Studium und der Kenntniß jener Wissenschaften? Oder kann es einen vollkommenern Staatsmann, als den P. Scipio, als den C. Lälius, als den L. Philus geben? [336]die, um keiner Eigenschaft zu entbehren, welche den höchsten Ruhm ausgezeichneter Männer vollendet, mit der heimischen und von den Vorfahren auf sie vererbten Bildung auch noch diese aus [Griechenland] zu uns gebrachte Socratische Wissenschaft vereinigen. [337]Darum glaube ich,

daß Derjenige, welcher nach Beidem strebte und Beides vermochte, ich meine, der sich durch praktische Erkenntniß der von den Vorfahren herstammenden vaterländischen Einrichtungen, und zugleich durch gelehrte Bildung unterrichtet hat, alle preiswürdigen Eigenschaften in sich vereinige. Kann man von beiden Arten der Bildung nur Eine wählen, so mag immerhin jene behagliche Beschäftigung mit den würdigsten Wissenschaften und Kenntnissen ein beglückteres Leben gewähren; preiswürdiger und ruhmvoller bleibt immer die Thätigkeit für den Staat, wodurch ausgezeichnete Männer sich einen solchen Ruhm erwerben, wie z. B. Manius Curius, welchen mit Eisen und Gold kein Mensch zu besiegen vermochte: [338] oder * * * [339]

[Lücke von etwa sechs Seiten.]

4. * * * Weisheit gewesen sey: wiewohl beide Theile sehr verschiedene Mittel anwendeten, dazu zu kommen; indem jene durch mündlichen Unterricht und wissenschaftliche Belehrung auf den von der Natur ausgegangenen Grundlagen fortbauten, diese durch öffentliche Einrichtungen und Gesetze. Mehrere aber hat dieser Eine Staat hervorgebracht, [340] die man, wo nicht Weise, (denn diese Benennung nehmen sie in einem gar beschränkten Umfange:) doch wenigstens des höchsten Lobes würdige Männer nennen kann, weil sie die Lehren und Erfindungen der Weisen ausbildeten. Und (weil es denn doch preiswürdige Staaten gibt und gegeben hat) da von Allem, was sich auf der Welt leisten läßt, dann am meisten Einsicht gehört, eine Staatsverfassung zu gründen, die die Möglichkeit ihres daurenden Bestehens in sich trägt; rechnen wir auch auf jeden nur Einen, was für eine Summe vortrefflicher Männer läßt sich dann nicht schon aufzählen! Wenn wir in Italien Latium, oder daselbst das Sabinische oder Volskische Volk, wenn wir Samnium, wenn wir Etrurien, wenn wir jenes Großgriechenland vor unserm Geiste durchmustern, wenn wir dann einen Blick auf die Assyrier, die Perser, die Pöner, werfen, auf diese * * * [341]

[Lücke von zwölf Seiten.]

5. * * * [so übernimm denn du] die Vertheidigung [der Ungerechtigkeit]. Da übertragt ihr mir, sagte Philus, die Führung einer trefflichen Sache, wenn ihr mich zum Sachwalter des Unrechts machen wollt. [342] Nun, erwiederte Lälius, du hast wohl zu besorgen, wir möchten, wenn du Das gegen die Gerechtigkeit vorträgst, was man gegen sie vorzubringen pflegt, dir zutrauen, daß du wirklich auch so gesinnt seyest: da du ja vielmehr ein fast einziges Muster alter Redlichkeit und Treue bist, [343] und wir auch deine Gewohnheit kennen, bei jedem Beweise auch den Gegenbeweis hervorzuheben, weil du denkst, man könne so am besten hinter die Wahrheit kommen. So sey es denn, antwortete Philus, ich will euch nachgeben, und mich wissentlich beschmutzen. Lassen sich das doch auch Die, die Gold suchen, ohne Umstände gefallen: um so weniger dürfen wahrlich wir, die wir darauf aus sind, die Gerechtigkeit aufzufinden, ein Gut, das doch alles Gold an Werth bei weitem überwiegt, irgend eine Last zu übernehmen uns weigern. Dürfte ich mich indessen, wie ich mich fremder Gründe bedienen werde, nur auch eines fremden Mundes bedienen! Jetzt muß also L. Furius Philus Das sagen, was Karneades, [344] ein Grieche, und dazu ein Mann, der gewohnt war, den nächsten besten Satz mit der Gewandtheit seines Vortrages [zu vertheidigen] * * * [gesagt hat:] [345]

[Lücke von etwa vier Seiten.]

[* * * Doch werde ich wahrlich hier nicht aus meinem Sinne reden, sondern nur, damit ihr den Karneades widerleget, der oft die beste Sache, durch sein Talent sie zu verdrehen, lächerlich zu machen pflegt. *Nonius.*]

6. [Karneades, ein Philosoph aus der akademischen Schule, dessen Gewandtheit im Disputiren, dessen Beredsamkeit und Scharfsinn Jeder, der sie noch nicht kennt, aus der Schilderung, die Cicero von ihm macht [346] erkennen kann, oder aus der Aeußerung des Lucillius, bei welchem Neptunus, wie er von einer äußerst schwierigen Sache spricht, erklärt, das lasse sich nicht in's Reine bringen, *und wenn sogar den Karneades die Unterwelt wieder entließe:* dieser Karneades sprach, als er von den Athenern [als Gesandter] nach Rom geschickt worden war, in Gegenwart des Galba und Cato Censorius, der damaligen größten [Römischen] Redner, über die Gerechtigkeit mit rednerischer Fülle. Allein er stieß am folgenden Tage seinen ganzen Vortrag durch einen in entgegengesetztem Sinne wieder um, und verwarf die Gerechtigkeit, die er

Tags zuvor gepriesen hatte; zwar nicht mit der würdigen Haltung eines Philosophen, dessen Grundsätze fest und beharrlich seyn müssen, sondern mit einer erworbenen redekünstlerischen Fertigkeit, über Alles für und wider zu sprechen. [347] Eine Gewohnheit, die er angenommen hatte, um Andere, was sie auch immerhin aufstellen mochten, widerlegen zu können. Diese Rede, in welcher die Gerechtigkeit vernichtet wird, trägt bei Cicero L. Furius aus der Erinnerung vor: ohne Zweifel, um bei seiner Abhandlung über den Staat, die Vertheidigung und den Preis derjenigen [Tugend] einflechten zu können, von der er glaubte, daß ohne sie der Staat gar nicht regiert werden könne. In seiner ersten Rede hatte aber Karneades schon mit dem Vorsatze, den Aristoteles und Plato zu widerlegen, die die Sachwalter der Gerechtigkeit sind, alle Gründe, die für die Gerechtigkeit [gewöhnlich] vorgebracht wurden, zusammengestellt, um sie dann, wie er auch that, umstoßen zu können.]

7. [Die meisten Philosophen, besonders aber Plato und Aristoteles, haben viel über die Gerechtigkeit gesprochen, indem sie diese Tugend über Alles verfochten und erhoben, weil sie Jedem das Seinige gebe; weil sie Unparteilichkeit gegen Alle beobachte, und, während die übrigen Tugenden gleichsam stumm und in dem Menschen verschlossen seyen, die Gerechtigkeit allein nicht blos für den Menschen selbst Werth habe [der sie in sich trage], und in ihm verborgen sey, sondern ganz nach außen hervortrete, und zum Wohlthun geneigt sey, um ja recht Vielen zu nützen. Als ob nur Richter und Beamte gerecht zu seyn brauchten, und nicht alle Menschen! Ist doch kein Mensch, auch nicht der Niedrigste und selbst ein Bettler, der nicht Gerechtigkeit ausüben könnte. Allein weil sie nicht wußten, was sie selbst und was ihre Quelle sey, so schrieben sie diese erhabene Tugend, das ist, dieses Gemeingut Aller, nur Wenigen zu, und sagten, sie habe es nie auf eigenen Nutzen abgesehen, sondern sorge nur für Anderer Vortheile. Mit Recht ist deswegen der höchst geistreiche und scharfsinnige Karneades aufgetreten, um ihre Sätze umzustoßen, und die Gerechtigkeit, die keinen festen Grund hatte, über den Haufen zu werfen; nicht, weil er dachte, die Gerechtigkeit sey etwas Verwerfliches, sondern um darzuthun, daß ihre Vertheidiger mit ihren Beweisen auf keinem sichern und haltbaren Boden stehen.]

[Die Gerechtigkeit ist nach aussen gekehrt, hervortretend und sichtbar wirkend. *Nonius.*]

[Diese Tugend hat es, unähnlich den übrigen, ganz mit fremdem Wohle zu thun, und ist nur dabei wirksam. *Ebend.*]

8. * * * auffand und vertheidigte: der Andere aber verfaßte über die Gerechtigkeit selbst vier große Bücher. [340] Denn von Chrysippus [349] habe ich nichts Großes und Ausgezeichnetes erwartet, der in seinem Vortrage seine eigene Manier befolgt, und bei Allem mehr nach dem Nachdruck der Worte, als dem Gewichte der Gedanken fragt. [350] Jenen Heroen [dem Plato und Aristoteles] stand es zu, jene Tugend, die, wenn sie stattfindet, so vorzuglich mild und freigebig ist, und die die Menschheit mehr, als sich selbst, liebt, die sich mehr für Andere, als für sich geboren glaubt, aus dem Staube aufzurichten und auf jenem göttlichen Sitze nicht ferne von der Weisheit ihr ihre Stelle anzuweisen. Auch hat es ihnen wahrhaftig nicht am Willen gefehlt, (denn was konnten sie sonst für eine Veranlassung zum Schreiben oder überhaupt für einen Zweck haben?) und eben so wenig am Talent, woran ihnen ja Keiner gleichkam. Aber die Sache selbst ging über ihren Willen und ihr Vermögen hinaus, denn das Recht, worüber wir eine Untersuchung anstellen, ist ein bürgerliches, kein Recht aus dem Naturstande: wäre Dieß der Fall, so würde, wie Alle über Das, was warm und kalt, was bitter und süß sey, einig sind, ebenso Allen dasselbe als gerecht oder ungerecht erscheinen. [351]

9. Nun aber, wenn Einer auf einem von geflügelten Schlangen gezogenen Wagen, wie er bei Pacuvius vorkommt, [352] fahren, und von oben herab die vielen und mannigfaltigen Völker und Städte überschauen und mit seinen Blicken durchmustern könnte, der würde erstlich in jenem noch am meisten dem Alten treugebliebenen Volke der Aegypter, das die Geschichte sehr vieler Jahrhunderte und Ereignisse in Schriften aufbewahrt hat, sehen, daß man einen Stier für einen Gott hält, den die Aegypter Apis nennen: [353] und noch viele andere Ungeheuer und Thiere jeder Art in der Reihe der Götter als heilig verehrt. Dann erblickte er Griechenlands Tempel, wo, wie bei uns, in prachtvoller Umgebung Götter in Menschengestalt angebetet werden, was den Persern für einen Frevel galt. Soll doch Xerxes blos aus diesem Grunde befohlen haben, die Tempel

der Athener in Brand zu stecken, weil er es für ruchlos hielt die Gottheit, deren Haus dieses Weltall sey, in Mauern einschließen und einzwängen zu wollen. [354]Späterhin aber gab Philippus, der den Plan faßte, und Alexander, der ihn ausführte, das als Ursache des Krieges gegen die Perser an, daß sie Griechenlands Tempel rächen wollen, welche die Griechen absichtlich nicht hatten wiederherstellen lassen, damit auch den Nachkommen ein bleibendes Denkmal des Frevels der Perser vor Augen stünde. Wie Viele, zum Beispiel die Taurier am Pontus Axinus, [355]Busiris, der König von Aegypten, die Gallier, die Pöner, haben nicht Menschenopfer für eine Handlung der Frömmigkeit, und als etwas den unsterblichen Göttern höchst Willkommenes angesehen! Die Lebensansichten [der Völker] aber sind so verschieden, daß zum Beispiel die Kreter und Aetolier [356]das Rauben für ein ehrliches Gewerbe halten, die Lacedämonier erklärten, aller Grund und Boden sey ihr Eigenthum, den sie mit ihren Lanzenspitzen erreichen könnten. [357]Pflegten die Athener sogar öffentlich zu schwören, alles Land gehöre ihnen, welches den Oehlbaum oder Getreide hervorbringe. Die Gallier halten es für schimpflich, sich Feldfrüchte durch ihrer Hände Arbeit zu verschaffen, und ernten deßwegen bewaffnet auf fremden Aeckern. Wir aber sind die gerechtesten unter den Menschen, die wir den Völkern jenseits der Alpen Oehlbäume und Reben zu pflanzen verwehren, [358]damit unsere Oehlbaumpflanzungen und unsere Weinberge in höherem Werthe bleiben: ein Verfahren, das man allenfalls klug, gerecht aber keineswegs nennen kann: zum schlagenden Beweise für euch, daß Klugheit und Billigkeit nichts weniger als Eins sey. Lykurgus aber, jener Erfinder der besten Gesetze und des unparteilichsten Rechtes, legte den gemeinen Bürgern, wie Sclaven, auf, die Felder der Reichen zu bebauen. [359]

10. Wollte ich aber die Arten des Rechts, der Einrichtungen, Sitten und Gewohnheiten schildern, so könnte ich nachweisen, daß sie nicht nur bei so vielen Völkern verschieden sind, sondern sich auch in einem und demselben Staate, sogar in dem unsrigen, tausendmal geändert haben: so daß zum Beispiel unser Rechtserklärer Manilius hier gegenwärtig die Rechte in Beziehung auf die Vermächtnisse und Erbschaften der Frauen ganz anders angibt, als er sie als Jüngling anzugeben pflegte, ehe das Voconische Gesetz gegeben war: [360]ein Gesetz, das, zum Vortheil und zu Gunsten der Männer gegeben, gegen die Frauen höchst ungerecht ist. Denn warum soll eine Frau kein Vermögen besitzen? warum soll sie eine Vestalische Jungfrau beerben können, aber ihre Mutter nicht? warum aber soll, wenn einmal dem weiblichen Geschlechte ein Maß des Vermögens bestimmt werden muß, des P. Crassus Tochter, wenn ihr Vater nur diese einzige hat, hundert Millionen Aß haben können, ohne daß dem Gesetze zu nahe getreten wird, die meinige nicht drei Millionen? * * * [361]

[Lücke von vielleicht zwei Seiten.]

11. [Hätte die Natur selbst] uns die Rechte vorgeschrieben, so würden alle Menschen Dasselbe, und nicht dieselben Menschen das einemal Dieß, das anderemal Jenes für Recht halten. Ich frage aber, wenn von einem Gerechtigkeit liebenden und wohlgesinnten Manne erwartet wird, daß er den Gesetzen gehorche. welchen soll er gehorchen? Etwa allen, sie mögen beschaffen seyn, wie sie wollen? [362]Aber die Tugend verträgt sich nicht mit dem Unbestande, und die Natur duldet keinen Wechsel [ihrer Gesetze]; die Gesetze aber [, die die Menschen geben,] gelten nicht durch den in uns liegenden Begriff von Gerechtigkeit, sondern weil eine Strafe auf ihrer Uebertretung gesetzt ist. Das Recht hat folglich nichts Naturgesetzmäßiges: und der unmittelbare Schluß hieraus ist, daß wir auch nicht von Natur gerecht sind. Oder gibt man etwa zu, daß in den Gesetzen Wandelbarkeit stattfinde, [behauptet] aber, wohlgesinnte Menschen folgen durch natürlichen Trieb derjenigen Gerechtigkeit, die es wirklich sey, nicht der, die nur dafür gelte. [363]Denn darin zeige sich eben, daß ein Mann wohlgesinnt und gerecht sey, daß er Jedem Das gebe, was er verdiene. Wie werden wir uns nun aber gegen die [vernunft- und] sprachlosen Thiere benehmen? Denn nicht etwa unbedeutende Stimmen, sondern Männer von großem Geiste und hoher Bildung, Pythagoras und Empedokles, [364]behaupten entschieden die Rechtsgleichheit aller lebenden Wesen, und rufen laut, unnachläßliche Strafen drohen Denjenigen, welche gegen ein Thier gefrevelt haben. Es ist also ein Verbrechen, ein unvernünftiges Thier zu beschädigen. Will Einer dieses Verbrechen * * *

[Große Lücke. [365]]

12. * * * [366][Als nämlich [Alexander den Seeräuber] fragte, mit welchem Rechte er denn so frech mit seinem Raubschiffe das Meer so unsicher mache, erwiederte Dieser: mit demselben Rechte, mit dem du den Weltkreis [als Eroberer] durchziehst. *Nonius.*]

* * * fragt nur Alle. Die Weisheit [Klugheit] gebietet, unsere Macht zu vermehren, unsere Reichthümer zu vergrößern, unser Gebiet zu erweitern: (denn woher hätte Alexander seinen Ruhm als größter Feldherr gewinnen können, der einst die Gränzen seines Machtgebietes bis tief nach Asien hinein durch Waffengewalt vorrückte, wenn nicht etwa von fremdem Eigenthum dazu gekommen wäre?) über so Viele, als nur möglich, zu herrschen, uns Genüsse zu verschaffen, vielvermögend zu werden, zu regieren die Obmacht zu behaupten. [367]Die Gerechtigkeit aber gebietet, gegen Alle schonend zu seyn, für das Menschengeschlecht zu sorgen, Jedem das Seinige zu geben, Tempelgut, Staatsgut [Privatgut] nicht [anzutasten]. Was kommt nun heraus? [368]Folgst du [den Vorschriften] der Weisheit: Reichthum, Macht, Einfluß, Ehre, Oberbefehlshaberstellen, Königreiche, und zwar für Einzelne und für Völker. Allein weil wir über den Staat sprechen, so finde ich doch, daß, was im Namen eines Staates geschieht, auch mehr Interesse hat, und weil bei beiden [bei Einzelnen, wie bei Völkern] das Recht im Grunde dasselbe ist, so denke ich, ich spreche am schicklichsten von der Weisheit eines Volkes. Um jetzt andere zu übergehen, ist wohl dieses unser Volk, dessen allmähliges Emporkeimen uns Africanus gestern geschildert hat, und dessen Waffenherrschaft sich gegenwärtig über den ganzen Erdkreis erstreckt, [369]durch Gerechtigkeit oder durch Weisheit aus so geringem Anfange so über Alle [mächtig geworden?] * * *

[Lücke von wenigstens vier Seiten. [370]]

13. [Wie weit der Vortheil und die Gerechtigkeit von einander abstehen, davon gibt das Römische Volk einen Beweis, das seine Kriege [religiös] durch Fecialen ankündigte, gesetzmäßig Ungerechtigkeiten ausübte, immer nach fremdem Gute trachtete und es an sich raffte, und durch alles Dieses sich in den Besitz des ganzen Erdkreises gesetzt hat.]

[Was sind Vortheile für das Vaterland, als Nachtheile für einen fremden Staat oder für ein fremdes Volk? So erweitert man die Gränzen seines Gebietes, wenn man Andern das Ihrige mit Gewalt entreißt; so erweitert man die Herrschaft, vermehrt das Staatseinkommen – Wer also diese Güter dem Vaterlande verschafft, das heißt, Wer Staaten errichtet, Völker vertilgt, den Staatsschatz mit Geld anfüllt, Landstriche erobert, seine Mitbürger begüterter macht, der wird mit Lob und Preis bis zum Himmel erhoben, dem schreibt man die höchste und vollendete Tugend zu: ein Irrthum, in welchem nicht nur das Volk und die Ungebildeten befangen sind, sondern auch die Philosophen, die sogar Vorschriften zur Ungerechtigkeit geben. [371]]

14. * * * nämlich Alle, die in einem Volke Gewalt über Leben und Tod haben, Tyrannen; allein sie wollen sich lieber mit dem Namen des allgütigen Juppiters, Könige, benennen lassen. [372]Wenn aber eine Anzahl Menschen wegen ihres Reichthums oder ihres Herkommens, oder durch irgend ein Uebergewicht die oberste Macht im Staate in Händen haben, so ist dieß eine Faction: sie heißen aber Optimaten. Hat aber das Volk die größte Macht, und wird der ganze Staat nach dessen Willkühr regiert, so nennt man Das Freiheit, es ist aber Zügellosigkeit. Wenn aber Einer den Andern scheut, nicht nur der Einzelne den Einzelnen, sondern auch ein Stand den andern, dann findet, weil Keiner sich [eigenmächtig zu handeln] getraut, gleichsam ein Vertrag zwischen dem Volke und den Vornehmen statt: und daraus entsteht dann die von Scipio gepriesene gemischte Verfassung. Denn die Mutter der Gerechtigkeit ist nicht die Natur, noch der Wille, sondern das Unvermögen [Unrecht zu thun]. Denn wenn man von dreien Eins wählen müßte, entweder beleidigen, ohne beleidigt zu werden, oder beleidigen und beleidigt werden, oder keins von beiden; so ist das Beste, ungestraft beleidigen zu können, [373]das Nächste daran, weder beleidigen noch beleidigt zu werden, das Unseligste, in ewigem Kampfe mit Anthun und Abwehren des Unrechts begriffen zu seyn. Demnach Wer jenes Erste zu erreichen * * * [374]

[Lücke von einigen Seiten.]

15. [*Der Inbegriff der Rede des Carneades war folgendes:* Es haben die Menschen ihres Vortheils wegen unter einander gegenseitige Rechte festgesetzt [375]natürlich so verschiedene, als ihre

Sitten verschieden sind, und bei demselben Volke nach dem Wechsel der Zeiten oft wechselnde; ein von der Natur ausgehendes Recht gebe es aber nicht. Alle lebenden Wesen, Menschen wie Thiere, haben einen natürlichen Trieb, ihren Nutzen zu suchen: folglich gebe es überhaupt keine Gerechtigkeit, oder wenn es eine gebe, so sey sie die größte Thorheit, weil sie sich, indem sie für fremde Vortheile sorgt, selbst schade. *Dem fügte er noch als Beweis bei:* Alle Völker, die ihre Herrschaft auf eine blühende Höhe gebracht hätten, ja auch die Römer selbst, die Herren des ganzen Erdkreises wären, müßten wieder zu den Hütten zurückkehren, und in Dürftigkeit und Elend zurücksinken.]

* * * [376]Die Arkadier und Athener ausgenommen, die, vermuthlich aus Furcht, es möchte einmal die Gerechtigkeit durch ein Interdict [377]gesetzlich [auf der Welt] werden, das Mährchen ersannen, sie seyen aus der Erde, wie diese Mäuschen hier auf dem Felde, [378]hervorgeschlüpft [: ihr Land gehöre ihnen also von Rechts wegen].

16. Darüber vernimmt man denn folgende Aeußerungen von Denjenigen, die im Disputiren nichts weniger als bösartig sind; welche in diesem Punkte um so mehr Gewicht haben, weil sie, (da eben die Frage ist, was ein rechtschaffener Mann sey, von welchem wir behaupten, er müsse offen und einfach seyn, [379]im Disputiren keine Schlauheit, keine Ränke, keine Bosheit zeigen. Sie behaupten nämlich, ein Weiser sey nicht darum ein rechtschaffener Mann, weil er an sich eine Freude an der Güte und an der Gerechtigkeit habe; sondern weil das Leben rechtschaffener Männer frei von Furcht, Sorge, Kummer und Gefahr sey: [380]dagegen den Bösen immer ein Wurm am Herzen nage, und ihnen stets Gericht und Strafe vor den Augen schwebe. Kein Vortheil aber, kein Gewinn, den die Ungerechtigkeit gewähre, sey so groß, daß man ihm zu Liebe sich beständiger Furcht, einer jeden Augenblick drohenden oder über dem Haupte schwebenden Strafe aussetzen möchte: der Schaden * * * [381]

[Lücke von wenigstens vier Seiten.]

17. [Ich frage, wenn zwei Menschen sind, von denen der Eine ein ganz edler Mann ist, höchst unparteiisch, vollkommen gerecht, äußerst redlich, der Andere ausgezeichnet durch Verruchtheit und Frechheit; und wenn deren Mitbürger in einem solchen Irrthum befangen sind, daß sie jenen edlen Mann für einen Verbrecher, einen Ruchlosen, einen Frevler halten, Jenen dagegen, welcher im höchsten Grade schändlich ist, für einen Mann von ganz vorzüglicher Rechtschaffenheit und Rechtlichkeit ansehen; und in Folge dieses Vorurtheils jener edle Mann gequält, seiner Freiheit beraubt, endlich an seinem Körper ihm Gewalt angethan wird, die Augen ihm ausgestochen werden, er verurtheilt, gebunden, gebrandmarkt, über die Gränze geschafft wird, und in Dürftigkeit sein Daseyn fortschleppen muß, überhaupt er mit vollem Recht Jedermann als höchst unglücklich erscheint: [382]jener Schlechte dagegen gepriesen, verehrt, von Allen geliebt wird, wenn er mit allen Würden, Befehlshaberstellen, aller Macht und allem Ueberflusse überhäuft wird; ja er überhaupt in den Augen Aller als der Edelste, als des höchsten Glückes Würdige gilt; Wer, [frage ich,] wird so thöricht seyn, sich noch zu besinnen, welcher von Beiden er seyn möchte?

18. Was von einzelnen Menschen gilt, das gilt auch von ganzen Völkern. So thöricht ist kein Staat, daß er nicht lieber mit Unrecht herrschen, als aus [lauter] Ungerechtigkeit unterjocht seyn wollte. Ich will meine Beweise nicht aus der Ferne herholen. Als ich Consul war, that ich einmal eine Anfrage wegen des mit den Numantinern geschlossenen Bündnisses: [383]ihr selbst waret ja bei der Berathung. Wußte nicht Jeder, daß Q. Pompejus den Vertrag geschlossen habe, und Mancinus in demselben Falle sey? Dieser edelgesinnte Mann uuterstützte noch den Vorschlag, den ich dem Senatsbeschlusse zu Folge machte; Jener wehrte sich auf's heftigste dagegen. Ist die Frage, Wer mehr Ehrgefühl und Rechtlichkeit gezeigt habe, so war Beides auf der Seite des Mancinus; fragt man nach Berechnung, Einsicht und Klugheit, so steht Pompejus oben an. Ist * * *

[Lücke von unbestimmbarer Größe. [384]]

19. [»Von da ging dann [Carneades] vom Allgemeinen auf das Besondere über.« Es habe, *sagte er*, ein rechtschaffener Mann einen Sclaven, der gern entläuft, oder ein ungesundes und Krankheiten erzeugendes Haus: [385]er wisse diese Fehler allein, und biete darum [den Sclaven und das

Haus] zum Kauf aus. Wird er nun öffentlich bekannt machen, er habe einen unzuverläßigen Sclaven und ein ungesundes Haus feil, oder wird er es dem Käufer verschweigen? Sagt er es voraus, so wird man ihn zwar für gut erklären, weil er dann Niemand täuscht, aber dennoch für thöricht, weil er Beides nun entweder um eine kleine Summe, oder gar nicht anbringen wird. Verschweigt er es, so wird er zwar klug seyn, weil er für seinen Beutel sorgt; aber schlecht zugleich, weil er betrügt. Oder trifft Einer einen Menschen, welcher Messing zu verkaufen glaubt, da es doch Gold ist, oder Blei, da es Silber ist: wird er schweigen, um es wohlfeil zu kaufen, oder es Jenem entdecken, um [es dann] theuer [zu bezahlen]? Es scheint offenbar thöricht, lieber theuer [einkaufen] zu wollen. »Damit gab er zu verstehen, Der, welcher gerecht und gut sey, sey thöricht; Der aber, welcher weise [klug] sey, sey böse.«]

20. [»Dann ging er auf bedeutendere Fälle über, wobei Keiner ohne Lebensgefahr gerecht seyn kann.« Er *sagte nämlich:* Es versteht sich, daß es zur Gerechtigkeit gehört, einen Menschen nicht zu tödten, überhaupt Einen, der [386]nicht uns gehört, nicht einmal anzurühren. Was wird nun der Gerechte thun, wenn er etwa Schiffbruch gelitten, und ein Schwächerer, [387]als er, ein Brett ergriffen hat? Wird er ihn nicht von dem Brette herunterstoßen, um sich selbst auf dasselbe zu schwingen, und, durch dasselbe über dem Wasser erhalten, sich zu retten? besonders da er mitten auf dem Meere keinen Zeugen um sich hat? Ist er weise [klug], so wird er es thun; denn thut er es nicht, so muß er selbst zu Grunde gehen. Will er aber lieber sterben, als einem Andern Gewalt anthun, dann ist er zwar allerdings gerecht, aber ein Thor, daß er sein eigenes Leben nicht schont, während er ein fremdes schont. *Ferner:* Wenn dieser Gerechte in einem Heere ist, das eine Schlacht verloren hat, und die Feinde das geschlagene Heer verfolgen; und er nun einen Verwundeten antrifft, der zu Pferde sitzt, wird er Diesen schonen, um dann selbst [auf der Flucht] getödtet zu werden; oder wird er ihn vom Pferde herunterstoßen, um selbst dem Feinde entrinnen zu können? Thut er das Letztere, so handelt er weise [klug], aber unrecht; thut er es nicht, so ist er gerecht, aber eben darum auch nothwendig thöricht. – Nachdem er [Carneades] nun so die Gerechtigkeit in zwei Theile getheilt hatte, deren einen er die bürgerliche Gerechtigkeit nannte, den andern die natürliche, untergrub er beide dadurch, daß er zeigte, die bürgerliche sey zwar Weisheit [Klugheit], aber Gerechtigkeit sey sie nicht; die natürliche aber sey zwar Gerechtigkeit, aber sie sey nicht Weisheit. Das sind durchaus spitzfindige und dabei [moralisches] Gift enthaltende Ansichten; und sie sind wirklich von der Art, daß M. Tullius sie nicht widerlegen konnte. Denn in der Rede, in welcher er den Lälius dem Furius antworten und die Gerechtigkeit vertheidigen läßt, geht er daran, wie an einer Grube herum, und läßt sie unwiderlegt. Lactantius Inst. V, 16.] [388]

21. [* * * *Scipio.* Ich würde keine Schwierigkeit machen, mein Lälius, wenn ich nicht dächte, diese [unsere Freunde] hier wünschen es, [daß du für die Gerechtigkeit sprechest, sagte Scipio], und wenn ich nicht selbst wünschte, daß du bei diesem unserm Gespräche auch eine Rolle übernehmest. zumal, da du gestern selbst gesagt hast, du werdest uns wohl noch gar zu viel reden: ein Fall, der übrigens garnicht eintreten kann; daß du dich uns nur nicht ganz entziehen mögest, darum bitten wir dich Alle. [389]– Bei *Gellius* N. A. I. 22., wo aber das zweite Buch unseres Werkes citirt wird.]

[– *Lälius.* Allein unsere Jugend sollte ihn gar nicht anhören: denn hat er so gedacht, wie er spricht, so ist er ein sittlich verdorbener Mensch; hat er nicht so gedacht, was ich lieber [annehmen] will; so ist doch Das, was er sagt, das Gefühl empörend. [390]*Nonius.*]

22. [[391]Ein wahres Gesetz ist die gesunde Vernunft, die mit der Natur im Einklange steht, die Einer hat wie der Andere, [392]die sich selbst gleich bleibt, unwandelbar ist, die zur Uebung der Pflicht durch Gebot aufruft, durch Verbot vom Unrecht abschreckt; es gebietet aber oder verbietet den Rechtschaffenen eben so wenig vergebens, als es auf die Schlechtgesinnten durch sein Gebieten oder Verbieten Eindruck macht. An diesem Gesetze darf weder im Einzelnen, [durch Abänderung,] noch durch Beschränkung seines Umfanges, noch [im Ganzen] durch Abschaffung, etwas geändert werden; auch kann uns von dessen Erfüllung weder der Senat, noch das Volk frei sprechen, eben so wenig brauchen wir einen andern Erklärer und Ausleger desselben [als die Vernunft]: auch wird nicht ein anderes Gesetz zu Rom, ein anderes zu Athen,

ein anderes jetzt, ein anderes künftig gelten; sondern alle Völker, und zwar zu jeder Zeit, wird Ein ewig geltendes und unveränderliches Gesetz verbinden; es wird auch nur Einen gemeinschaftlichen Anordner und allgebietenden Gesetzgeber haben, nämlich Gott; der der Urheber, Richter und Feststeller dieses Gesetzes ist; und Wer diesem nicht gehorchen wird, wird aus sich selbst heraustreten, und, indem er die menschliche Natur verschmäht, eben dadurch die größten Strafen leiden, gesetzt, daß er auch den andern Uebeln, die man für Strafen hält, entgeht. Lactant. Inst. VI, 8. [393]]

23. [Ich weiß, daß, im dritten Buch des Cicero vom Staate, wenn ich nicht irre, die Behauptung steht, daß von einem Staate, wie er seyn soll, kein Krieg unternommen werde, ausser um eine eingegangene Verpflichtung zu erfüllen, oder zu seiner Selbsterhaltung. Was er aber unter dem Ausdruck: zu seiner Selbsterhaltung verstehe, oder welche Selbsterhaltung er verstanden wissen wolle, sagt er an einer andern Stelle: aber diesen Strafen, heißt es, welche auch die Thörichtsten fühlen, Dürftigkeit, Verbannung, Fesseln, Schlägen, entziehen sich oft die Einzelnen, wenn sie zu Beschleunigung ihres Todes Gelegenheit bekommen; für die Staaten aber ist der Tod, der die Einzelnen von der Strafe zu befreien scheint, selbst Strafe. Denn ein Staat muß auf ewige Dauer angelegt seyn. Er hat also keinen in seiner Natur liegenden Untergang wie ein Mensch, für den das Sterben nicht nur nothwendig, sondern oft sogar wünschenswerth ist. Geht aber ein Staat unter, wird er vernichtet und seines Daseyns beraubt; so ist es, um Kleines mit Großem zu vergleichen, wie wenn die ganze Welt unterginge und zusammenstürzte. *Augustin.* de Civ. Dei XXII, 6.]

[In seinem Werke vom Staat sagt Cicero: diejenigen Kriege sind ungerecht, die ohne Ursache unternommen worden sind. Derselbe Tullius sagt bald darauf: kein Krieg gilt für gerecht, ausser ein zum voraus gedrohter, ausser ein angekündigter, ausser ein nach [vergeblich] angesprochenem Schadenersatze [des Weggenommenen] begonnener. *Isidor. Orig.* XVIII. 1.]

[Unser Volk hat aber durch Vertheidigung seiner Bundesgenossen sich bereits aller Länder der Erde bemächtigt. *Nonius.* [394]]

24. [Es wird wirklich mit der größten Lebhaftigkeit und mit den stärksten Gründen in denselben Büchern vom Staate für die Gerechtigkeit gegen die Ungerechtigkeit gestritten. Und weil, da vorher, gegen die Gerechtigkeit, der Ungerechtigkeit das Wort gesprochen und gesagt wurde, ohne Ungerechtigkeit könne ein Staat weder bestehen noch wachsen, dieser Grund als der stärkste hervorgehoben worden war, daß es ungerecht sey, daß Menschen von Menschen unterjocht, diesen dienen; [395] eine Ungerechtigkeit, die doch ein zum Herrschen geeigneter Staat von Bedeutung nicht vermeiden kann, weil er ohne sie keine Provinzen unter seine Gewalt bekömmt: so wurde darauf von Seiten [396] der Gerechtigkeit erwiedert: das sey darum gerecht, weil solchen Menschen die Knechtschaft wohlthätig sey, und ihre Unterwerfung, wenn sie geschehe, wie sie soll, nämlich wenn den Schlechten die Möglichkeit, ungestraft Unrecht zu thun, genommen wird, gereiche zum Vortheil der Unterworfenen, und sie, als Ueberwundene, werden sich besser befinden, weil sie, ehe sie überwunden waren, sich schlechter befanden; [397] und um diesen Grund zu unterstützen, wurde ein recht auffallendes Beispiel gleichsam von der Natur hergenommen und gesagt: [Wenn herrschen unrecht wäre,] warum herrscht denn die Gottheit über die Menschheit, die Seele über den Körper, die Vernunft über die sinnliche Begierde und über die andern dem Fehlen ausgesetzten Theile der Seele? Augustin. a. a. O. XIX, 21.]

25. [*Vernimm noch Einleuchtenderes, was* [Tullius] *im dritten Buche vom Staat spricht, wo er von der Ursache des Herrschens handelt:* Sehen wir, sagt er, nicht, daß von der Natur selbst immer den Tüchtigsten die Herrschaft über die Schwachen zu deren eigenen größtem Nutzen in die Hand gegeben wird. [398] Warum herrscht denn die Gottheit über die Menschheit, die Seele über den Körper, die Vernunft über die sinnliche Begierde und über die andern dem Fehlen ausgesetzten Theile der Seele? *Vernimm noch Mehreres; denn kurz darauf sagt er:* doch bei'm Herrschen und bei'm Dienen sind auch die Verschiedenheiten zu beachten. [399] Denn wie man sagt, die Seele beherrscht den Körper, so sagt man auch, sie beherrsche die sinnliche Begierde; den Körper aber, wie ein König die Bürger seines Staates, oder wie ein Vater seine Kinder; die Begierden aber [beherrsche sie], wie ein Herr seine Sclaven, weil sie sie bändigt und niederdrückt. So

stehen Könige, Feldherren, Beamte, Väter [der Senat], Völker, gebietend über Bürgern und Bundesgenossen, wie die Seele über dem Körper; die Herren aber üben über ihre Sclaven eine solche entkräftende Macht aus, wie der beste Theil der Seele, das ist die Weisheit, über die dem Fehlen ausgesetzten und schwachen Theile eben derselben Seele, nämlich über die Begierden, die Rachgier und die übrigen Leidenschaften. *Augustin.* contra Julian. Pelag. IV. 12.]

[Es gibt nämlich eine Art von ungerechter Knechtschaft, wenn Diejenigen einem Andern unterworfen sind, die ihre eigenen Herren seyn können: wenn aber Diejenigen dienen, die sich nicht selbst zu regieren vermögen, so geschieht [ihnen] kein Unrecht. *Nonius.*]

26. [Gesetzt, du wüßtest, sagte Carneades, es sey irgendwo eine Schlange unbemerkbar verborgen, und es wolle Einer, ohne Dieß zu wissen, sich auf sie hinsetzen, dessen Tod dir Vortheil bringen würde; so würdest du Unrecht daran thun, wenn du ihn nicht warntest, er solle sich nicht hinsetzen; aber strafen könnte man dich nicht; denn Wer könnte dich überführen, daß du es gewußt habest? Doch schon mehr als genug. Denn es ist einleuchtend, daß, wenn nicht Billigkeit, Rechtlichkeit, Gerechtigkeit ihre Quelle in der Natur haben, und man sie durchaus nur aus dem Nutzen [Eigennutz] herleitet, sich gar kein edler Mann auf der Welt finden werde. Und über diesen Punkt habe ich in meinem Werke über den Staat den Lälius hinlänglich viel sprechen lassen. [400] *Cicero* de Fin. II, 15. 59.]

[Wenn ich anders, wie du mich erinnerst, in jenem Werke [vom Staat] mit Recht behauptet habe, daß nichts gut sei außer das Edle, und nichts ein Uebel, außer das Schändliche. *Cicero* an den Att. X, 4.]

27. [Ich freue mich, daß du mir Recht gibst, die [Liebe] zu den Kindern liege in der Natur. Denn ist dem nicht so, so gibt es unmöglich ein natürliches Anschließen des Menschen an den Menschen; und ist dieses aufgehoben, so hört alles gemeinsame Zusammenleben auf. [Nun so wollen wir denn] auf gut Glück [Kinder zeugen]! sagt Carneades: unschicklich [genug], doch immer noch besonnener als unser Lucius und Patro; [401] denn indem Diese bei Allem nur auf ihr Ich sehen, und meinen, es thue Niemand etwas um eines Andern willen, und da sie sagen, man müsse nur darum ein rechtschaffener Mann seyn, um sich keinen Nachtheil zuzuziehen, nicht aber, weil Dieß von Natur recht sey; bemerken sie nicht, daß sie nur von einem schlauen Menschen reden, nicht von einem Rechtschaffenen. Doch Das steht, glaube ich, in dem Werke, durch dessen Lob du meiner Thätigkeit einen neuen Sporn gegeben hast. *Cicero* a. a. O. VII, 2.]

[– wobei ich auch der Ansicht bin, daß eine mit Sorgen und Gefahren verknüpfte Gerechtigkeit nicht die eines Weisen [Klugen?] sey. *Priscian.* VIII. p. 801.]

28. [Bei Cicero sagt eben derselbe Vertheidiger der Gerechtigkeit, Lälius, die Tugend strebt allerdings nach Ehre: ja es gibt für sie gar keinen andern Lohn: [402], doch, sagt er, nimmt sie ihn mit Ungezwungenheit [zwar gerne] hin, heischt ihn aber nicht mit Bitterkeit. Und an einer andern Stelle sagt derselbe Lälius, was für Reichthümer willst du diesem Manne anbieten? was für Befehlshaberstellen? was für Königsthrone? das Alles sind ihm menschliche [irdische] Dinge: seine Güter erkennt er als göttliche. Aber wenn auch entweder der Undank des ganzen Volkes, oder viele Neider, oder mächtige Feinde die Tugend des ihr gebührenden Lohnes berauben: dagegen, wahrlich, hat sie viele Trostmittel, und hält sich vorzüglich durch das Gefühl innerer Würde aufrecht. *Lactantius* Inst. V, 18. und 22.]

[Herkules, der wegen seiner Tugend [Thatkraft] hochberühmt ist und gleichsam für den Africanus unter den Göttern gilt. *Lactant.* a. a. O. 9. [403]]

[Nachdem Cicero im dritten Buche vom Staat behauptet hat, Herkules und Romulus seyen aus Menschen Götter geworden, fährt er fort: Nicht ihre Körper sind in den Himmel erhoben worden: denn das wäre wider die Natur, daß Das, was von der Erde kommt, anderswo, als auf der Erde bliebe [404] *Augustin.* de Civ. Dei XXII, 4.]

[Niemals hat es den tapfersten Männern an dem Lohne ihrer Tapferkeit, Unermüdlichkeit und Ausdauer gefehlt. *Nonius.*]

[Der Consul verlacht die reichen Geschenke des Pyrrhus: – hat etwa Curius der Samniter Schätze vermißt? *Nonius.* [405]]

[– sogar seinen Heerd pflegte unser Cato, wenn er auf sein Gut in's Sabinerland ging, wie ich von ihm selbst gehört habe, zu besuchen. Denn an diesem Heerde sitzend hatte der Mann die Geschenke der Samniter, einst seiner Feinde, jetzt seiner Clienten, zurückgewiesen. [406] *Nonius.*]

29. * * * in Asien Tiberius Gracchus. [407] Er beharrte [auf der Gerechtigkeit] gegen die Bürger; aber die Rechte der Bundesgenossen und der Latiner und die mit ihnen geschlossenen Verträge achtete er nicht. Sollte diese Gewohnheit und diese Willkührlichkeit weiter um sich greifen, und unsere Herrschaft dem zu Folge auf Gewalt, statt auf Recht sich stützen, so daß Die, welche bisher noch uns mit Willen gehorchen, nur noch der Schrecken an uns fesselte; so ist mir, ob ich gleich so alt bin, daß ich nicht mehr lange die Augen offen haben werde, doch für unsere Nachkommen und jene ewige Dauer unseres Staates bange, dem wirklich ewige Dauer zu versprechen wäre, wenn man die Einrichtungen und Sitten unserer Vorfahren beibehalten hätte. [408]

30. Als Lälius Dieß gesagt hatte, gaben ihm zwar alle Anwesende zu erkennen, wie sehr sein Vortrag sie befriedigt habe; vor Allen jedoch *Scipio*, der von Freude darüber wie begeistert war, und zu ihm sagte: du hast zwar, mein Lälius, schon viele Streitsachen so verfochten, daß ich dir nicht nur meinen Amtsgenossen [409] Servius Galba, den du, so lange er lebte, Allen vorzogst [nicht an die Seite zu stellen wagte], sondern nicht einmal einen der Attischen Redner, sey es an Anmuth * * * [410]

[Lücke von zwölf Seiten.]

[– es habe ihm an zwei Eigenschaften gefehlt, deren Mangel ihn gehindert habe, öffentlich und auf dem Forum als Redner aufzutreten, nämlich an Selbstvertrauen und an Stimme – *Nonius*.

[– von dem Stöhnen der eingeschlossenen Menschen brüllte der Stier – Aus dem Scholiasten des Juvenal. S. 245. ed. Cram.] [411]

31. * * * zurückbringen. Wer konnte also jenen Staat eine res publica, das heißt ein Gemeinwesen [Volkessache, res populi] nennen, als das gesammte Volk durch die Grausamkeit eines Einzigen unterdrückt war, und kein gemeinsamer Rechtsverband, keine Uebereinkunft, keine Gemeinschaft des Vereins stattfand, was eben ein Volk bildet? Und derselbe Fall war in Syrakus. Alle Herrlichkeit dieser Stadt, von welcher Timäus rühmt, sie sey die größte und zugleich die schönste aller Griechischen Städte, deren Burg so sehenswerth ist, deren Seehäfen sich bis tief in das Innere der Stadt und an die aufgemauerten Straßenufer erstrecken, mit den breiten Straßen, den Säulengängen, Tempeln und Mauern – alles Dieß vermochte nicht zu bewirken, daß die Stadt ein Gemeinwesen war, so lange Dionysius darin herrschte: denn Nichts gehörte dem Volke: das Volk selbst aber gehörte Einem. Wo also ein Tyrann ist, da ist nicht, wie ich es gestern nannte, eine fehlerhafte, sondern, wie ich mich nach genauerm Nachdenken ausdrücken muß, gar keine Verfassung [es ist gar kein Staat].

32. Ganz trefflich gesprochen, sagte *Lälius*; denn ich sehe schon, wo deine Rede hinaus will. *Scipio*. Du siehst also, daß auch ein Staat, der ganz in den Händen einer Faktion ist, im Grunde nicht mit Recht ein Staat [ein Gemeinwesen] genannt werden kann. *Lälius.* Das ist ganz meine Ansicht. *Scipio.* Und zwar eine vollkommen richtige. Denn hatte wohl damals Athen eine Verfassung [war es ein Gemeinwesen], als nach dem langedauernden Peloponnesischen Kriege jene dreißig Männer über jene Stadt auf's ungerechteste herrschten? Machte der alte Ruhm der Bürger, die Herrlichkeit der Stadt selbst, ihre Theater, ihre Gymnasien [Uebungsgebäude und Plätze für die Jugend], ihre Säulenhallen, ihre hochberühmten Propyläen [412], ihre Burg [Akropolis], die Wundergebilde des Phidias, oder jener prachtvolle Piräeus, daß damals ein Gemeinwesen bestand? Im geringsten nicht, erwiederte *Lälius*, denn es war ja keine Volkessache [res populi]. *Scipio.* Und was war es zu Rom, als die Zehen-Männer, ohne daß von ihnen eine Provocation stattfand, regierten, [besonders] in jenem dritten Jahre. da die Freiheit selbst ihre Rechtsansprüche verloren hatte? *Lälius.* Eben so wenig eine Volksache: im Gegentheil mußte das Volk erst wieder Anstalten treffen, sich Das, was seine Sache [sein Recht] war, wieder zu erringen.

33. Ich komme nun auf die dritte oben berührte Form, wo es scheinen kann, als werde ich mich in einiger Verlegenheit befinden. Wird nämlich gesagt, es werde hier Alles durch das Volk

gethan, und Alles sey in der Gewalt des Volkes; wenn die Masse des Volkes Jeden, den sie will, mit dem Tode bestraft, wenn sie, was sie nur will, wegschleppt, fortreißt, festhält, verschleudert: kannst du dann, Lälius, sagen, das sey kein Gemeinwesen [Staat], wenn doch Alles dem Volk gehört, weil wir denn doch haben wollen, ein Staat [res publica] soll Volkessache [res populi] seyn? Darauf erwiederte *Lälius:* Entschiedener möchte ich gerade keiner Form den Namen Gemeinwesen [Staat, Verfassung] absprechen, als der, wo Alles in der Gewalt des großen Haufens ist: gerade so, wie ich erklärte, Syrakus habe keine Verfassung gehabt, und auch Agrigent und Athen nicht, als sie unter Tyrannen standen, eben so wenig Rom, als hier die Decemvirn regierten: und ich sehe nicht ab, wie die Gewaltherrschaft des großen Haufens besser den Namen Gemeinwesen verdiene. Denn erstlich ist mir, wie eben du den Begriff trefflich aufgestellt hast, Scipio, eine Menschenmasse nur dann ein Volk, wenn es durch Uebereinstimmung des Rechts [durch ein Recht, worüber man übereingekommen ist] zusammengehalten wird: allein ein solcher Menschenhaufen ist eben so gut ein Tyrann, wie wenn er Einer wäre; und ein um so schlimmerer, weil es kein grimmigeres Unthier gibt, als eine Masse, die sich den Schein und Namen eines Volkes gibt. Es geht aber nicht an, da die Güter Wahnsinniger gesetzlich [413] unter der Gewalt von Verwandten stehen, weil dann ihr * * * [414]

[Lücke von acht Seiten]

34. * * * [415] angeben lasse, warum eine solche Verfassung ein Gemeinwesen, also Volkessache sey, wie bei'm Königthum angegeben worden? Und in noch weit höherm Grade, fiel *Mummius* ein: denn ein König läßt sich immer mit einem Herrn vergleichen, weil er Einer ist. Aber ein Staat, in welchem eine Mehrzahl von Guten das Ruder führt, muß nothwendig vor Allen beglückt seyn. Doch auf jeden Fall will ich ein Königthum noch lieber, als ein [ganz] selbstherrschendes Volk; denn von dieser dritten höchst fehlerhaften Staatsform hast du noch zu sprechen. [416]

35. Da erkenne ich, mein Spurius, fiel *Scipio* ein, deine Gesinnung, die der Volksherrschaft so abhold ist. Allein, wiewohl sich auch dieser Form eine freundlichere Seite abgewinnen läßt, als du daran erblickst, so gebe ich dir doch Recht, daß unter den angegebenen drei Formen diese den wenigsten Beifall verdiene. Darin bin ich jedoch nicht deiner Ansicht, daß die Optimatenregierung der königlichen vorzuziehen sey. Denn wenn die Weisheit es ist, die den Staat regiert, was verschlägt es denn, ob diese in Einer Person, oder in mehrern sey? Allein es tritt hier, indem wir hierüber uns aussprechen, eine Täuschung ein. Denn wenn man von einer Optimaten- [Besten-] Regierung spricht, so sieht es freilich aus, als ob es nichts Trefflicheres geben könne. Denn läßt sich etwas Besseres denken, als das Beste? Wird aber der Name König ausgesprochen, so tritt auch der Begriff von einem ungerechten Könige vor die Seele: es ist aber hier, wenn wir über einen Staat mit königlicher Verfassung Untersuchungen anstellen, von einem ungerechten Könige gar keine Rede. Denke dir deswegen nur einen Romulus, oder Pompilius, oder Tullus als König; vielleicht wirst du dich dann mit einer solchen Verfassung eher aussöhnen. *Mummius.* Was für ein Lob lässest du denn nun einer Volksregierung übrig? Nun, erwiederte *Jener,* scheint dir, mein Spurius, die Verfassung der Rhodier, [417] bei denen wir neulich mit einander waren, kein Gemeinwesen [Staat]? *Mummius.* Allerdings scheint sie mir eins, und zwar ein gar nicht verwerfliches. *Scipio.* Richtig gesprochen; allein, wenn du dich erinnerst, es waren dort alle Bürger zugleich vom Plebejer- und Senatorenstande, und es fand eine Abwechslung statt, in welchen Monaten Jeden die Verrichtungen eines Plebejers, und in welchen ihn die eines Senators trafen: in beiden Fällen erhielten sie eine gewisse Geldsumme für ihr Beiwohnen bei den Staatsverhandlungen; und im Theater und in der Curie urtheilten dieselben Männer über Criminalfälle und alle übrigen Angelegenheiten. [Der Senat] hatte dieselbe Vollmacht und galt gerade so viel als die Masse des Volks * * * [418]

[Große Lücke.]

36. Bruchstücke des dritten Buches, deren Stelle nicht nachzuweisen ist.

[– In *einzelnen* Menschen ist immer etwas Unruhiges, das entweder in sinnlicher Lust üppig aufwallt, oder von einer Kränkung niedergebeugt wird. – [419] *Nonius.*]

[– Die Phönicier haben zuerst durch ihren Handel und ihre Waaren Habsucht und Prachtliebe und unersättliche Begierde nach jeder Art von Besitz in Griechenland einheimisch temacht [420] *Nonius.*]

[– Sardanapallus, der üppige König der Assyrier, von welchem Tullius im dritten Buche vom Staate sagt: Jener Sardanapallus, durch seine Laster noch häßlicher als durch seinen Namen [421] – Schol. des Juvenal.]

[– Was soll also jene widersinnige Ausnahme bedeuten: es müßte nur Einer den Berg Athos vom Fuß auf zu einem Monument machen wollen? Denn welcher Athos oder Olympus ist so groß –

In folgenden Stellen gibt Augustinus großentheils mit Cicero's Worten den Inhalt des Schlusses unsers dritten Buches an:
(De Civ. Dei II, 21. XIX, 21.)

Ich werde mich am gehörigen Platze zu zeigen bemühen, und zwar nach den Bestimmungen Cicero's selbst, wie er den Scipio kurz auseinander setzen läßt, was ein Staat, und was ein Volk sey, wobei noch viele beistimmende Ansichten theils von ihm selbst, theils von Denen, die er in demselben Gespräche als Mitsprechende aufführt, vorkommen; daß jener Staat [Rom] nie ein [wahrer] Staat gewesen sey, weil nie in ihm wahre Gerechtigkeit statt fand. Nach mehr Beifall verdienenden Bestimmungen aber war doch gewissermaßen ein wirklicher Staat da, und zwar einer, der von den ältern Römern besser, als von den spätern, verwaltet wurde.

– Hier ist die Stelle, Das so kurz und deutlich als möglich auseinander zu setzen, was ich im zweiten Buche dieses Werkes weiter unten zu beweisen versprach, daß, nach den eigenen Bestimmungen des Cicero, die er den Scipio in den Büchern vom Staate aussprechen läßt, Rom nie ein [wahrer] Staat gewesen sey. Denn er sagt ganz kurz: ein Staat [res publica] ist Volkessache [res populi] u. s. w. [422] Ein Volk aber ist ein Verein einer Menschenmenge, die durch ein verabredetes Recht und gemeinschaftlichen Vortheil verbunden ist. Was er aber unter verabredetem Rechte [oder einem Rechte, worüber man übereingekommen ist] verstehe, erklärte er im Verfolge der Untersuchung, indem er zeigt, ein Staat könne ohne Gerechtigkeit gar nicht geleitet werden [gar kein Bestehen haben]: wo also keine wahre Gerechtigkeit stattfindet, da ist auch kein Recht möglich. Denn was nach Recht geschieht, geschieht doch wahrlich gerecht: was aber ungerecht geschieht, kann nicht nach Recht geschehen. Denn als Rechte darf man doch wohl unbillige Einrichtungen der Menschen nicht erklären und ansehen: da sie ja selbst erklären, Recht sey Das, was aus der Gerechtigkeit, als seinem Urquell, herfließe; und falsch sey, was von Einigen, die eine unrichtige Ansicht haben, gewöhnlich behauptet wird, nämlich Das sey Recht, was Dem, der überwiegende Macht hat, vortheilhaft ist. Demnach kann, wo nicht wahre Gerechtigkeit stattfindet, ein Verein von Menschen, die sich durch ein Recht verbunden haben, über das sie übereingekommen sind, nicht stattfinden, und folglich auch kein Volk, nach jener Bestimmung des Scipio oder des Cicero: und wo kein Volk ist, ist auch keine Volkessache, sondern die Sätze irgend einer Menschenmasse, die des Namens Volk nicht würdig ist. Daraus also, wenn ein Staat (res publica) Volkessache ist, [eine Menschenmasse] aber kein Volk ist, die nicht durch ein verabredetes Recht verbunden ist; ein Recht aber nicht ist, wo keine Gerechtigkeit ist: läßt sich ohne Zweifel schließen, daß, wo keine Gerechtigkeit ist, auch kein Staat ist. Gerechtigkeit ist ja die Tugend, die einem Jeden zutheilt, was ihm gebührt. –

Viertes Buch

Uebersicht des vierten Buchs.

Dieses fast ganz verloren gegangene Buch handelte ohne Zweifel von der Erziehung und der Charakter- und Sittenbildung der Staatsbürger. Auf den Inhalt selbst aber können wir nur vermuthend schließen. Eine ausführliche und schöne Abhandlung hierüber, deren Mittheilung aber zu viel Raum einnehmen würde, hat der erste französische Herausgeber. Hr. Villemain, verfaßt, deren deutsche Uebersetzung sich in der sonst ganz werthlosen Uebertragung unseres Werkes von Pierre (S. die Einleitung) findet. Für unsern Zweck mag eine Uebersicht des wirklich Vorhandenen und von A. M. Mitgetheilten genügen. Daß bei dem fragmentarischen Zustande dieses Buches auch in der Uebersicht wenig Zusammenhang seyn kann, ist natürlich.

Höherer Werth der Seele als des Leibes. Die Welt um des Menschen willen da (Cap. 1.). – Man thut nicht gut, an den Einrichtungen der Vorfahren zu rütteln, namentlich in Rücksicht auf die Erziehung der Jugend, wobei übrigens die Römische Verfassung wenig positiven Zwang auflegte (Cap. 2. 3.). Tiefe Begründung der Schamhaftigkeit und Sittsamkeit bei der Römischen Jugend in Vergleichung mit der Griechischen (C. 4.), welche zum Theil sogar zur Unsittlichkeit absichtlich erzogen wurde (Cap. 5.). Strenge Sittenzucht der Frauen in Rom (Cap. 6.). Empfehlung der Frugalität, der Redlichkeit im Umgange mit Andern, der Enthaltsamkeit (C. 7.). Von der Heiligkeit des Begräbnisses (C. 8.). – Die Poesie als Quelle des Sittenverderbnisses betrachtet (C. 9.). Tadel der Personalsatyre in der Attischen Komödie. Verbot in Rom, keinen Lebenden auf dem Theater weder zu loben noch zu tadeln. Verachtung der Schauspieler in Rom (C. 10.): Achtung der Schauspieler bei den Griechen (Cap. 11.). – Der über die Musik in diesem Werke ausgesprochene Tadel ist im Sinne Dessen gesprochen, dem er in den Mund gelegt wird, nicht im Sinne des Cicero selbst (Cap. 12.). –

Viertes Buch.

1. [– Weil denn die Rede auf den Leib und die Seele gekommen ist, so will ich, so weit meine schwache Einsicht reicht, ihr beiderseitiges Verhältniß zu entwickeln versuchen. Diesem Geschäfte glaube ich mich vorzüglich darum unterziehen zu müssen, weil M. Tullius, dieser Mann von ausgezeichnetem Talent, im vierten Buche seines Werkes vom Staate, Dieß zwar zu thun versucht, aber den reichhaltigen Stoff in einen sehr engen Raum zusammengezogen hat, indem er ihn nur flüchtig und oberflächlich behandelte. Und damit ihm ja keine Entschuldigung dafür bliebe, daß er diesen Punkt nicht gründlicher bearbeitet habe, hat er selbst die Erklärung von sich gegeben, es habe ihm weder an Willen dazu, noch an Sorgfalt dabei gefehlt. Denn im ersten Buche von den Gesetzen [C. 9.], wo er hierauf nur im Allgemeinen zu sprechen kam, sagt er: Meines Erachtens hat sich über diesen Punkt Scipio in den Büchern, die ihr gelesen habt, hinlänglich verbreitet. – *Lactant.* de opif. Div. 1.]

[– die Seele selbst, die in die Zukunft blickt, gedenkt auch des Vergangenen. – *Nonius.*]

[Trefflich sagt Tullius: Denn wenn schon kein Mensch lebt, der nicht lieber sterben wollte, als sich in irgend ein Thier verwandeln lassen, wenn er auch menschlichen Verstand behalten könnte; um wie viel elender ist es, bei menschlicher Gestalt eine thierisch gewordene Seele zu haben? Mir wenigstens scheint es um so viel elender, als die Seele höhern Werth hat, als der Körper. *Lactant.* Inst. V, 11.]

[Tullius sagt irgendwo, er glaube nicht, daß, was ein Widder für gut halte, auch für den P. Africanus ein Gut sey. *Augustin.* c. Jul. Pel. IV. 12.

[– und daß diese durch ihre Stellung [gegen die Sonne] Schatten und Nacht bewirke, die zur Abzählung der Tage dient und zum Ausruhen von der Arbeit. *Nonius.*] [423]

2. * * * Dank. Wie zweckmäßig sind nicht die Stände abgetheilt, die Stufen des Alters, die Klassen, die Ritter [der Ritterstand], welcher die [sechs [424]] Suffragien [Stimmen] hat, und aus

dem der Senat ergänzt wird: wiewohl bereits nur allzu Viele thörichter Weise diese nützliche Einrichtung aufgehoben zu sehen wünschen, die durch einen Volksbeschluß über Zurückgabe der [Ritter]pferde [den Plebejern] eine [scheinbare] Wohlthat erweisen wollen. [425]

3. Erwägt jetzt nun, wie weislich auch das Uebrige veranstaltet ist, um das Leben der Bürger in ihrem Vereine beglückt und ehrenvoll zu machen. Denn das ist die erste Ursache des Zusammentretens, und das ist der Vortheil, welcher den Menschen durch den Staatsverband zu Theil werden muß, nämlich theils durch Einrichtungen, theils durch Gesetze. Sie haben übrigens für die Erziehung der freigebornen Jugend (ein Punkt, über den die Griechen vergeblich [ohne Noth] sich viel den Kopf zerbrochen haben, und in welchem allein mein Gastfreund Polybius [426]unseren Staatseinrichtungen Nachläßigkeit Schuld gibt) absichtlich keine bestimmten Gesetze und Verordnungen gegeben, keine öffentlichen Anstalten getroffen, und überhaupt keine Gleichförmigkeit verlangt. Denn * * * [427]

[Lücke von wenigstens vier Seiten.]

[– dem Tullius zu Folge, welcher sagt, es sey Sitte gewesen, den Jünglingen, die das erstemal in's Feld zogen, für das erste Jahr Aufseher zu geben, unter deren Leitung sie standen. *Servius* zu Virg. Aen. V. 546.

4. * * * [428]daß ein mannbarer Jüngling sich entblöße. So tief wurde so zu sagen der Grund für Scham und Sittsamkeit gelegt. Wie widersinnig dagegen war die Uebung der Jugend in den Gymnasien [der Griechen]! wie werthlos [zucht- und sittenlos] jener Kriegsdienst der Epheben! [429]die Betastungen und Liebschaften [der angehenden Jünglinge], wie zügellos und wie frech! Ich übergehe noch, wie es bei den Eleern und Thebanern war, bei welchen in den Liebschaften der freigeborenen Jünglinge die Wollust in ihrer ganzen Frechheit erlaubt und freigegeben ist: haben doch selbst die Lacedämonier, indem sie in der Knabenliebe, die [eigentliche, förmliche] Schändung ausgenommen, Alles erlaubten, nur mit einer schwachen Scheidewand diese Annahme versehen [verzäunt]: denn Umarmungen und das Zusammenliegen gestatten sie: das heiße ich Vorhänge zwischen Thieren anbringen [um sie aneinander zu halten]. Da sagte *Lälius:* Ich merke recht gut, mein Scipio, daß du in Beziehung auf diese Griechischen Gewohnheiten, die du tadelst, lieber mit den berühmtesten Völkern, als mit deinem Plato, dich herumstreiten willst, den du nicht einmal berührst: besonders da * * *

[Mehr hat die Vatikanische Kirche von diesem Buche nicht.]

5. [– Dieß ging so weit, daß Cicero in seinem Werke vom Staat behauptet, es sey für die Jünglinge eine Schande gewesen, keine Liebhaber zu haben. – *Servius* zu Virg. Aen. X. 325 [430]

[– Nicht nur wie zu Sparta, wo die Knaben rauben und stehlen lernen – *Nonius.*] [431]

[– und unser Plato noch mehr, als Lykurgus, welcher haben will, es soll Alles so gemeinsam seyn, daß kein Bürger irgend Etwas als sein Eigenthum oder ihm gehörig ansprechen könne. *Ebd.*]

[ich aber [thäte] das mit demselben [Rechte], mit dem er [Plato] aus dem von ihm angesonnenen Staate den mit Kränzen geschmückten und von Salben duftenden Homer verweist. *Nonius.*] [432]

6. [– Das Urtheil des Censors bringt dem Verurtheilten fast nichts [Nachtheiliges], als Beschämung. Und weil denn [des Censors] ganzer Wirkungskreis sich um den [guten] Namen [der Beurtheilten] herumdreht, so heißt seine Ahndung Namensherabsetzung [ignominia]. *Ebd.*] [433]

[– Doch sollen anfangs die Bürger vor ihrer [der Censoren] Strenge gezittert haben. – *Ebd.*]

[– Die Frauen bedürfen keinen eigenen Schutzvogt, dergleichen man bei den Griechen zu ernennen pflegt; [434]es braucht nur ein Censor bestellt zu seyn, der die Männer lehre, die Frauen schonend zu behandeln. *Ebd.*] [435]

[– so großen Einfluß hat die Anerziehung der Sittsamkeit: [bei uns] müssen sich alle Frauen berauschender Getränke enthalten. *Ebd.*] [436]

[– war eine Frau [deswegen] berüchtigt, so versagten ihr sogar die Verwandten den [Begrüßungs-]Kuß. *Ebd.*] [437]

7. [– ich finde es unschicklich, daß die Bürger einer Nation, welche die Welt beherrscht, zugleich aller Welt Frachtfuhrleute [und Zolleinnehmer] seyen. Der beste Zoll [das beste Einkommen] in einer Familie und im Privatleben, wie im Staate und im öffentlichen Leben, ist die Sparsamkeit. *Nonius.*] [438]

[– bei einem hochgestellten Bürger und vornehmen Manne ist Schmeichelei, Prahlerei und Ehrsucht ein Zeichen von Charakterschwäche. *Ebd.*]

[– Wirf einmal einen Blick auf die Bücher vom Staate selbst, [und überzeuge dich,] daß es für Wohlgesinnte in der Sorge für das Vaterland kein Maß und Ziel gibt. Sieh, welch hohes Lob dort der Sparsamkeit und Enthaltsamkeit ertheilt wird, der Heilighaltung des ehelichen Bandes, und züchtigem, ehrbarem und sittlichem Betragen. *Augustin.* Ep. 201.]

8. [– nicht nur im Gehalt, sondern auch im Ausdrucke bewundere ich die zweckmäßige Wahl [bei den Zwölftafelgesetzen]. *wenn* [Nachbarn] *mit einander in Wortwechsel gerathen*, heißt es, [so gebe ihnen der Prätor drei Schiedsrichter.] Streiten Wohlwollende mit einander, so nennt dieß [das Gesetz] kein Processiren, wie zwischen Feinden, sondern nur Wortwechsel. – Und im Folgenden: Wortwechsel (jurgare) nennt also das Gesetz den Streit zwischen Nachbarn kein Processiren (litigare) – [439] *Nonius.*]

[– [unsere Staatseinrichtung beweist, daß unsere Vorfahren] die Gränzen der Sorgfalt für die Bürger [nicht blos] auf das Leben bis an sein Ziel beschränkten. Daher in dem Rechtsbuche der Oberpriester die Verordnung über die Heiligkeit des Begräbnisses. [440] *Nonius.*]

[– Haben doch [einmal die Athener ihre Feldherren nach der Schlacht bei den Arginusischen Inseln] unverdienterweise mit dem Tode bestraft, weil sie Diejenigen unbegraben gelassen hätten, die sie wegen der Heftigkeit des Sturmes aus dem Meere nicht einmal mehr hatten ausfischen können. [441] *Ebd.*]

[– in diesem Zwiste habe ich nicht die Partei des Volkes ergriffen, sondern die der Guten [der Optimaten, oder der wahren Vaterlandsfreunde]. *Ebd.*]

[– nicht leicht ist es, einem kräftigen Volke Widerstand zu leisten, wenn man ihm entweder gar kein Recht läßt, oder zu wenig. – *Priscian.* XV, 1. 20.] [442]

9. [– was hilft der [leidenschaftliche] Ausruf des Cicero, welcher, wie er auf die Dichter zu sprechen kommt, sagt: kommt ihnen gar noch der [Beifalls-]Ruf des Volkes zu Hülfe und dessen Billigung (das für sie ein gar großer und weiser Kenner ist): wie benebeln sie dann [den Geist]! was jagen sie für Schrecken ein! wie entflammen sie die Begierden! – *Augustin.* de Civ. Dei II, 14.]

[– Cicero erklärt, er würde, und könnte er auch seine Lebenszeit doppelt durchlaufen, doch keine Zeit finden, die Lyriker zu lesen. *Seneca* Ep. 49.]

10. [– wie Scipio bei'm Cicero sagt. Da [unsere Vorfahren] die Schauspielkunst und das ganze Bühnenwesen für etwas Herabwürdigendes hielten, so wollten sie, daß alle sich damit abgebenden Leute nicht nur den übrigen Bürgern nicht gleich geachtet, sondern sogar durch censorische Ahndung aus ihrer Tribus ausgeschlossen werden sollen. [443] *Augustinus* de Civ. Dei II. 13.]

[Was aber die alten Römer davon gehalten haben, davon legt Cicero in den Büchern vom Staate ein Zeugniß ab, wo Scipio sich so vernehmen läßt: Nie hätten die Schändlichkeiten der Comödien den Beifall der Zuschauer gewinnen können, wenn sie nicht im täglichen Leben geduldet würden. Die ältern Griechen beobachteten doch bei ihrer verkehrten Ansicht noch eine Art von Schicklichkeit, da bei ihnen sogar ein förmliches Gesetz bestand, daß die Comödie, Was sie nur wollte und über Wen sie nur wollte, namentlich sich auslassen dürfe. [444] Aber (so drückt sich Africanus in demselben Werke aus): Wen hat die Comödie nicht angetastet? oder vielmehr, Wen hat sie nicht mißhandelt? Wen hat sie geschont? Mochte sie immerhin heillose, bei'm Volke sich einschmeichelnde, Menschen, die im Staate Unruhen stifteten, einen Kleon, Kleophon, Hyperbolus angreifen. [445] Dagegen wollen wir noch Nichts einwenden (sagt er), wiewohl es immer besser ist, daß solcher Bürger Treiben vom Censor, als von einem Dichter geahndet werde: allein daß Perikles, nachdem er in seinem Vaterlande mit dem größten Ansehen schon eine Reihe von Jahren in Krieg und Frieden die Staatsgeschäfte geleitet hatte, mit Versen angegriffen, und diese auf der Bühne hergesagt worden, das war eben so unziemlich, als wenn bei uns Plautus oder Nävius den Publius und Cnäus Scipio, [446]oder wenn Cäcilius den Marcus Cato hätte schmähen wollen. Dann weiterhin sagt er: unsere zwölf Tafeln dagegen, die nur für sehr wenige Vergehen die Todesstrafe bestimmten, ordneten diese doch auf den Fall an: wenn Jemand einen Gesang oder ein Lied machen würde, das einen Andern um seinen guten Namen oder seine Ehre brächte. [447]Ein treffliches Gesetz. Denn die Lebensführung [der Bürger] muß dem Urtheile der Gerichte und den gesetzlichen Untersuchungen der Staatsbeamten unterworfen seyn, nicht den witzigen Köpfen der Dichter, und darf sich keinen Vorwurf gefallen lassen, wenn man nicht ermächtigt ist, darauf zu antworten und sich gerichtlich zu vertheidigen. – Dieß habe ich absichtlich aus dem vierten Buche des Cicero vom Staate ausgehoben, und zwar wörtlich, mit ganz kleinen Veränderungen oder Auslassungen, des leichtern Verständnisses wegen. Er kommt dann auf etwas Anderes, und schließt die Stelle so, daß er darthut, die alten Römer haben es nicht geduldet, daß auf der Bühne ein Lebender entweder gelobt oder getadelt werde. *Augustin.* de Civ. Dei II, 9.]

11. [– die Comödie, sagt Cicero, ist eine Nachahmung des Lebens, ein Spiegel des Umgangs, ein Nachbild der Wahrheit. *Donat.* de Com. et Trag. p. 57.]

[– [Bei den Griechen standen die Schauspieler in besserer Achtung:] denn, was Cicero in demselben Buche vom Staat erwähnt, der Athener Aeschines, ein berühmter Redner, war als Jüngling in Tragödien als Schauspieler aufgetreten, und wurde doch nachher ein bedeutender Staatsmann: [448]Aristodemus aber, gleichfalls ein tragischer Schauspieler, wurde von den Athenern mehrmals in Angelegenheiten, die Krieg und Frieden betrafen, als Gesandter zum Philippus geschickt. *Augustin.* de C. D. II. 10.]

12. [– Denn es ist weder jede Ergötzung zu tadeln, noch ist diese [eigentlich] der Zweck der Musik, sondern die jedesmalige Wirkung auf das Gemüth; der vorliegende Zweck aber die Beförderung der Tugend. Dieses aber ist Vielen verborgen geblieben, unter andern Demjenigen, der in dem Werke des Römers Cicero über den Staat das dort gegen die Musik Vorgebrachte ausspricht. Denn ich möchte nicht sagen, dergleichen Behauptungen seyen von ihm [dem Cicero] aus *seinem* Sinne gesprochen. Wie ließe sich wohl behaupten, daß er die Musik schmähe, und als eine heillose Kunst tadle, sie, welche die Tugenden und Mängel der Harmonieen und Rhythmen bestimmt; da er doch über den Tänzer Roscius, dessen ganze Geschicklichkeit in Nichts als einer würdelosen und werthlosen Rhythmik bestand, so außerordentlich entzückt war, daß er behauptete, er sey der Welt durch eine besondere Gnade der göttlichen Vorsehung geschenkt worden. Wollte indessen Jemand behaupten, er spreche in seinem Werke vom Staate seine eigene Gesinnung aus, in der Rede für den Roscius aber spreche er blos der Sache [seines Clienten] zu Liebe; so kann mir Niemand verwehren, dieselbe Behauptung gegen ihn umzukehren. Ohnedieß würde er hiedurch im gegenwärtigen Falle, ohne es zu wollen, sich als Redner mehr zum Tadel, als zur Empfehlung, diese Behauptung aufstellen; denn in Hinsicht der Auffindung der Wahrheit oder eines richtigen Urtheils verdient Der wenig Vertrauen, der in seinen Ansichten dem vermuthlichen augenblicklich günstigen Eindrucke, oder seiner einseitigen Vorliebe, anstatt den Grundsätzen der Wahrheit huldigt. Ich glaube aber, er würde auch die Redekunst nicht darum verwerfen, weil es unter den Rednern Welche gibt, die sich bestechen lassen: allein eben so wenig ist es der Kunst als Vorwurf anzurechnen, wenn einige Künstler, um dem großen Haufen zu gefallen, die Musik zu unedeln Zwecken mißbrauchen. Hatte doch auch ihr Vaterland zu den Zeiten des Numa und bald nach ihm, als das Volk noch weniger gebildet war, die Musik als Theil der Bildung, wie er selbst erklärt, da sie sowohl im Privatleben bei Gastmälern, als öffentlich bei allen religiösen Feierlichkeiten, die festliche Stimmung erhöhte. – Aus dem Griechischen des Aristides Quintilianus von der Musik II, p. 60-71 ed. Meibom.] [449]

Fünftes Buch

Uebersicht des fünften Buches.

Hier beginnt die Unterhaltung des dritten Tages, der gleichfalls eine Einleitung voranging, wo Cicero in eigener Person sprach. Das Buch ist aber nicht weniger verstümmelt, als das vorhergehende. Es wurde darin ohne Zweifel von dem Charakter eines Staatsmannes gesprochen, von der Bildung, die er sich erwerben müße, von seinem Benehmen u. dgl. Auch hierüber hat man eine ausführliche Abhandlung von Hrn. Villemain, die von Pierre a. a. O. verdeutscht ist. Wir geben hier blos eine Uebersicht des Vorhandenen und Zusammengestellten.

Roms Größe kann nur bestehen, so lange die Sitten der Vorfahren bestehen und geachtet werden. Der gegenwärtige Sittenverfall hat den Staatsverfall herbeigeführt (Cap 1.). Numa war, nach Sitte der alten Griechischen Könige, öffentlicher Richter in der Mitte des Volkes (C. 2.), – Für den Staatsmann ist Kenntniß der Gesetze und Rechte Mittel, nicht Zweck (C. 3.), – Er sucht zu bewirken, daß die Scham, nicht Furcht vor Strafe, von Uebertretung der Gesetze zurückschrecke (C. 4.). Ein geregeltes Familienleben ist Grundlage des Staatsglückes (C. 5.). – Glück der Bürger ist Ziel des Staatslenkers (C. 6.). – Sein Lohn ist Ehre und Ruhm; sein Charakter sey fest (C. 7.). – Beredsamkeit ziert ihn: aber ihr Mißbrauch schändet ihn (C. 8.). –

Fünftes Buch.

1. [– das war, als der Römische Staat nicht etwa nur bereits sehr verdorben und lastervoll, sondern so gut wie ganz aufgelöst war, [wenigstens] der Ansicht zu Folge, welche das Gespräch über den Staat ausdrückt, die von den bedeutendsten Männern jener Zeit geführt wurde. Wie denn auch Tullius selbst, nicht in der Person des Scipio, oder irgend eines Andern, sondern aus seiner eigenen Seele im Anfang des fünften Buches sich ausspricht, nachdem er erst einen Vers des Ennius vorausgeschickt hat, worin es heißt.

Aufrecht steht Roms Macht, nur durch Sitten und Männer der Vorzeit: [450]

einVers, sagt er, in welchem wegen seiner Kürze und Wahrheit der Dichter eine Art von Orakel ausgesprochen zu haben scheint. Denn weder die Männer, hätten nicht unter den Bürgern solche Sitten geherrscht, noch die Sitten, wären nicht solche Männer an der Spitze gestanden, hätten einen Staat gründen oder so lange aufrecht erhalten können, der sich zu einer solchen Höhe erhob, der so verdient und in so großer Ausdehnung seine Herrschaft ausbreitete. Darum lag es auch vor unserer Zeit in der Sitte unseres Vaterlandes, ausgezeichneten Männern die Leitung anzuvertrauen, und die durch Rang hervorragenden Männer hielten denn auch wieder ihrerseits die alte Sitte und die Einrichtungen unserer Vorfahren aufrecht. Unser Zeitalter dagegen, auf das sich der Staat wie ein treffliches Gemälde, aber mit von Alter etwas verblichenen Farben, vererbt hatte, versäumte es nicht blos, es mit denselben Farben wieder aufzufrischen, die es ursprünglich gehabt hatte, sondern ließ es sich nicht einmal angelegen seyn, wenigstens die Zeichnung und gleichsam die äußersten Umrisse jenes Gemäldes zu erhalten. Denn wo ist noch eine Spur von den alten Sitten, durch die Roms Macht, wie der Dichter sagt, aufrecht stand? Sind sie doch so ganz in Vergessenheit versunken, daß man sie nicht blos nicht mehr übt, sondern sogar nicht mehr kennt. Und was soll ich von den Männern sagen? Eben weil es an Männern fehlte, sind die Sitten untergegangen: und über diesen großen Schaden müssen wir nicht blos Rechenschaft ablegen, sondern eigentlich, wie eines todeswürdigen Verbrechens Angeklagte, gewissermaßen uns vor Gericht stellen und verantworten. Denn durch unsere Verdorbenheit, nicht durch einen Unglücksfall, ist es dahin gekommen, daß unser Staat [unsere Verfassung] zwar dem Namen nach noch besteht, aber dem Wesen nach längst verloren ist. Dieses Geständniß legt Cicero lange nach dem Tode des Scipio ab, den er in seinem Werke über den Staat redend eingeführt hat. – *Augustin.* de Civ. Dei II, 21. [451]]

2. * * * [452]Nichts sey eines Königs so würdig, als die Auseinandersetzung Dessen, was der Billigkeit gemäß ist, und dazu gehörte die Erklärung über Recht und Unrecht, weil die einzelnen Bürger ihre Rechtsstreitsachen den Königen zur Entscheidung vorlegten. [453]Aus diesem Grunde wurden auch dem Könige ausgedehnte und ergiebige Ländereien als Eigenthum angewiesen, die er als Ackerfeld, Baumpflanzungen und Weideplätze brauchen konnte, [454]und die angebaut wurden, ohne daß die Könige selbst dabei Arbeit und Mühe hatten, damit keine Sorge für ihre Privatgeschäfte sie von den Angelegenheiten ihrer Völker abziehen möchte. Auch war überhaupt kein Privatmann Entscheider oder Schiedsrichter in einer Streitsache; sondern Alles wurde in den Gerichtssitzungen der Könige entschieden. [455]Besonders scheint mir unser Numa auf dieser alten Sitte der Griechischen Könige gehalten zu haben. Denn die Uebrigen, wiewohl sie auch dieses Amt verwalteten, führten doch großentheils Kriege, und bildeten das Kriegsrecht [vorzugsweise] aus. Jener langedauernde Friede aber unter Numa war für diese Stadt die Quelle des Rechts und der Religion: auch würde er wohl Gesetze verfaßt haben; und ihr wißt, daß noch welche [von ihm] vorhanden sind: überhaupt die Eigenschaft des Staatsbürgers, von dem wir sprechen * * *

[Lücke von unbestimmbarer Größe.]

3. [Doch muß er, wie ein guter Hausvater, Etwas vom [Acker-]Bau, Bauwesen und Rechnen verstehen – *Nonius*.]

* * * *Scipio.* [Wenn ein Gutsverwalter sich bemüht, die Natur der Wu]rzeln und Sämereien kennen zu lernen, wirst du Das mißbilligen? *Manilius.* Keinesweges: wenn er nur sonst das Seine thut. *Scipio.* Meinst du, jenes sey das eigentliche Geschäft eines Verwalters? *Manilius.* Nichts weniger: es möchte darüber nur gar zu leicht die Sorge für den eigentlichen Anbau des Landes vernachläßigt werden. *Scipio.* So wie also der Verwalter die Natur des Bodens kennt, der Rechnungsführer mit der Buchführung umzugehen versteht, Beide aber sich nicht mit dem Genusse des Wissens begnügen, sondern dieses zu vortheilhafter Ausübung gebrauchen; so muß unser hier gezeichneter [Staats-]Lenker zwar bemüht gewesen seyn, das Recht und die Gesetze kennen zu lernen, ihre Quellen gründlich zu erforschen; aber er darf sich durch häufiges Beantworten einzelner Rechtsanfragen, durch Leserei und Schreiberei nicht in dem Geschäfte stören lassen, gleichsam der Rechnungsführer und Gutsverwalter des Staates seyn zu können; er sey des höchsten Rechts ganz kundig, ohne welches Niemand gerecht seyn kann; er sey des bürgerlichen nicht unkundig, aber so, wie der Steuermann der Sternkunde, der Arzt der Naturlehre: Beide bedürfen jene Wissenschaften zu ihrer Kunst; aber lassen sich durch sie von ihrem eigentlichen Geschäfte nicht abhalten [456]Darauf aber wird dieser Mann sehen * * *

[Lücke von unbestimmbarer Größe.]

4. * * * [– am besten befinden sich solche St]aaten, in welchen die bessern Bürger nach Lob und Ehre trachten, Unehre aber und Schande fliehen, [und wo sie] nicht sowohl durch Furcht und Strafe, die von den Gesetzen bestimmt ist, geschreckt werden, als durch die Scheu vor dem Unrecht, durch welches Gefühl die Natur dem Menschen eine Furcht vor nicht ungerechtem Tadel eingeflößt hat. Diese Scheu vermehrte jener Lenker der Staaten [457]noch durch die [öffentliche] Meinung, und vervollkommnete sie durch Anstalten und bildende Angewöhnung, so daß die Scham die Bürger nicht weniger von Vergehungen abhielt, als die Furcht. Das Bisherige gehört nun zu [seinem] Lobe, und hätte sich noch ausführlicher und mit mehr Fülle des Ausdrucks darstellen lassen.

5. Zum Gebrauche aber und zur Anwendung im Leben dient besonders jene bestimmte Anordnung durch Veranstaltung förmlicher Ehen, durch die Bestimmung über gesetzliche Kinder, über die geweihten Sitze der Penaten und Familien-Laren, so daß [durch den Staatsverband] alle [Bürger] nicht nur gemeinschaftliche, sondern auch [Jeder] eigenthümliche Vortheile haben sollte, [458]und ein beglücktes Leben nur möglich war, wenn im Staate Alles in guter Ordnung ging, und ein [auf diese Weise] wohlgeordneter Staat sich im höchsten Grade beglückt fühlen mußte. Deswegen kommt es mir immer unbegreiflich vor, was denn für eine große Gelehr * * * [459]

6. [– Ich verwende deswegen alle Zeit auf die Erwägung des großen Einflusses eines solchen Mannes, wie ich ihn in meinem Werke, deiner Ansicht nach ziemlich gründlich, geschildert habe. Merkst du also, worauf nach meinen Grundsätzen jener Lenker des Staates alle seine Bestrebungen gerichtet haben muß? Denn so spricht im fünften Buche, denke ich, Scipio: So wie der Zweck des Steuermanns beglückte Fahrt, der des Arztes [Herstellung und Erhaltung der] Gesundheit, der des Feldherrn Sieg ist; so hat dieser Lenker des Staates das glückliche Leben der Staatsbürger zum Zwecke: daß es durch Macht gesichert, durch Wohlhabenheit behaglich, durch Ruhm verherrlicht, durch Tugend ehrenwerth sey: denn diese für die Menschen beglückendsten und wünschenswerthesten Erfolge sollen die Thätigkeit jenes Mannes krönen. *Cicero* ad Att. VIII, 11.]

[– preist doch auch selbst eure Literatur jenen Lenker des Vaterlandes, dem es mehr um das Wohl des Volkes zu thun ist, als um Durchsetzung seines Willens. *Augustin.* Epist. ad Nectar. 104.]

7. [– Tullius konnte Das nicht verhehlen, in demselben Werke, in welchem er über den Staat spricht, und zwar, wo die Rede ist von der Bildung eines Mannes, der an der Spitze des Staates stehen soll, von dem er sagt, er müsse durch Ruhm genährt werden: und im weitern Verfolge führt er an, seine Vorfahren haben viele außerordentliche und glänzende Thaten aus Begierde nach Ruhm verrichtet. – *Augustin.* de Civ. Dei V, 13.]

[– Tullius stellt in seinem Werke vom Staate den Satz auf: der an der Spitze des Staates stehende Mann müsse durch Ruhm genährt werden, und so lange stehe der Staat fest, als Jenem von Allen Ehre erwiesen werde. – Petr. Pictav. Epist. ad calumn. Bibl. PP. Lgd. T. XXII. p. 824.] [Das nächste Bruchstück bleibt als unverständlich weg.]

[– diese Tugend nennt er Tapferkeit; in ihr ist begriffen Seelengröße und erhabene Verachtung des Todes und des Schmerzens. *Nonius.*]

8. [– Marcellus [wird geschildert] als feurig und kampflustig: Maximus als besonnen und bedächtlich ⁴⁶⁰*Ebd.*]

9. [– der Lakonier Menelaus besaß eine gewisse Anmuth durch die Lieblichkeit des Ausdrucks – [Ein Lenker des Staats] befleißige sich der Kürze im Vortrage. – *Seneca* bei'm Gellius XII, 2.]

[– durch dergleichen ungehörige Künste, verlangt Tullius, soll sich ein gewissenhafter Richter durchaus nicht täuschen lassen. Er sagt nämlich: Da Nichts im Staate so unbestochen seyn muß, als die Stimmgebung und das Urtheil [die ausgesprochene Abstimmung]; so begreife ich nicht, warum Der, welcher beides durch Geld bestochen hat, Strafe verdient haben soll; Wer [dasselbe aber] durch Beredsamkeit thut, Lob davon trägt. Mir wenigstens scheint Der um so mehr Schaden zu stiften, der durch seine Rede, als Der durch Geld den Richter besticht. weil einen verständigen Mann mit Geld Niemand bestechen kann, wohl aber durch Sprechen ⁴⁶¹Ammian. Marcellin. XXX, 4.]

[– diese Aeußerung des Scipio fand bei Mummius ganz besondern Beifall: denn er hegte eine wirklich übertriebene Abneigung gegen die Rhetoren. – *Nonius.*]

Sechstes Buch

Uebersicht des sechsten Buches.

Vom sechsten Buche bietet die Vaticanische Handschrift gar Nichts: aber gerade aus diesem Buche besitzen wir längst das vortreffliche Schlußstück, den Traum des Scipio, dessen Aechtheit, um die Zeit der Entdeckung der Vaticanischen Handschrift, von einem deutschen Gelehrten, [462] mit sehr schwachen Gründen angefochten worden ist, während die größten Gelehrten seit Wiederherstellung der Wissenschaften sich seiner als einer herrlichen Reliquie eines schönen und edeln Geistes erfreut haben. Auch über dieses Buch und dessen muthmaßlichen Inhalt hat Hr. Villemain eine schöne Abhandlung geschrieben, die am angeführten Orte übersetzt ist. Das sechste Buch mag die Unterhaltung über das Ideal eines großen Staatsmannes fortgesetzt und vollendet haben, auch scheint darin von seinem Benehmen bei Bürgerzwist und innern Unruhen die Rede gewesen zu seyn. Folgendes ist die Uebersicht des Inhalts der noch übrigen Bruchstücke.

Der Staatsmann. Volksunruhen (C. 1. 2.). Der Traum des Scipio ist eine Nachbildung des Schlusses der Platonischen Republik, wo ein Pamphylier, Namens *Er*, über das Leben nach dem Tode berichtet (C. 3.). Plato's Erzählung nennt Cicero ein Phantasiespiel (C. 4. 5.): setzt aber durch eine ähnliche Dichtung nach gelungener Vertheidigung der Gerechtigkeit durch einen religiösen Blick nach jenseits in dem Traume des Scipio seinem Werke die Krone auf (C. 6.). Einwendungen der Epikureer gegen Plato's Fiction, die mittelbar auch die des Cicero trifft. (C. 7.). Die Tugend findet ihren Lohn theils in sich, theils jenseits. Uebergang auf den Traum (C. 8.). Scipio's Besuch bei Masinissa in Afrika (C. 9.). Dort erscheint ihm des Nachts im Traume der ältere Scipio Africanus (C. 10.); zeigt ihm Karthago, verkündet ihm seine künftigen Thaten, und die Gracchischen Unruhen (C. 11.); zuletzt den ihm von den Händen seiner Verwandten drohenden Tod (C. 12.); deutet ihm aber zur Ermuthigung höhern Lohn an (C. 13.); belehrt ihn, was wahrhaft Leben sey, und wo (C. 14.), ermahnt ihn aber, nicht über der Sehnsucht nach jenseits das Erdenleben wegzuwerfen, oder darin seine Pflicht zu vernachlässigen (C. 15.); zeigt ihm den Sitz der Seligen (C. 16.); belehrt ihn über die Einrichtung des Weltgebäudes und des Planetensystems (C. 17.); über die Harmonie der Sphären (C. 18.); läßt ihn die Kleinheit der Erde und die Beschränktheit des Erdenruhms betrachten (C. 19.); zeigt ihm den kleinen Erdstreif, auf dem die Menschen sich breit machen (C. 20.); deutet auf die Kürze des Erdenruhms wegen öfterer Erdrevolutionen (C. 21.); und daß sich der Ruhm auf keinen Fall rückwärts, und auch vorwärts nicht einmal auf *ein* (Welt-) Jahr erstrecke (C. 22.); heißt ihn über den Erdenruhm hinaus auf den wahren Ruhm blicken (C. 23.); belehrt ihn von der Unsterblichkeit der Seele (C. 24.), die er aus der Natur derselben darthut (C. 25.); und endlich, wie er hier leben müsse, um dort eine erwünschte Stelle zu gewinnen (C. 26.).

Sechstes Buch.

1. *Vorsicht* [prudentia] also, verlangst du, soll eine Haupttugend dieses Staatslenkers seyn, die eben diesen Namen vom Vorsehen [ex providendo] erhalten hat. *Nonius.*]

[– darum rüste sich ein solcher Bürger so, daß er stets gegen Dasjenige, was das Bestehen des Staates erschüttern will, gewaffnet sey. *Nonius.*] [463]

[Bei einem Bürgerzwiste, wann die Tüchtigen mehr vermögen, als die Masse, muß man meines Erachtens die Bürger nach ihrem innern Gehalte beurtheilen, nicht zählen. *Ebd.*]

[– denn die *Lüste*, diese lästigen Beherrscherinnen der Gedanken, überschreiten in ihrer Gewaltthätigkeit und Herrschsucht alle Schranken; und weil sie nie genug bekommen, und sich auf keine Weise sättigen lassen, so treiben sie Diejenigen, die sie mit ihren Lockungen entflammt haben, zu jeder frechen That. *Ebd.*]

2. [– und Dieß war um so auffallender, weil, da beide Collegen einerlei Sache hatten, sie doch nicht gleich verhaßt waren, sondern sogar die Gunst, in der Gracchus stand, den Haß [der Bürger] von seinem Collegen Claudius abwendete. *Ebd.* [464]]

[– denn unsere Vorfahren hielten sehr darauf, daß die Ehen recht fest und dauernd geknüpft seyen. *Nonius.*]

[– es gibt eine Rede des Lälius, die wir Alle in den Händen haben, [worin er sagt,] wie wohlgefällig den unsterblichen Göttern die [einfachen] Opfergeschirre der Hauptpriester, und, wie er dort schreibt, die Samischen Henkelbecherchen seyen. *Ebd.*]

3. [Indem Cicero, den Plato zum Muster nehmend, sein Werk vom Staate schrieb, hat er auch die Erzählung nachgebildet, die Plato von einem Pamphylier, Namens *Er*, macht, [465] der, nachdem er schon gestorben und auf dem Scheiterhaufen gelegen war, wieder auflebte, und viele bisher ganz unbekannte Dinge aus der Unterwelt erzählte; er hat aber nicht, wie Plato, eine mährchenhafte Erdichtung angewendet, sondern einen geistreich ausgedachten und vernünftiger Weise wohl denkbaren Traum ersonnen, und damit auf eine feine Art angedeutet, daß, was von der Unsterblichkeit der Seele und vom Himmel gesagt werde, nicht bloß Einfälle träumender Philosophen seyen, noch Mährchen, die keinen Glauben verdienen, und worüber sich die Epicureer lustig machen, sondern Vermuthungsschlüsse einsichtsvoller Männer. Er nimmt an, daß (der ältere) Scipio, der durch Ueberwindung der Karthager den Beinamen Africanus auf seine Familie gebracht, diesem (dem jüngern) Scipio dem Sohne des Paullus, die ihm von seinen Verwandten drohenden Nachstellungen und das vom Schicksal über ihn verhängte Lebensziel prophezeie, das nach einer untrüglichen und nothwendigen Berechnung in einen Zeitraum falle, wo er noch kein hohes Alter erreicht habe: und stellt den Satz auf, er werde in seinem sechs und fünfzigsten Lebensjahre, wo zwei [verhängnißvolle] Zahlen zusammentreffen, seine Seele, die dann ihre Bahn durchlaufen habe, dem Himmel zurückgeben, von dem er sie empfangen habe. – *Favonius Eulogius* Comm. ad Somn. Scip. p. 438. Graev..]

4. [Einige von uns [Christen], die wegen der trefflichen Sprache, und wegen mancher wahren Gedanken den Plato lieben, behaupten, er habe eine der unsrigen ähnliche Ansicht von der Auferstehung der Todten gehabt. Diesen Punkt berührt Tullius in seinem Werke vom Staate, so, daß er erklärt, er habe nicht sowohl etwas Wahres aufstellen, als ein Gedankenspiel geben wollen. Denn er nimmt an, es sey ein Verstorbener wieder zum Leben gekommen, und habe gewisse Dinge erzählt, wie sie eben mit Plato's Ansichten übereinstimmten. *Augustin*. de Civ. Dei XXII, 28.]

5. [In diesem Punkte hat besonders die Nachahmung [des Cicero] die Aehnlichkeit mit ihrem Original beobachtet, daß, da Plato am Schlusse seines Werkes einen Menschen, der schon gestorben schien, und wieder aufgelebt war, von dem Zustande der Seelen nach ihrer Trennung vom Leibe erzählen läßt, mit Beifügung einer nicht müßigen Beschreibung der Sphären oder Gestirne, von dem Scipio, den Tullius auftreten läßt, etwas ganz Aehnliches, was ihm als Traumgesicht vorgekommen sey, erzählt wird. – *Macrobius* in Somn. Scip.. I, 1]

6. [Es findet sich, daß Tullius diese Ordnung mit eben so viel Feinheit des Urtheils, als Geist beibehalten hat. Nachdem er in seinem Werke vom Staate für Friedens- und für Kriegszeiten [oder: für Privatleben und öffentliches Leben] den Beweis geführt hat, daß Gerechtigkeit im Staate obenan stehen müsse; hat er die heiligen Wohnsitze der unsterblichen Geister, und die Geheimnisse der überirdischen Räume an den Endpunkt und Gipfel des vollendeten Werkes gesetzt, [466] und damit angedeutet, wohin Diejenigen gelangen oder vielmehr zurückkehren müssen, welche den Staat mit Besonnenheit, Gerechtigkeit, Muth und Mäßigung geleitet haben. Aber jener Erzähler der Geheimnisse war bei Plato ein gewisser *Er* aus Pamphylien, ein Soldat, der an den in einer Schlacht erhaltenen Wunden gestorben zu seyn schien, und erst am zwölften Tage nachher, als nebst den andern Gefallenen ihm die letzte Ehre durch Verbrennung auf dem Scheiterhaufen angethan werden sollte, auf einmal sein Leben wieder bekam, oder wieder zu sich selbst kam, und, was er in den zwischen seinem ersten und zweiten Leben verflossenen Tagen gethan oder gesehen hatte, gleichsam ein öffentliches Zeugniß ablegend, den Menschen bekannt machte. Ob nun gleich Cicero bedauert, daß diese Dichtung von Unkundigen (als ob

er wüßte, wie sich die Sache wirklich verhalte) verspottet worden sey, wich er dennoch dem abgeschmackten Tadel, der nun eben einmal wirklich vorgekommen war, dadurch aus, daß er Den, der [jene Geheimnisse] erzählen sollte,. anstatt vom Tode, nur vom Schlafe, aufwachen ließ [467] *Macrob.*]

7. [Bevor wir nun die Worte des Traumes selbst vernehmen, müssen wir erst auseinander setzen, von welcher Art von Menschen Tullius angibt, daß Plato's Dichtung verspottet worden sey, oder er nicht fürchte, es möchte ihm Dasselbe widerfahren. Denn er will damit nicht auf den unwissenden Pöbel deuten, sondern auf eine Menschengattung, die die Wahrheit nicht erkenne, während sie sich mit Einsicht brüste, von denen bekannt sey, daß sie dergleichen gelesen, aber eine besondere Neigung zum Tadeln an sich haben. Wir wollen also angeben, Wer, nach ihm, einen so leichtsinnigen Tadel gegen einen so großen Philosophen ausgesprochen, und Wer von Jenen seine Beschuldigung sogar schriftlich hinterlassen hat u. s. w. Die ganze Partei des Epicurus, die sich immer auf gleichem Abwege irrend von der Wahrheit entfernt hält, und sich über Das mit Spott auslassen zu müssen glaubt, was sie nicht versteht, hat die heilige Schrift und die erhabensten und ernstesten [Geheimnisse oder Aussprüche] der Natur verspottet. Kolotes aber, der unter den Schülern des Epikurus besonders berüchtigt, und durch Geschwätzigkeit ausgezeichnet war, hat Das, was Jener hierüber mit ziemlicher Bitterkeit tadelnd ausgesprochen, sogar in einem Buche niedergelegt. Das Uebrige jedoch, was er mit Unrecht getadelt hat, da es auf den Traum, von dem unsere Betrachtung ausgeht, keinen Bezug hat, müssen wir hier übergehen: aber jener Wahrheitsverdrehung wollen wir zu Leibe gehen, die in ihrer Nichtigkeit dargestellt werden muß, weil sie sonst den Cicero wie den Plato trifft. Er sagt, ein Philosoph hätte keine Dichtung aus seinem Kopfe herausspinnen sollen, weil keine Art von Hirngespinst Denen gezieme, die sich für Wahrheitsforscher ausgeben. Denn warum, sagt er, wenn du uns belehren wolltest, wie die überirdischen Dinge beschaffen seyen, und was es mit den Seelen für eine Bewandtniß habe, ist Dieß nicht durch einen einfachen und unumwundenen, unser Gemüth ansprechenden Vortrag geschehen; warum hat im Gegentheil eine künstlich ersonnene Person [gleichsam Maske] und ein wunderlich ausgedachter, unerhörter Zufall, und ein aus der Luft gegriffener Schauplatz für die zu Hülfe genommene Erdichtung, selbst die Pforte zur Möglichkeit der Auffindung der Wahrheit, durch eine Lüge verunreinigt? Weil nun diese Vorwürfe, die eigentlich auf den Platonischen *Er* abgeschleudert werden, auch die Ruhe unseres träumenden Africanus in den Kreis ihrer Anschuldigung ziehen, so wollen wir seinem Andringen uns entgegenstellen, und seine nichtigen Gegenreden aus dem Felde schlagen. *Macrobius* a. a. O. I, 2.]

8. [Diese Veranlassung gab gerade dem Scipio die Aufforderung, seinen Traum zu erzählen, den er nach seiner eigenen Ansage lange Zeit verschwieg. Denn da sich Lälius darüber beschwerend herausließ, daß man dem Nasika zur Belohnung für die Ermordung des Tyrannen keine Ehrenbildsäulen im Namen des Staates errichtet habe, [468] erwiederte nach einigen andern Aeußerungen Scipio darauf Folgendes. »Indessen, wiewohl der Weise in dem Bewußtseyn edler Thaten selbst schon seinen herrlichsten Lohn findet, [469] so verlangt doch jene erhabenere Tugend nicht Bildsäulen, die mit eingegossenem Blei auf ihren Gestellen befestigt sind, [470] noch Triumphe, deren Lorbeerkränze verwelken, sondern dauerndere und frischer bleibende Belohnungen. Und welches sind denn diese? fiel Lälius ein. So laßt mich denn, erwiederte Scipio, weil wir bereits am dritten Tage unserer Ferien sind,« – u. s. w.: worauf er dann zur Erzählung des Traumes übergeht, und zeigt, daß jene Arten von Belohnungen dauernder und frischer bleibend seyen, die er im Himmel den guten Lenkern der Staaten vorbehalten gesehen habe. *Macrobius* a. a. O. I, 4.]

Scipio's Traum.

9. Als ich mit dem Consul Manius Manilius als dessen Kriegstribun bei der vierten Legion, wie ihr wißt, nach Afrika gekommen war, lag mir nichts dringender am Herzen, als den König Masinissa zu sprechen, der aus sehr begründeten Ursachen ein sehr warmer Freund unserer Familie

war. [471]Als ich zu ihm kam, umarmte mich der Greis unter Freudenthränen, blickte dann zum Himmel auf und sagte: Nehmt meinen Dank, du über Alles erhabene Sonne, und ihr übrigen Himmelsmächte, daß ich, ehe ich aus diesem Leben scheide, hier in meinem Königreiche und unter diesem meinem Dache den P. Cornelius Scipio sehe, dessen Name sogar mich wieder neu belebt; so unauslöschlich ist in meinem Gemüthe das Andenken an jenen trefflichen Mann und unbesiegbaren Helden eingegraben. Darauf fragte ich ihn nach dem Zustande seines Königreiches, er mich nach dem unseres Staates: und im gegenseitigen ausführlichen Austausche unserer Gedanken und Empfindungen verfloß uns jener Tag.

10. Darauf folgte ein mit königlicher Pracht zubereitetes Gastmahl, wobei wir unser Gespräch bis in die tiefe Nacht fortsetzten, und der königliche Greis von Nichts als dem Africanus sprach, und sich nicht nur aller Thaten, sondern auch aller Worte desselben erinnerte. Als wir uns getrennt hatten, um schlafen zu gehen, fühlte ich mich theils von der Reise, theils von dem langen Aufbleiben erschöpft, und fiel in einen ungewöhnlich tiefen Schlaf. Da erschien mir (ich glaube, es war eine Folge unserer Unterhaltung; denn gewöhnlich verursachen unsere Gedanken und Gespräche im Schlafe dann die Wirkung, die Ennius an sich erfuhr, indem ihm Homer vorkam, [472]über den er nämlich häufig im Wachen nachdachte und redete) [es kam mir, sage ich,] Africanus [vor], und zwar in der Gestalt, die mir mehr aus seinem Bilde, als aus meiner Erinnerung an seine Person, bekannt war. [473]Als ich ihn erkannte, schauerte ich zusammen. Da sagte er: Nur Muth gefaßt, mein Scipio, laß alle Furcht fahren, und behalte fest im Gedächtniß, was ich dir sagen werde.

11. Siehst du da drunten jene Stadt, die ich gezwungen habe, dem Römischen Volke zu gehorchen, und die jetzt die frühern Kämpfe erneut, und nicht ruhig bleiben kann? (bei diesen Worten zeigte er mir Karthago von einem erhabenen, sternenvollen, glanzbestrahlten und hellen Standpunkte aus:) die zu bekämpfen du jetzt kommst, da du eben den ersten Grad der Befehlshaberstellen bekleidest. [474]Diese Stadt wirst du nach zwei Jahren als Consul zerstören, und du wirst den Beinamen, den du jetzt noch blos erblich von mir hast, dir durch eigene Verdienste erworben haben. Wenn du dann aber Karthago zerstört, einen Triumph gehalten, und das Censoramt verwaltet hast, sodann als Legat nach Aegypten, Syrien, Asien, Griechenland wirst gekommen seyn, dann wirst du abwesend zum zweitenmale zum Consul erwählt werden, einen höchst wichtigen Krieg beendigen und Numantia zerstören. Dann aber, wenn du in dem [Triumph-] Wagen auf das Capitolium gefahren bist, wirst du den Staat durch die Umtriebe meines Enkels in Verwirrung antreffen. [475]

12. Da wird es Noth thun, Africanus, daß du dem Vaterlande das Leuchten deines Gemüthes, deines Geistes und deiner Einsicht zeigest. Aber gerade für jene Zeit sehe ich gleichsam einen gedoppelten Weg des Schicksalsganges. Denn wenn dein Lebensalter achtmal sieben wiederkehrende Sonnenumläufe wird vollendet, und diese zwei Zahlen, [476]deren jede, aber aus verschiedenen Gründen, für voll gilt, dem natürlichen Umlaufe gemäß die dir verhängte Summe [von Lebensjahren] werden vollzählig gemacht haben; dann wird auf dich und deinen Namen der Blick des gesammten Vaterlandes gerichtet seyn; auf dich wird der Senat, auf dich alle Vaterlandsfreunde, auf dich die Bundesgenossen, auf dich die Latiner schauen; du wirst der Einzige seyn, auf dem des Staates Rettung beruht: kurz: du wirst als Dictator das Vaterland [und seine Verfassung] wieder herstellen müssen, wenn du den frevelhaften Händen deiner Verwandten entrinnst. [477]Da that *Lälius* einen lauten Schreckensruf, alle Uebrigen seufzten tief auf; aber *Scipio* lächelte sanft und sagte. Ich bitte euch, weckt mich nicht aus meinem Schlafe: merkt auf, und vernehmet das Uebrige.

13. Aber damit du, Africanus, desto zuversichtlicher das Vaterland zu schützen unternehmest, so wisse: Alle, die das Vaterland erhalten, geschützt, vergrößert haben, finden im Himmel einen bestimmten ihnen angewiesenen Platz, wo sie in Seligkeit ein endloses Leben genießen sollen. Denn Nichts ist jenem höchsten Gott, der diese ganze Welt regiert, unter Allem, was auf Erden geschieht, wohlgefälliger, als Vereine und Verbindungen von Menschen, die Gleichheit der Rechte gesellt hat, und welche Staaten genannt werden; dieser Vereine Lenker und Erhalter kehren, nach ihrem Scheiden von dort, hierher zurück.

14. Da fragte ich, wiewohl ich, zwar nicht aus Furcht vor dem Tode, aber doch vor den Nachstellungen der Meinigen, einen Schauder gefühlt hatte, [ihn] dennoch, ob denn er und mein Vater Paullus, und Andere, die wir für gestorben annehmen, noch leben. Allerdings, erwiederte er, leben Diejenigen, die den Banden des Körpers, gleichsam wie einem Gefängnisse, entronnen sind: [478]was aber bei euch Leben heißt, das ist [eigentlich] der Tod. [479]Blicke nur auf, und sieh, wie dein Vater Paullus eben gegen dir herkommt. Als ich ihn erblickte, vergoß ich einen Strom von Thränen. Jener aber hemmte meinen Thränenerguß durch Kuß und Umarmung.

15. Sobald ich mein Weinen unterdrückt hatte, und wieder reden konnte, sprach ich: Verehrtester und bester Vater: weil denn Dieß hier das Leben ist, wie ich eben den Africanus sagen höre, was soll ich denn auf Erden weilen, warum nicht eilen, hierher zu euch zu kommen? Nicht so, erwiederte Jener. Denn wenn dich nicht der Gott, dessen Tempel dieses All ist, das du vor dir siehst, aus jener Gefangenschaft im Körper erst befreit hat, so kann dir der Zugang hierher nicht offen stehen. Denn Das ist die Bestimmung, mit der die Menschen zur Welt geboren sind, daß sie auf jener Kugel wirken und walten sollen, die du hier mitten in diesem Gesichtskreise erblickst, und welche Erde genannt wird: und es ist ihnen ein Lebenshauch mitgegeben worden aus jenen ewig flammenden Lichtern, die ihr Gestirne und Sterne nennt; welche rund und kugelgestaltig, von göttlichen Seelen belebt, ihre Bahnen und Kreisläufe mit wunderbarer Geschwindigkeit vollenden. Darum mußt du, mein Publius, und jeder Fromme, den Geist in der Umschränkung des Körpers lassen, und nicht ohne Geheiß Desjenigen, von welchem jener euch gegeben ist, aus dem Leben unter den Menschen scheiden, damit euch nicht der Vorwurf treffe, ihr seyet eurer Pflicht als Menschen, die euch von Gott angewiesen ist, entlaufen. Aber so, mein Scipio, wie dein Großvater hier, und wie ich, dein Vater, mußt du Gerechtigkeit üben und fromme Liebe: Tugenden, zu denen wir zwar gegen Eltern und Verwandte in hohem Grade verpflichtet sind, im höchsten Grade aber gegen das Vaterland. Das ist der Weg zum Himmel und zu dieser Versammlung Derjenigen, die ihr [Erden-]Leben bereits vollendet haben, und vom Körper entfesselt jenen Raum bewohnen, den du vor dir siehst.

16. (Es war Dieß ein Kreis, der in ganz hellweißem Glanze zwischen den [Sternen] Lichtern hervorschimmerte; den ihr mit einem den Griechen nachgebildeten Namen Milchstraße nennt: ein Raum, von dem aus betrachtet mir alles Uebrige herrlich und wunderbar erschien. [480]Es waren aber solche Sterne, die wir niemals von hier aus erblickten, und alle von einer Größe, die wir nie ahneten: und von diesen war der kleinste der, welcher, der äußerste im Himmelsraume, und der nächste an der Erde, von fremdem Lichte leuchtete. Die Kugelmassen der Sterne aber waren von einem Umfange, welcher den der Erde bei weitem übertraf. Die Erde selbst dagegen schien mir so klein, daß mir unser Reich, das gleichsam nur einen Punkt auf ihr einnimmt, nicht mehr der Rede werth schien.

17. Als ich nach dieser noch genauer hinsah, sagte Africanus zu mir: wie lange wird doch deine Seele an diesen Erdenklos gefesselt bleiben? Siehst du noch nicht, in welche heilige Räume du gekommen bist? Da hast du vor dir neun Kreise oder vielmehr [einander umschließende] Kugeln, in denen das ganze Weltall zusammen verknüpft ist. Der erste von diesen ist der Himmelskreis [das Firmament], der äußerste, der die übrigen alle umfängt, [481]er selbst der höchste Gott, der alle andern umschließt und zusammenhält [umfaßt, in sich faßt]; an ihm sind jene sich wälzenden ewigen Umläufe der Sterne befestigt. Tiefer als er stehen die sieben Kreise, welche sich rückwärts in einer dem Umschwunge des Himmels entgegengesetzten Richtung bewegen. Einen dieser Kugelkreise nimmt der Stern ein, den Die auf der Erde Saturnus nennen; auf ihn folgt der dem Menschengeschlechte Glück und Heil bringende leuchtende Ball, welcher Juppiters Stern heißt; dann der glutrothe und der Erde furchtbare, den ihr den Marsstern nennet. Unmittelbar unter ihm ungefähr den mittelsten Kreis nimmt der Sonnenball ein, das Oberhaupt, der Vorsteher und Ordner der übrigen Lichter, die Seele der Welt und ihr Maßgeber, eine Masse von solcher Größe, daß sie Alles mit ihrem Lichte beleuchtet und erfüllt. An sie schließen sich, wie ihr Gefolge, zwei Kreise an, die Bahn der Venus, und die des Merkurius; und im untersten Kreise dreht sich der von den Strahlen der Sonne beleuchtete Mond. Was aber unter diesem ist, ist Alles sterblich und vergänglich, außer den Seelen, die dem Menschen-

geschlechte durch der Götter Gabe verliehen sind; über dem Monde ist Alles ewig; denn der [Ball], welcher der mittelste ist und der neunte, der Erdball, ist unbeweglich und der unterste, [482]und ihm zu streben alle Massen mit ihrer Schwerkraft.

18. Als ich Dieß staunend anschaute, und mich endlich wieder gesammelt hatte, sprach ich: was ist das für ein gewaltiger und zugleich so entzückender Ton, der mein Ohr erfüllt? Das ist [der Ton], erwiederte Jener, der in ungleichen Zwischenräumen, die jedoch in regelmäßigen Verhältnissen genau berechnet von einander abstehen, zusammenhängend, durch den Schwung und die Bewegung der Kreise selbst bewirkt wird, und, das Hohe mit dem Tiefen ausgleichend, in gleichförmigem Gange abwechselnde Harmonieen hervorbringt. [483]Denn nicht tonlos kann der Schwung so gewaltiger Bewegungen seyn, und es liegt in dem Gesetze der Natur, daß der äußerste Kreis auf der einen Seite tief, auf der andern aber hoch tönt. Aus diesem Grunde schwingt sich jener oberste die Sterne tragende Himmelskreis, dessen Umdrehung rascher ist, mit hochtönendem durchdringend scharfem Klange; mit dem tiefsten aber, dieser Mondkreis, der unterste [von allen]. Denn die Erde, der neunte [Ball], rührt sich nicht, bleibt immer am äußersten [untersten] Ruhepunkte, und nimmt die Mitte der Welt ein. Jene acht Bahnen aber, von denen zwei, die des Mercurius und der Venus, gleichen Ton haben, bilden sieben nach Zwischenräumen sich unterscheidende Töne: [484]und diese Zahl ist fast der Knoten aller Dinge. Dieß haben denn kenntnißreiche Männer auf Saiten und im Gesange nachgebildet, und sich dadurch die Rückkehr an diesen Ort gebahnt, so wie Andere, welche mit ausgezeichneten Talenten während ihres Lebens als Menschen sich göttlichen Studien gewidmet haben. Von diesem Tone sind die Ohren der Menschen [immer] angefüllt und [darum für ihn] taub geworden: überhaupt ist kein Sinn stumpfer an euch, als dieser: so wie da, wo der Nil in der Gegend, die Katadupa heißt, von himmelhohen Gebirgen sich herabstürzt, das Volk, das in der Nähe [dieses Sturzes] wohnt, wegen des ungeheuren Getöses, des Gehörsinnes beraubt ist. [485]Aber dieser durch die gewaltigste Schwungbewegung der ganzen Welt erregte Ton ist so stark, daß ihn die Ohren der Menschen gar nicht fassen können, so wie ihr der Sonnenscheibe nicht gerade entgegensehen könnt, und euer Blick und eure Sehkraft durch ihre Strahlen überwältigt wird. Während ich Dieß mit Verwunderung vernahm, wendete ich doch meine Blicke von Zeit zu Zeit wieder auf die Erde.

19. Da sagte Africanus: ich merke wohl, daß du immer noch den Wohnsitz und die Heimath der Menschen betrachtest. Erscheint dir diese so klein, wie sie wirklich ist, so halte deinen Blick nur immer hierher, auf das Himmlische, gerichtet; und verachte jenes Menschliche [Irdische]. Denn welche Verherrlichung deines Namens kann dir das Gerede der Menschen, oder welchen wünschenswerthen Ruhm kann es dir verschaffen? Du siehst, wie wenig zahlreich und wie schmal die bewohnten Räume auf der Erde sind, [486]und wie selbst zwischen den bewohnten Erdflecken große öde Strecken liegen, und daß die Bewohner der Erde selbst nicht nur so von einander getrennt sind, daß die Einen von den Andern gar keine Nachricht bekommen können, sondern daß sie im Verhältniß zu euch theils schräg, theils queer, theils mit den Füßen euch entgegengekehrt auf ihrem Boden stehen, bei Denen berühmt zu werden ihr doch wahrhaftig nicht erwarten könnt. [487]

20. Du siehst aber, wie die Erde zugleich auch mit gewissen Gürteln umwunden und umgeben ist, und bemerkst, daß die beiden am weitesten von einander getrennten, die von beiden Seiten an die Scheitelpunkte des Himmels sich anstemmen, von Frost erstarrt sind, [488]daß aber der mittelste und größte Erdgürtel von der Sonnenglut ausgedörrt wird; und daß nur zwei bewohnbar sind; von denen jener südliche, dessen Bewohner ihre Fußsohlen den eurigen entgegenkehren, mit eurem Menschenstamme in gar keiner Berührung steht; die andere jener entgegengesetzten Zone aber, auf der nördlichen Erdhälfte, die ihr bewohnt, – da sieh nur, welch ein schmaler Theil mit euch in Verbindung steht. Denn der ganze Erdstreif, der von euch bewohnt ist, der an den Scheitelpunkten [489]schmal, an den Seiten hinaus [490]ausgedehnter erscheint, ist im Grunde ein kleines Eiland, von dem Meere umflossen, das ihr auf der Erde das Atlantische, das große Weltmeer, den Ocean nennt, das aber, wie du siehst, für seinen so hochtönenden Namen klein genug ist. Und hat selbst von diesen angebauten und bekannten Ländern dein Name

oder der Name irgend Eines der Unsrigen auch nur über den Caucasus, den du da liegen siehst, hinübersteigen, oder über den Ganges dort schwimmen können? Und Wer wird gar vollends in den übrigen Theilen der äußersten Ostwelt und Westwelt, oder im entferntesten Norden oder Süden deinen Namen vernehmen? Und ist das Alles [für euch] weggeschnitten, dann begreifst du doch wahrlich, in welch engem Raume euer Ruhm sich breit machen will. Aber selbst Die, die von euch sprechen, wie lange werden sie wohl von euch sprechen?

21. Ja sogar, wenn jener Nachwuchs künftiger Geschlechter wirklich in aufeinander folgender Reihe den Preis eines Jeden von uns mit der von den Vätern ererbten Kunde auf die Nachwelt fortpflanzen wollte; so könnten wir doch wegen der Ueberschwemmungen und Verheerungen der Erde durch Feuer, [491] die immer nach bestimmten Zeitumläufen wiederkehren müssen, nicht nur keinen ewigen, sondern nicht einmal einen lange dauernden Ruhm gewinnen. Was gewinnst du aber damit, daß bei Denen, die später werden geboren werden, die Rede von dir seyn wird, da alle Diejenigen Nichts von dir sprachen, die vor dir gelebt haben? (Und das waren wahrlich nicht wenigere, und auf jeden Fall tüchtigere Leute:) besonders da selbst bei Denen, von welchen unser Name gehört werden kann, Keiner es dahin bringen kann, daß auch nur ein Jahr lang sein Andenken sich erhält.

22. Freilich rechnen die Menschen im gewöhnlichen Leben schon den Umlauf der Sonne, das heißt, eines einzigen Gestirnes, bis zu ihrem Wiedereintreffen an derselben Stelle, für ein Jahr; allein erst, wenn alle Sterne wieder an demselben Punkte stehen, an dem sie [zu einer gewissen Zeit] gestanden sind, und nach Verlauf einer langen Zeitfrist am ganzen Himmel dieselbe Stellung der Gestirne gegen einander wieder statt findet, dann kann man dieß erst mit Wahrheit einen Jahresumlauf nennen, der aber so viele Jahrhunderte der Menschen umfaßt, daß ich es kaum auszusprechen wage. [492] Denn wie z. B. in der Vorzeit einmal die Sonne ganz zu erbleichen und zu erlöschen schien, um die Zeit, als gerade des Romulus Seele zu diesen Räumen hier sich aufschwang; so wird dann, wenn einmal auf derselben Stelle und um dieselbe [Jahres- und Tages-] Zeit die Sonne wieder verfinstert wird, und zugleich alle himmlischen Zeichen und alle Sterne wieder an demselben Punkte wie damals stehen, [von welchem aus sie sich dann weiter in Bewegung setzten und umschwangen,] ein [eigentliches] volles Jahr zu rechnen seyn: aber wisse, daß von diesem Jahre [seit des Romulus Tode] noch nicht der zwanzigste Theil verlaufen ist.

23. Darum, gesetzt du gäbest die Hoffnung auf, hierher einmal zurückzukehren, wohin alles Streben großer und ausgezeichneter Männer gerichtet ist; wie hoch ist denn der Ruhm bei den Menschen anzuschlagen, der sich kaum über einen ganz unbedeutenden Theil eines Jahres erstrecken kann? Willst du also deinen Blick nach oben erheben, und diese Wohnungen und diese ewige Heimath vor Augen behalten; so laß dir nicht an dem Gerede des Volkes Alles gelegen seyn, setze nicht alle deine Hoffnung auf den Lohn, den dir Menschen gewähren können: laß dich die Tugend durch ihren eigenthümlichen Reiz zu Dem hinan heben, was wahrhaft Ehre bringt: was Andere von dir reden mögen, das laß du dahin gestellt seyn. Reden werden sie freilich. Aber all jenes Gerede beschränkt sich auf den engen Raum der Gegenden, den du hier siehst, und es ist noch überdieß nie über irgend Einen dauernd gewesen; vielmehr wird es mit dem Absterben der Menschen unmerklicher, und erstirbt endlich ganz in der Vergessenheit der Nachwelt.

24. Als er Dieses ausgesprochen hatte, erwiederte ich: Ja, mein Africanus, weil also den um das Vaterland wohl Verdienten gleichsam schon die vorgezeichnete Bahn zum Zugange in den Himmel geöffnet ist, so will ich denn, wiewohl ich von Jugend auf in meines Vaters und deine Fußstapfen getreten bin, und stets gesucht habe, euch Ehre zu machen, jetzt, da ich einen so hohen Lohn vor mir sehe, mit noch größerer Wachsamkeit [auf mich selbst] zu ihm emporstreben. Nun so strebe denn weiter, sagte er, und wisse, daß nicht du sterblich bist, sondern nur dieser Leib; denn nicht bist du es, den diese Leibesgestalt vor die Sinne stellt, sondern eines Jeden Seele ist sein Ich, und nicht die Figur, auf die man mit dem Finger zeigen kann. [493] So wisse denn, daß du ein Gott bist, wenn nämlich ein Wesen Gott ist, das lebt, empfindet, zurückdenkt, vorwärts in die Zukunft sieht, und eben so den Körper, über den es gesetzt ist, regiert, und lenkt und bewegt, wie jener höchste Gott diese Welt: so nämlich, wie die in

gewisser Hinsicht sterbliche Welt der ewige Gott in Bewegung erhält, so die ewige Seele den zerstörbaren Körper.

25. Denn was immer sich bewegt, ist ewig, [494]was aber ein Anderes in Bewegung setzt, und selbst wieder von anderswoher in Bewegung gesetzt wird, das muß, sobald seine Bewegung aufhört, auch zu leben aufhören. Nur also Das, was sich selbst bewegt, weil es nie von sich verlassen wird, hört auch nie auf, bewegt zu werden. Ja es ist sogar für andere Dinge, die bewegt werden, Quelle und Anfang [Ursache] der Bewegung. Der Anfangspunkt aber [die *Ur*ursache] hat keinen Ursprung; denn aus ihm entspringt ja Alles, er selbst aber kann seine Entstehung aus keinem andern Dinge haben; denn das wäre ja nicht der Anfangspunkt, was anderswoher entspränge; und entsteht er nie, so geht er auch nie unter. Denn ein untergegangener Anfangspunkt kann [könnte] weder selbst aus einem andern wiedergeboren werden, noch etwas Anderes aus sich hervorbringen: denn vom Anfangspunkte muß ja nothwendig Alles ausgehen. Es muß also der Anfangspunkt der Bewegung von Dem ausgehen, was in sich selbst die Ursache seiner Bewegung hat: das aber kann weder geboren werden noch sterben; sonst müßte nothwendig der ganze Himmel zusammenstürzen, und die ganze Natur stille stehen, und könnte gar keine Kraft bekommen, durch deren ersten Anstoß sie in Bewegung geriethe.

26. Da nun also klar ist, daß Das ewig ist, was durch sich selbst bewegt wird, Wer möchte läugnen, daß die Seelen ihrer Natur nach Wesen dieser Art seyen? Denn unbeseelt ist Alles, was durch einen Stoß von aussen in Bewegung gesetzt wird; Was aber lebend ist, das wird durch innere und eigene Bewegung angeregt: denn das ist die eigenthümliche Natur und Kraft der Seele. Ist sie aber unter Allem [was da ist] es allein, die sich selbst bewegt, so ist sie natürlich nicht entstanden, und ewig. Diese übe du denn in den edelsten Bestrebungen; die edelsten aber sind die Bemühungen um das Wohl des Vaterlandes. Mit diesen beschäftigt, und diese zum Ziele seiner Anstrengungen machend, wird die Seele schneller in diesen ihren Wohnsitz und ihre Heimath sich aufschwingen können. Und um so rascher wird sie Dieß thun, wenn sie schon, so lange sie im Körper eingeschlossen ist, hinausstrebt, und, was ausser ihr ist, betrachtend, so sehr als möglich vom Körper losreißt. Denn die Seelen Derjenigen, die sich den Lüsten des Körpers ergeben, und sich gleichsam zu dessen Diener hergegeben haben, und Die, wenn die Begierden sie stachelten, der Sinnenlust fröhnten, göttliche und menschliche Rechte verletzt haben, die schweben, wenn sie aus den Körpern heraus sind, immer noch um die Erde, [495]und kommen erst, nachdem sie viele Jahrhunderte umhergetrieben worden sind, hierher zurück. [496] – Er schied, und ich erwachte.

Bruchstücke, deren Platz sich nicht bestimmen läßt. [497]

[– in den Büchern vom Staate wird die Klugheit von Cicero Tugend genannt *Victorinus* prooem. ad 1. Rhet. Cic. p. 102. ed. Capperonnier.]

[– und wiewohl es höchst wünschenswerth ist, daß das Glück beständig in der höchsten Blüthe bleibe, so gewährt doch ein gleichförmig so fortlaufendes Leben nicht das starke [Wohl-] Gefühl, wie wenn sich das Glück aus hartem und verzweifeltem Zustande wieder zum Bessern umschwingt. – *Ammian. Marcellin.* XV. 5.]

[– ein Staat ist nichts Anderes, als eine einträchtige Menge von Menschen. *Augustin.* de Civ. Dei I. 15.]

[– Cicero nennt in seinen Gesprächen [vom Staate] die Afrer [d. i. Karthager] bundbrüchig. – *Scholiast des Crucquius* zu Horat. Od. IV, 8. 17.]

[– Fannius, es ist eine bedenkliche Sache, einen Knaben zu loben: denn nicht das Gewordene kann man an ihm loben, sondern nur das [gehoffte] Werdende. *Servius* zu Virg. Aen. VI, 877.]

[– dann faßt er die Verse des Ennius zusammen, besonders die, welche sich auf den Africanus beziehen:

  — — — dem weder Bürger noch Feinde

 Was er im Leben gethan, würdig zu lohnen vermocht.

Seneca Epist. 108.]

[– Es steht nämlich bei Cicero in demselben Werke vom Staate folgendes Epigramm:

»Ist je Einem vergönnt zu erklimmen der Himmlischen Räume

»Steht mir des Himmels Thor offen, und mir nur allein. [498]

Ebd.]

Fußnoten

1. Eine sehr gute, und von übertriebenem Lob und Tadel gleichweit entfernte, Schilderung der Verdienste Cicero's um die Philosophie haben wir neulich von Raphael Kühner erhalten: (M. T. C. in philosophiam ejusque partes merita. Hamb. 1825. 8.) eine gekrönte Preisschrift.

2. S. hierüber das 5te Buch des Ciceronischen Werkes vom höchsten Gut (De Finibus Bonorum et Malorum), besonders die Einleitung, und von den Pflichten III, 4.

3. Das gesteht er an mehrern Stellen, besonders aber im zweiten Buche von der Weissagung, C. 2.

4. S. Ep. ad Fam. VIII, 5. in einem Briefe des Cölius an Cicero.

5. S. Epp. ad Qu. Fr. II, 14. III, 5. ad Att. VI, 1. 2. 3. VII, 3. IV, 14. Tusc. IV, 1.

6. Er schrieb nämlich zu Cumä. Ad Qu. Fr. II, 14..

7. Ad Qu. Fr. I, 5.

8. Das schreibt ihm Cölius (ad Fam. VIII, 5).

9. S. Beier in der Leipz. Litztg. 1844. 5. S. 40.

10. Im 108ten Briefe.

11. In der Vorrede zu seiner Naturgeschichte.

12. In Exempl. Elocut. v. *avocat* und doleo .

13. Noct. Att. XII, 2. I, 22. VI, 16.

14. Suidas u. d. W. Τράγκυλλος; auch Ammian Marcellin. XXII, 16.

15. Jener in seinem Werke Institut. Divin. und in der Epitome; dieser vorzüglich in seinem Werke de Civitate Dei.

16. Im Leben des Alex. Sever. 29.

17. S. die angeführten Stellen des Suidas und Ammian. Marcellinus.

18. S. die Vorrede des A. Majo zu unserm Werke S. XVI. f. unserer Ausg. S. XXXIII. f.

19. Es ist der 87ste seiner Briefe.

20. Siehe VI, 21.

21. S. dessen Ep. Fam. VIII, 5. VII, 4. und ad vir ill. 1. u. 2..

22. Ganz täuschende Erwartungen hat die Schrift des Professors W. Münnich in Krakau (M. T. C. libri de Re publica, notitia Codicis Sarmatici facta illustrati quantumque fieri potuit restituti. 8. Gotting, 1825) durch ihren mehr als pomphaften Titel erregt.

23. Zuerst von Franc. Patricius und Car. Sigonius.

24. Das Werk heißt: De la république ou du meilleur gouvernement, ouvrage de Cicéron, retabli d'après les Fragmens et ses autres écrits, – avec des notes historiques et critiques et une dissertation sur l'origine et les progrès des sciences, des arts et du luxe chez les Romains, nouv. éd. avec deux dissertations nouvelles: par Mr. Bernardi. II Tomes. Paris 1807. 8.

25.   Ein Inventarium derselben vom Jahr 1461 hat der Professor Amadeus Peyon in Turin mit den 1824 in Tübingen bei Cotta erschienenen Fragmenten der Reden des Cicero pro Scauro, pro Tullio, in Clodium u. s. w. herausgegeben.

26.   S. Cicero de Orat. II, 67.

27.   S. Cicero von der Natur der Götter III, 32. II, 5. Briefe an seinen Bruder Quintus II, 3. Rede für den Milo 7.

28.   S. Cicero's Brutus (de Clar. Orr.) 21.

29.   S. Valer. Maxim. III, 7. 5. Cic. Brut. 28. vom Staate I, 11.

30.   S. Cic. Paradox. VI. Traum des Scipio 1. Brutus 28. und 27.

31.   S. Cicero im Brutus 25. vom Redner VI. 67. von der Freundschaft 19. 27.

32.   S. Cic. v. d. Freundsch. 27. 11. Brut. 31. Rede f. den Murena 36. Tacitus Ann. XVI, 22. Gellius I, 22.

33.   Cic. v. d. Freundsch. 27. Vom Staate I, 8. 11. Briefe an Att. IV, 16., vom Redner I, 53. Brut. 29. Rede für den Balbus 13., von der Natur der Götter III, 32, Rede für den Font, 13., für den Rabirius Posth. 10.

34.   Cic. von der Freundsch. 1. Briefe an den Att. IV, 16.

35.   Cic. Brut. 26. vom Redner II, 67. Briefe an den Att. XII, 5.

36.   An sen. sit gerend. resp. cap. 27. Ed. Hutten. T. XII. p. 135.

37.   Um einen Anknüpfungspunkt zu haben, denke man sich ungefähr Folgendes als vorausgegangen: »So angenehm es Manchem scheinen mag, sich, dem Lebensgenusse oder dem Umgange mit den Wissenschaften zu Liebe, von der Theilnahme an der Verwaltung und Vertheidigung des Staates zurückzuziehen: so wenig verträgt es sich doch mit der Gesinnung und der Handlungsweise eines wahren Vaterlandsfreundes. Mögen es auch immerhin manche Griechische Philosophen nicht nur theoretisch gelehrt, sondern auch nach einer so bequemen Ansicht gehandelt haben: die großen Männer unseres Vaterlandes haben nie so gedacht; sonst hätten wir keinen Brutus gehabt, der den tyrannischen König stürzte, keine Decier, die sich im Kampfe für das Vaterland dem Tode weihten, keinen Camillus, der Italien von dem Einfall der Gallier befreite, keinen Curius, Fabricius, Coruncanius, die den Pyrrhus aus Italien verjagten, keinen Duellius u. s. w.« Zwei andere, weitläuftigere Ergänzungen hat Prof. C. Beier in Leipzig ausgedacht; eine deutsche in Seebode's Archiv für Philologie und Pädagogik I, 1, 3. S. 505, und eine, davon verschiedene Lateinische im Literaturblatt der allgemeinen Schulzeitung 1826. II, 31.

38.   C. Duellius (auch Duilius, Bellius, Bilius genannt) gewann die erste Seeschlacht gegen die Karthager im J. Roms 493. A. Atilius Calatinus war Consul im J. R.495., wo er die Karthager schlug, L. Cäcilius Metellus, Consul im J. R. 503, gewann die Schlacht bei Panormus (Palermo) gegen die Karthager.

39.   Cn. Cornelius Scipio Calvus und P. Cornelius Scipio, Beide Consuln, kamen in Spanien in einer Schlacht gegen die Karthager um, im J. R. 512.

40.   Q. Fabius Maximus, mit dem Beinamen Cunctator, stellte im J. R. 539. nach den verlornen Schlachten am Trasimenischen See und bei Cannä Roms Ehre wieder her.

41.   M. Claudius Marcellus schlug den Hannibal im J. R. 543. bei Nola.

42.   M. Cato, mit dem Beinamen Sapiens und Censorius, war Consul im J. R. 558. Censor 561. S. Cicero vom Alter C. 23.

43.   Xenokrates aus Chalcedon, Schüler des Plato, eine der Hauptstützen der alten Akademie vom J. 339. v. C. G. bis 314. Man hatte, nach Diogenes von Laerte IV, 2., von ihm auch ein Werk über den Staat.

44.   Ohne Zweifel aus den Annalen des Ennius, von denen wir 1825 (Lips. Hahn.) eine neue Ausgabe von E. Spangenberg erhalten haben, wo aber dieses Bruchstück nicht steht.

45.   Sehr überdrüssig aller öffentlichen Thätigkeit finden wir übrigens den Cicero in den Briefen an Atticus II, 5. und 16.

46.   Hierüber verbreitet sich Aristoteles in seinem Werke vom Staate III, 13.

47.   Ueber den Miltiades s. den Corn. Nepos I, 7. über den Themistokles denselben II, 9. und an diesen Stellen die Ausleger.

48.   Ueber den *Ahala*, der den nach dem Königsthrone strebenden Spurius Mälius niedergestoßen hatte, s. die (unächte) Ciceronische Rede Pro domo 32. und Livius IV, 21. Ueber den *Camillus* s. besonders Livius V, 31. f.; über *Nasica* den Aurel. Victor 64. und Valer. Max. V, 3.; über den *Popilius Länas, L. Opimius* und *Q. Cäcilius Metellus,* die wegen ihrer Strenge gegen die Gracchische Partei verbannt wurden, s. Cicero Catil. I, 2. Die Reden ad Quir. 3. pro domo 31. pro Sext. 67. pro Planc 28. f. in Pis. 39. pro Mil. 3. 30. über *Marius* Cicero vom Redner III, 2. Paradox. II, 1.

49.   Man denke allenfalls zur Vervollständigung der Periode: – – »und sich sonst noch andern Beschwerden unterziehen, sie sich wundern, daß ich mit Aufopferung meiner Ruhe mich dem Dienste meines Vaterlandes und der Beförderung seines Wohls mit Uneigennützigkeit gewidmet habe.« Wir bemerken hier ein für allemal, daß eine fehlende Seite in der Handschrift nicht mehr als 8, höchstens 10 Zeilen dieses Druckes beträgt.

50.   Zur Ergänzung kann folgende Stelle aus der Rede für den Piso dienen (C. 3.): »Als ich, spricht Cicero, bei Niederlegung meines Consulats die Kränkung erleben mußte, daß ein Volkstribun mir über meine Amtsverwaltung zu sprechen verwehrte, und mir nur den gewöhnlichen Amtsaustrittseid gestattete, da schwur ich unbedenklich, meiner Amtsthätigkeit habe es das Vaterland zu verdanken, daß unsere Stadt und unsere Verfassung noch aufrecht stehe. Da gab mir das gesammte Römische Volk die herrlichste Genugthuung, indem es in jener Versammlung mir, statt einer vorübergehenden Beglückwünschung, unsterblichen Ruhm dadurch zusicherte, daß es meinen so inhaltschweren Schwur einstimmig und einhellig nachschwörend bestätigte.« Vergl. Cicero's Briefe ad Fam. V, 2.

51.   Dieses, *wie gesagt,* muß sich auf eine in der vorigen Lücke verloren gegangene Aeußerung beziehen. S. übrigens die (unächte) Ciceronische Rede post. red. in sen. 14.

52.   S. hierüber die dritte und vierte Catilinarische Rede.

53.   S. seine Aeußerungen hierüber am Schlusse des vierten Briefes im 15ten Buche ad Fam.

54.   Nach einer andern Lesart: *Wogenergüssen.*

55.   Hierüber spricht Aristoteles im seinem Werke vom Staat VII, 2. Cicero an den Atticus II, 16. Vergl. auch de Fin. V, 4. IV, 2. 3. de Divin. II, 1. Acad. IV, 36.

56.   Ueber diesen Gegenstand s. das Buch des Seneca von der Standhaftigkeit des Weisen.

57.   S. Plato vom Staate I, p. 347. Steph.. Cic. von den Pflichten I, 21.

58. S. Sallust. Catil. 23. Plutarch im Leben des Cic. 11. f.

59. Darüber spricht Plato in seiner Republik VI, p. 487-489.

60. Vergl. Plutarch reip. ger. praec. IX. p. 189. (Im 12ten Theile der Hutten'schen Ausgabe).

61. Aehnliches Selbstlob ertheilt sich Cicero im Werke von den Gesetzen III, 6. 7. und in den Briefen ad Fam. VI, 6.

62. S. unsere Einleitung III, 7. überhaupt den ganzen Abschnitt über die in dem Werke mitsprechenden Personen.

63. Es war im J. Roms 625. vor Chr. Geb. 129. Die Latinischen Ferien wurden von Tarquinius Superb. dem Jupiter Latialis zu Ehren veranstaltet, und jährlich im April gefeiert. S. Nitschs Mythol. Wörterb. von Klopfer II, S. 141, Diese Unterhaltung fällt übrigens (nach dem 12. Cap.) in den Winter.

64. Es sind die Gracchischen Unruhen gemeint.

65. Vgl. Cic. von der Nat. d. Gött. II, 5.

66. Panätius aus Rhodus, ein Stoiker und Freund des Scipio. S. Cic. Acad. IV, 2. de Fin. IV, 9. ad Att. IX, 12. pro Mur. 31. Man hat über ihn eine eigene Schrift von van Lynden, einem Schüler Wyttenbachs (Lug. Bat. 1802.). Cicero hat sein Werk von den Pflichten nach ihm bearbeitet.

67. Dieß erzählt Cicero selbst Acad. I, 4. Tusc. V, 4. vergl. Valer. Max. III, 4. ext. 1. Diog. Laërt. II, 5. 6.

68. Dieß geschieht an mehrern Stellen der Platonischen Werke vom Staat und von den Gesetzen.

69. Ueber Plato's Reisen s. Cicero de Fin. V, 29. Tusc. I, 17. de Sen. 12.

70. Ueber den *Archytas* s. Jos. Navarro de Archytae Tarentini Vita atque operibus. 8. Hafniae 1820. über den *Philolaus* A. Böckhs Werk: Philolaus des Pythagoreers Lehren nebst den Bruchstücken seines Werkes. 8. Berl. 1819. über den *Timäus* spricht Cicero de Fin. V, 12.

71. Rutilius war nämlich mit dem Scipio vor Numantia. S. Appian Hisp. 88. Er schrieb auch ein Werk über den Numantinischen Krieg.

72. Also wenigstens 27 Jahre alt. Die Quästur bahnte den Weg in den Senat. S. über die Quästoren Creuzers Abriß der Römischen Antiquitäten. 8. Darmst. 1824. S. 160-168.

73. S. darüber Cicero von der Freundschaft XIX, 4.

74. Prudens . A. M. versteht diesen Ausdruck von seinen Kenntnissen in der Jurisprudenz. S. das folg. Cap. gegen das Ende.

75. Vergl. über diese Ansicht unsere Anmerkungen von Cic. de N. D. II, 55. 138. S. 442. der größern, und S. 163. der kleinern Ausg. Dann zum Cic. de Leg. I, 7. S. 55. f. Das. Turnebus S. 551, vgl. S. 758.

76. Scherzhafte Anwendung der prätorischen Formel: uti nunc possidetis, quo minus ita possideatis, vim fieri veto: bei Gaius IV, 160.

77. Nach unserer Textesänderung. Nach der Handschrift hieße es: »in der ich – Meister *bin.*«

78.   Cicero spricht öfters von ihm: z. B. Brut. 20. von der Freundschaft 2. und 6. pro Mur. 31. ad Fam. IV, 6. von seinen astronomischen Kenntnissen de Off. I, 6. de Sen. 14. bekanntlich ein sehr unterrichteter Mann, als man von einer ganz gleichen Erscheinung erzählte, S. Cicero de N. D. I, 25. Das. Wyttenbach S. 733. unserer größern Ausg. Vielleicht war es die unter den Consuln Ti. Sempronius Gracchus und M. Juventius Thalna im J. R. 591, von der Jul. Obsequens de Prodig. 12. spricht. und er sich gerade bei dem M. Marcellus, seinem vormaligen Mitconsul, befand, eine Sphäre [künstliche Maschine, die den Himmelslauf nachbildete] herbeibringen ließ, welche der Großvater des M. Marcellus nach der Eroberung von Syrakus aus der äußerst reichen und prachterfüllten Stadt mit nach Hause gebracht hatte, Ueber die Herrlichkeit von Syrakus spricht Cicero in Verr. Act. II. IV, 52. 117. ff. Ueber die Sphäre des Archimedes hatte Polybius in seinem 8ten Buche, das wir nicht mehr ganz haben, gesprochen. das einzige Stück von der unermeßlichen Beute, das er sich zueignete. Oft schon hatte ich von dieser Sphäre wegen des großen Ruhmes [ihres Verfertigers] des Archimedes sprechen hören, und verwunderte mich darum, als ich sie erblickte, nicht so sehr, zumal da jene Sphäre, welche derselbe Marcellus in dem Tempel der Tugend S. darüber Creuzer zu Cic. de N. D. II, 25. S. 297; ausführlicher de Rhoer. Otium Daventr. p. 226. bis 231. niedergelegt hatte, und die gleichfalls von Archimedes verfertigt ist, weit schöner war und allgemeiner gepriesen wurde. Allein als Gallus die Einrichtung des Werkes mit größter Einsicht auseinander setzte, drang sich mir die Ueberzeugung auf, daß jener Sicilier ein Talent besessen haben müsse, das fast über die Gränzen der menschlichen Geisteskraft hinausreichte. Gallus sagte nämlich, jene andere massive und volle Sphäre sey eine alte Erfindung, und es sey eine solche zuerst von Thales von Milet verfertigt worden: später seyen auf dieselbe, sagte er, vom Eudoxus aus Gnidus, S. von ihm Cic. von der Weiss. II, 42. Er war, nach Strabo 17. S. 1159, mit dem Plato dreizehn Jahre in Aegypten, und lernte dort besonders die Astronomie, wodurch er dann die Jahresberechnung der Griechen verbesserte. einem Schüler des Plato, die am Himmel schwebenden [eigentlich hangenden] Gestirne verzeichnet worden, dessen ganze Pracht und Gruppirung nach dem Vorgange des Eudoxus viele Jahre später Aratus nicht mit astronomischer Kenntniß, sondern politischer Gewandtheit in einem Dichtwerke geschildert habe. Diese [andere] Form einer Sphäre, woran die Bewegungen der Sonne und des Mondes zu sehen wären, nebst denen der fünf Sterne, die man Irrsterne oder gleichsam schweifende nenne, habe sich an jener massiven Sphäre nicht anbringen lassen; und in diesem Puncte sey die Erfindung des Archimedes so bewundernswürdig, weil er das Mittel ausgesonnen habe, wie eine und dieselbe Umdrehung bei so ganz ungleichen Bewegungen, die so verschiedenartigen und mannigfaltigen Bahnen halten und nachweisen könne. Vergl. Cicero Tusc. I, 25. Wie Gallus diese Sphäre in Bewegung setzte, fand sich, daß an jenen Metallreifen der Mond nach eben so viel Umdrehungen, als Tagen am [wirklichen] Himmel, der Sonne nachkam; dem zufolge dann sich auf der Sphäre gleichfalls Sonnenfinsternisse zeigten, und auch der Mond in den Schattenkegel zu stehen kam, den die Erde warf, wenn die Sonne in gerader Linie * * * Zur Ergänzung: »mit der Erde und dem Monde zu stehen kam.« In der Lücke mag die Erklärung des Philus über die Nebensonne enthalten gewesen seyn, auf die im Anfang des 17ten Capitels angespielt wird, und daraus kann Ammian. Marcellin. XX, 3. seine Erzählung geschöpft haben.
79 S. Cicero de N. D. I, 25. Das. Wyttenbach S. 733. unserer größern Ausg. Vielleicht war es die unter den Consuln Ti. Sempronius Gracchus und M. Juventius Thalna im J. R. 591, von der Jul. Obsequens de Prodig. 12. spricht.
80 Ueber die Herrlichkeit von Syrakus spricht Cicero in Verr. Act. II. IV, 52. 117. ff. Ueber die Sphäre des Archimedes hatte Polybius in seinem 8ten Buche, das wir nicht mehr ganz haben, gesprochen.
81 S. darüber Creuzer zu Cic. de N. D. II, 25. S. 297; ausführlicher de Rhoer. Otium

Daventr. p. 226. bis 231.

82 S. von ihm Cic. von der Weiss. II, 42. Er war, nach Strabo 17. S. 1159, mit dem Plato dreizehn Jahre in Aegypten, und lernte dort besonders die Astronomie, wodurch er dann die Jahresberechnung der Griechen verbesserte.

83 Vergl. Cicero Tusc. I, 25.

84 Zur Ergänzung: »mit der Erde und dem Monde zu stehen kam.« In der Lücke mag die Erklärung des Philus über die Nebensonne enthalten gewesen seyn, auf die im Anfang des 17ten Capitels angespielt wird, und daraus kann Ammian. Marcellin. XX, 3. seine Erzählung geschöpft haben.

79.   Scipio war in seinem 17ten Jahre mit seinem Vater Aemilius Paullus in Macedonien. S. Livius XLIV, 44. Es war im Jahre Roms 586.

80.   Vielleicht ist auch zu ergänzen: »zum großen Vortheil unseres Heeres.« Die Lücke läßt sich durch die ausführlichere Erzählung der Sache ausfüllen, die sich bei Livius XVII, 37., Plinius II, 12. Frontin. Strateg. I, 12. 8. Valer. Maxim. VIII, 11. 1. findet.

81.   S. Valer. Maximus a. a. O. extr. 1. Plutarch im Leben des Perikles XXXV. Polybius IX, 19. Thucydid. VII, 50. f. Quintilian I, 10.

82.   Darüber s. Thucyd. II, 28. Plin. I, 13. Amm. Marc. XX, 3.

83.   S. Diog. Laert. I, 1. 2. Plinius II, 12.

84.   Aus den Annalen des Ennius (einer Art von historischem Epos) IV, 20. S. Plutarch. im Leben des Romulus 27.

85.   S. über sie Turnebus zu Cic. von den Gesetzen I, 2. 6. S. 533. uns. Ausg. vgl. unsere Anm. S. 16.

86.   S. Cicero's Aeußerung in seinen Paradox. I. 2. 11.

87.   Vielleicht kann man, mit Rücksicht auf Scipio's Aeußerung C. 10., ergänzen: »daß gelehrte Forschungen der Art auch von Werth seyn, und auf sichere Resultate führen können?«

88.   In diese Lücke muß der Gedanke fallen, daß die im 10ten Cap. ausgesprochene Ansicht des Scipio, die Astronomen nehmen sich in ihren Behauptungen zu viel heraus, durch das Bisherige einigermaßen widerlegt sey. Da, wo der Text jetzt fortfährt, nimmt nun Scipio Veranlassung, von der Größe des Weltalls einen Blick auf die Kleinlichkeit der irdischen und menschlichen Verhältnisse zu werfen.

89.   Diesen Gedanken führt Cicero unten VI, 19. ff. weiter aus.

90.   Platonischer Gedanke, aus dessen Werk von den Gesetzen V, 742. aber gemildert. Von Scipio's Genügsamkeit spricht Cicero im Redner 70. Parad. 6, Polybius XXXII, 12. und Andere.

91.   S. über das Jus Quiritium Creuzers Römische Antiquitäten S. 243. Ueber den Schuldverband (nexus) s. Mayers Römische Alterthümer S. 339. f.

92.   Dasselbe sagt Cicero von den Pflichten III, 1.

93.   Bekannt ist eine ähnliche Aeußerung des Philosophen Bias bei Cicero, Parad. I, 2. 8. Vgl. Valer. Max. VII, 2. ext. 3.

94.   Nach Diog. Laert. II, 8. 4. hat es Aristippus gesagt.

95. Etwa so zu ergänzen: – »will ich tadeln, so hoch stehende und bejahrte Männer: sondern ich meine nur, unser junger Freund Tubero versteige sich etwas zu stark in diejenige Philosophie, die über die Erde hinaus will, und hätte zum Anfange der Unterhaltung nicht gerade jene Frage nach der Doppelsonne an dich [Scipio] thun sollen.«

96. Bei Ennius in den Annalen X, 5. Aelius Sextus war einer der Vorfahren des Tubero.

97. Der letzte Vers steht auch bei Cic. von der Weiss. II, 13.

98. Der Tragiker Pacuvius, Schwestersohn des Ennius, war aus Brundusium. *Zethus* war des Juppiter und der Antiope Sohn, und Bruder des Amphion. Ueber Beide s. Nitsch's Mythol. Wörterb, von Klopfer, unter deren Namen.

99. Cicero bringt die Stelle in seinen Werken öfters an. Vgl. Tusc. II, 1., vom Redner II, 37.

100. Er ist Sohn der Aemilia, der Tochter des Paullus, der Schwester des Africanus.

101. Nämlich eben den Africanus.

102. Ueber die Gracchischen Unruhen hat man eine Schrift von Hegewisch 8. Hamb. 1801. S. auch Heerens kleine Schriften I. S. 147.

103. Als Tib. Gracchus das Ackergesetz vorschlug, unterstützten es Appius Claudius, ein Mann vom höchsten Ansehen, sein Schwiegervater, ferner P. Crassus Mucianus und P. Mucius Scävola, dessen Bruder. S. Plutarch. im Leben des Gracchus 9. Cic. Acad. IV, 5.

104. Die Triumvirn zur Vollziehung des im J. R. 620. durchgegangenen Ackergesetzes waren Tib. und C. Gracchus und Appius Claudius Pulcher. Auf den Letztern folgte C. Papirius Carbo, auf den Tib. Gracchus folgte P. Crassus, und, als Dieser in einer Schlacht (Liv. Epit. 59.) gefallen war, M. Fulvius Flaccus. – Metellus ist Q. Cäcilius Metellus Macedonicus, Sein Verhältniß zu Scipio s. bei Cicero von der Freundsch. 21. – Ueber die Bundesgenossen und Latiner und deren Aufhetzung spricht Appian Bürg. Kr. I, 21. 23.

105. In dieser Lücke scheint eine Art von Ablehnung oder Weigerung von Seiten des Scipio enthalten gewesen zu seyn; worauf ihm denn Lälius, da seine Weigerung nicht ernstlich gewesen, sondern nur aus einer Art von Bescheidenheit hervorgegangen war, im Folgenden noch weiter zuspricht, und zwar in seinem und der Uebrigen Namen – Ein hier von A. Majo aus dem Nonius Marcellus eingefügtes Bruchstück lautet etwa so: » *Nun so laß denn deine Rede vom Himmel auf diese Erdenwelt herabsteigen.*«

106. A. M. fügt hier ein Bruchstück aus dem Grammatiker Diomedes ein, wo, wie es scheint, Scipio sagt: – »als ob ein Anderer nicht besser als ich, oder gar nicht, einen [Muster] Staat schildern könnte.«

107. Schon von seinem 18ten Jahre an benützte Scipio den belehrenden Unterricht des Polybius, S. Polyb. XXXII, 9. ff. Auch Panätius hatte über den Staat geschrieben. S. Cicero von den Gesetzen III, 6. Pausanias (VIII, 30.) erzählt, dem Scipio sey jede Unternehmung gelungen, wobei er dem Rathe des Polybius gefolgt sey: was er gegen dessen Rath gethan, sey ihm mißlungen.

108. Er meint den Theophrastus, den Stoiker Dio, den Dicäarchus, den Panätius, den Plato, den Aristoteles und den Heraklides Ponticus.

109. Von der Sorgfalt des Aemilius Paullus für die Erziehung seiner Kinder erzählt Plinius Nat. Gesch. XXXV, 11.

110. Nämlich in dem Hause seines Vaters und seines Adoptivvaters.

111.   Mehr berichtet über die Bildungsgeschichte des Scipio Vellejus Paterculus I, 13.

112.   Schwerlich möchte sich Dieß so finden, wenn wir auch Cicero's Werk ganz hätten. Sein Werk vom Staate mochte wohl den Platonischen Staat an Gehalt eben so wenig übertroffen, als seine Bücher von den Gesetzen die Platonischen unter gleichem Titel; wiewohl Cicero oft seine Leistungen neben und fast über die der Griechen stellt.

113.   So hatten es nämlich Aristoteles (Rep. I, 2. VII, 16.), und Polybius (VI, 6.) angefangen.

114.   Anspielung auf die Stoiker Zeno, Chrysippus und Kleanthes.

115.   Das Wortspiel res publica und res populi läßt sich nicht übersetzen.

116.   Die Periode ist leicht zu ergänzen: – » *sich der vereinzelte Mensch wohlbefindet.* « Die Lücke enthielt ohne Zweifel noch eine bestimmtere Auseinandersetzung der Ursachen des Zusammenlebens der Menschen und ihrer Vereinigung zu Völkern. Zur Ergänzung hat der erste Herausgeber eine Stelle aus Lactantius [Inst. VI, 10.] eingefügt, die aber, nach Orelli's richtiger Bemerkung, eigentlich Lucrezische Gedanken [aus seinem Gedichte von der Natur der Dinge V, 929-1159.] enthält. Ein anderes beigesetztes Stück aus Augustinus gibt keinen vollständigen Gedanken.

117.   Scipio sagt, Geselligkeit liege in der Natur des Menschen, und darin der Keim zur Staatenbildung, nicht aber in einer besondern Veranstaltung, oder einer gleichsam in Praxis gesetzten Theorie.

118.   Von diesen dreierlei Formen des Staates sprechen die Alten häufig: Plato Rep. VIII, v. d. Ges. III, 680 f. Aristoteles Rep. III, 7. ff. Tacitus Ann. IV, 33. u. andere Aeltere und Neuere, Hr. v. Haller (Restauration der Staatswissenschaft I, 20. 479 ff.) weiß Das besser, und nimmt nur zwei an: Einzelherrschaften und Vielherrschaften.

119.   Scipio ist so wenig als Cicero ein Freund der Volksherrschaft. Auf ähnliche Weise sagt ein Ungenannter bei Aristoteles (Rep. III, 7.): die Demokratie sey unter den guten Verfassungsformen die schlechteste, unter den schlechten die beste.

120.   Hierüber verbreitet sich Aristoteles ausführlicher: Rep. III, 10 ff. – Den Cyrus führt er hier an, weil Scipio Xenophons Cyropädie sehr liebte. S. Cic. an s. Br. Quintus I, 1. 8.

121.   Nach Orelli's Verbesserung der Interpunction.

122.   Die Massilier hielten sich schon von ihrer Gründung an die Römer. S. Justin. XLIII, 3 u. 5. Eine eigene Schrift (Hist. reip. Massil.) hat man von A. Brückner (4. Götting. 1826); auch eine frühere von J. C. Johansen (Veteris Massiliae res. 8. Kiliae 1817). Ueber die Clientschaften der Städte und Provinzen s. Creuzers Röm. Antiquitäten S. 92 f.

123.   Es war keine förmliche Aufhebung des Areopagus, von dem sich noch etliche Jahrhunderte später Spuren finden, sondern nur eine Beschränkung desselben durch den Pericles.

124.   Platonische Ansicht: V. d. Ges. III, 693.

125.   Der eherne hohle Stier des Phalaris ist bekannt. S. unten III, 30. 31. vgl. Cic. v. d. Pfl. II, 7.

126.   Man kann vielleicht ergänzen: »die verderblichen Umtriebe der Demagogen, die den Staat nach und nach dem Verfall und endlich dem Untergange entgegen führten.«

127.   Wir geben diese Ausfüllungsworte für Nichts mehr als einen Versuch, irgend einen Sinn hinein zu bringen; der aber gern einem bessern Platz macht.

128.   Das ist die Ansicht des Polybius VI, 3. Eine solche gemischte Verfassung war in Creta, in Sparta, in Karthago und, unter Solon, in Athen.

129.   Etwa: *zur Erkenntniß, in welchem Sinne du eine Mischung für wünschenswerth haltest.* Interessante Vergleichungen bieten dar Herodot III, 80 bis 82. Dionys. v. Halik. Archäol. II, 3. Wo Scipio hier fort fährt, führt er die Ansicht der Freunde der Demokratie an.

130.   Es ist vielleicht nicht überflüssig, zu bemerken, daß das Alterthum so gut wie gar keinen Begriff von einer constitutionellen Monarchie hatte.

131.   S. über Rhodus unten III, 35.

132.   Etwa: – » *sich nicht durch Verdienst emporschwingen könnte.*« Dieß war in Rhodus auch nicht immer gleich. Die Wechsel der Athenischen Verfassung kennt man.

133.   In diesem Sinne spricht Agrippa zum Octavianus für die Freiheit des Römischen Volkes bei Dio Cassius LII, 9. wogegen ihm Mäcenas räth, die Alleinherrschaft zu behaupten. Vielleicht hatte Dio unser Werk vor Augen.

134.   Das ist der Sinn des Verses, der auch im Werke von den Pflichten I, 8. vorkommt, Hier wird aber nicht von getheilter Herrschaft gesprochen, sondern der Gedanke erfordert, daß zwischen einem Despoten und einem unterdrückten Volke kein Vertrauen möglich sey. Dieser Sinn läßt sich aber nur mit großem Zwang aus den Worten des Ennius herausdrehen.

135.   Ohne Zweifel setzte er in der Lücke die Erörterung über den hohen Werth der Volkssouveränität und der Gleichheit der Rechte der Staatsbürger fort, Denn wo die Handschrift wieder fortfährt, ist er noch auf dieser Idee. Gedanken zur Ausfüllung bietet Dio Cassius LII, 4.

136.   S. Creuzers Symb. und Mythol. II, 498. Im Auszuge des Uebersetzers S. 401-405.

137.   Scharfen Tadel spricht gegen diese Verfassung aus Aristoteles Rep. II, 9. Xenophon dagegen erhebt sie in einer eigenen Schrift hierüber.

138.   In der Lücke mag vielleicht die Schilderung eines wahren Optimaten, der diesen Namen verdient, enthalten gewesen seyn.

139.   Ein ähnlicher Gedanke ist bei Sallust, Catil. 2.

140.   Und doch war selbst in Rom schon seit Servius Tullius der Einfluß der Reichen in den Centurienversammlungen und Abstimmungen überwiegend.

141.   Ausführliche Erörterungen dieser Ideen gibt Aristoteles Rep. III, 14-16.

142.   Ganz gleicher Gedanke mit Isokrates (Nikokles S. 36. ed. Lang.).

143.   Ansicht des Polybius V, 2.

144.   Aehnlich, aber mehr ausgeführt, ist die Ansicht des Aristoteles Rep. III.

145.   Aratus von Soli in Cilicien schrieb im dritten Jahrh. v. Chr. G. ein astronomisches Gedicht (Sternerscheinungen und Wetterzeichen), das Cicero in's Lateinische übersetzte, wovon wir besonders in den Büchern von der Natur der Götter noch viele Bruchstücke übrig haben. Eine der unsrigen ähnliche Stelle ist bei Cicero v. d. Gesetzen II, 3., der es dem Plato nachmacht (v. d. G. IV, 712. f.).

146.   S. Homer's Ilias I. S. 530.

147.   Fast wörtliche Nachahmung des Isokrates, Nik. S. 40.

148. Man ergänze etwa: *Eines Wesens* [durch Eine Weltseele] *belebt und regiert werde.* Ohne Zweifel dachte hier Cicero an die Platonische Lehre von der Weltseele im Timäus. Es versteht sich, daß Scipio hier überhaupt an die alten Philosophen denkt.

149. Nämlich vom J. Roms 244. bis zum J. 625, in welches diese Unterhaltung fällt.

150. S. hierüber die treffliche Abhandlung v. F. Roth: Bemerkungen über den Sinn und Gebrauch des Wortes Barbar. 4. Nürnberg, 1814.

151. In diesem Sinne spricht Dionys. v. Halikarn. I, 4. 5. 90. VI, 26. VII, 70. 72. Plinius (oder vielmehr Cato bei ihm) XXIX, 1. Cicero in der Rede für den Flaccus 11.

152. Ueber den Character des Lälius in dieser Hinsicht s. Cic. v. d. Pfl. I, 26. pro Mur. 31. Horatius Sat. II, 1. 72: über die Sache Seneca's Werk vom Zorn.

153. Diese Anekdote kommt bei vielen Alten vor, bei Cicero auch. Tusc. IV, 36. bei Valer. Max. IV, 1. ext. 1. Dem Socrates schreibt diese Aeußerung zu Seneca vom Zorn I, 15.

154. Nachahmung des Plato am Schlusse des vierten Buchs seiner Republik.

155. Ein Landgut des Lälius bei Formiä, einer Latinischen Municipalstadt. In dieser Gegend hatte auch Cicero ein Gut (ad Att. II, 4.), auch Dolabella (ad Att. XV, 13.) und P. Rutilius (v. d. Nat. d. G. III, 35.).

156. Diese Beispiele braucht Plato mehrmals in seinen Werken vom Staat und von den Gesetzen. Vgl. auch Horat. Brief. II, 1. S. 114.

157. S. Valer. Max. VIII, 9. 1.

158. S. Livius II, 7.

159. Dieß wird auch gerühmt von Sallust, Cat. 29. Livius III, 4. Cäsar v. Bürg.-Krieg I, 4. Quintil. Declamat. 348.

160. S. Seneca im 108. Briefe. S. über den magister populi den Excurs des Uebersetzers zu Cicero v. d. Ges. III, 3. 7. S. 509.

161. In dieser Lücke setzte Scipio ohne Zweifel seine Empfehlung des Königthums fort, und erklärte, wie wohl sich die alten Römer in ihrer Sitteneinfalt dabei befunden, und wie sie um den Verlust ihres so milden Königes getrauert haben.

162. Die Stelle steht in den Annalen des Ennius I, S. 176 ff.

163. Aehnliches bei Aristoteles Rep. I, 2. III, 14. Vgl. oben C. 35.

164. Diese Erörterungen finden sich nicht. Sie standen ohne Zweifel in den verloren gegangenen Theilen des Werkes.

165. Ganz gleiche Gedanken finden sich im Anfange des sechsten Buches des Polybius, auf welches Cicero ohne Zweifel gesehen hat.

166. Vgl. ähnliche Gedanken in Schillers Lied von der Glocke S. 182. der Stuttg. Ausg. v. 1814.

167. Die Stelle steht bei Plato in der Rep. VIII, S. 562. f. Cicero's Uebersetzung ist etwas frei.

168. Vergl. Livius XXXIV, 49.

169. So hatte wirklich C. Gracchus den Scipio in öffentlicher Volksversammlung genannt. S. Plut. Apophth. reg. VI., S. 760.

170. Plato in der Rep. a. a. O. S. 563. 565.

171. Vgl. in Hinsicht auf die Gedanken Thucydid. III, 39.

172. Cicero denkt hier an seine Zeit, und zwar an den Cäsar.

173. Plutarch im Leben des Solon 30.

174. Ganz ähnliche Ansichten s. bei Polybius VI, 3. 7.

175. Nach Plato im Staatsmann S. 302. Ueber das Folgende S. Polyb. VI, 3. Aristot. Rep. II, 12. III, 11.

176. Vergl. Polyb. VI, 10. 7. wo ähnliche Gedanken vorkommen.

177. Ganz einstimmig mit Polyb. VI, 4. Dionys. v. Halikarnaß II, 7.

178. Karthago und Numantia. Vgl. Cic. pro Mur. 28. in Catil. IV, 10. von der Freundschaft 3. Vgl. Vellejus Paterc. II, 4.

179. Die Beredsamkeit des Cato zieht Vellej. Paterc. II, 17. der des Scipio und Lälius und der übrigen Redner vor Cicero vor.

180. Cato schrieb nämlich über die Redekunst, die Arzneikunst, die Moral, die Erziehung, das Kriegswesen und den Landbau.

181. Damit stimmt überein Seneca im 87sten Briefe.

182. Cato war nämlich drei Jahre vor der Zerstörung Karthago's gestorben (Vellej. I, 13.), Karthago aber im J. R. 608, also 17 Jahre vor diesem Gespräche zerstört worden.

183. Von Klisthenes spricht Plutarch im Leben des Aristides 2. und des Perikles 3.

184. Dieser hatte nämlich sein Werk über die älteste Geschichte der Staaten Italiens *Uranfänge* (Origines) genannt. Das Buch aber, das wir noch unter diesem Namen haben, ist unterschoben; wir besitzen nur noch wenige ächte Bruchstücke davon: gesammelt von A. Lion (Catoniana. 8. Gotting. 1826.).

185. Von Diesem ist in diesem Werke nicht weiter die Rede; vielleicht, daß Romulus nicht als Brudermörder geschildert werden müsse: wiewohl von des Remus Tode verschiedene Sagen waren. Nach einer bei Aurel. Victor überlebte er sogar den Romulus.

186. S. darüber Creuzers Römische Antiquitäten S. 14.

187. Livius I, 33. erzählt, dieser König habe, nachdem er den Vejentern den Mäsischen Wald genommen, Ostia an der Tibermündung gegründet.

188. Dieß ist die Ansicht des Plato im vierten Buche der Gesetze. Er will eine Stadt achtzig Stadien von der Küste entfernt wissen. Rom ist hundert und zwanzig Stadien davon.

189. Andeutung bei Thucydides I, 13.

190. Darum hatte Lykurgus den Spartanern das Seeleben verboten. S. Plutarch Inst. Lacon. T. VI. S. 890. Isokrates (or. soc. 33.) sagt: der Umstand, daß die Spartaner eine Seemacht geworden, habe sie verdorben, und am Ende auch um ihre Obermacht zu Lande gebracht.

191. Darüber spricht Cicero an den Atticus.

192. Die Einwohner der Stadt Phlius in Achaja.

193. Nämlich durch die sie umgebenden Länder Molossis, Thessalien, Phthiotis, Aetolien, Akarnanien, die Dryoper und die Ozolischen Lokrer vom Meere abgeschnitten.

194. Magnesia lag am Mäander. S. Livius XXXVII, 45. und XXXVI, 43, Corn. Nep. im Themistokl. X.

195. Bekanntlich pflegten die Römer über die von ihnen nach langen Kriegen überwunde-
nen Nationen hart und unbillig zu urtheilen. Dieß geschieht hier in Beziehung auf
die Etrusker. Ihre Geschichte ist gut zusammengestellt im dritten Bande der Zusätze
zur Allg. Welthistorie S. 43 bis 180.

196. Ganz auf ähnliche Weise spricht Livius V, 54. von derselben Sache, weswegen A. M.
(wohl mit Unrecht) ihn eines Plagiats bezüchtigt.

197. Er meint die Erweiterungen durch den Numa, Tullus Hostilius, Ancus Marcius und
Servius Tullius. Ueber das Folgende spricht einstimmig Dionys. v. Halik. IX, 67 f.
Plinius N. G. III, 5. Vergl. über die älteste Form der Stadt Tacitus Annalen XII, 24.

198. A. M. führt zu dieser Stelle dreizehn berühmte Brunnen und Quellen auf, von denen
bei den alten Schriftstellern Meldung geschieht. Im Allgemeinen sprechen darüber
Frontin (de Aquaed. I) Varro (de L. L. V, 3.) und Rutilius (Itiner. I, 114).

199. Vergl. Cicero's Aeußerungen hierüber in der Rede in Rull. I, 35. und Tacitus Ann.
XV, 44.

200. Nach einer andern Sage bei Servius (zu Virg. Ecl. I, 20.) stand Rom vor Romulus, und
er hatte umgekehrt seinen Namen von Rom.

201. Ein Fest des Neptunus, dessen altlatinischer Name Consus gewesen seyn soll. S. Creuzers Symb. und Myth. II, S. 608 f. im Auszuge des Uebers. S. 427. f.

202. Dieß war im vierten Jahre nach Roms Erbauung (Hal. III, 41.), nicht im vierten
Monate, wie Plutarch im Leben des Romulus (14.) sagt.

203. Nach der bei Dionys. v. Halik. (Ant. Rom. II, S. 110. Sylb.) erhaltenen Sage, nicht
nach der gewöhnlichen bei Livius (I, 13.) und Florus I, 1.

204. Das ist auch die Ansicht des Plutarch im Leben des Romulus (13.), Etwas verschieden
von der des Livius (I, 8,).

205. Daher *Rhamnes*, *Tities* und *Luceres* genannt. Vgl. Aurel. Victor im Romulus.

206. Diese und noch eine andere Sage findet sich bei Dionys. v. Halik. a. a. O. S. 111.

207. Von den Einwohnern von Lavinium in einem Volksauflaufe. Liv. I, 14.

208. Vierzig Jahre früher. Plut. im Lyk., Dion. v. Halik. II, 12. 14. scheint den Cicero vor
Augen gehabt zu haben.

209. Nach Servius (ad Aen. I. S. 426.) soll nämlich der Name Senatus erst zur Zeit des
(alten) Brutus aufgekommen seyn.

210. Scipio, Lälius und Scävola, ja der Verfasser des Werkes selbst, Cicero, waren nämlich
Auguren, also für die Erhaltung des Ansehens dieses Collegiums interessirt.

211. Wichtige und ausführliche Erörterungen über diesen Gegenstand finden sich im ersten
Bande von Niebuhrs Römischer Geschichte. Vgl. Creuzers Röm. Antiquitäten S. 91,
Wachsmuth Aelteste Gesch. des Röm. Staates S. 184-191.

212. Erläuternd spricht hierüber Plinius N. G. XVIII, 3.

213. S. hierüber Creuzers Röm. Antiquitäten S. 14. Die Angaben sind sehr verschieden;
sie weichen um mehr als fünfzig Jahre von einander ab.

214. Es wird in der Geschichte auch von einem jüngern Lykurgus gesprochen, der mit
Iphitus die Olympischen Spiele (772. v. Chr. G.) einrichtete.

215. Wir nehmen die Niebuhr'sche Ergänzung dieser nur einzelne Buchstaben und Sylben zeigenden Stelle an, ungeachtet sie nicht den höchsten Grad von Wahrscheinlichkeit hat, da wir keine sicherere an ihre Stelle zu setzen wissen.

216. In den Büchern von den Gesetzen I, 1. schenkt Cicero dieser Sage von der Vergötterung des Romulus und der Erzählung des Proculus wenig Glauben. Abweichend erzählt die Sache Plutarch im Leben des Romulus 28.

217. Nämlich Plato in seiner Republik.

218. In diesem Sinne spricht auch Polybius (VI, 47.), welchen Cicero stark benützt hat.

219. Scheint auf den Aristoteles zu gehen.

220. Livius (X, 3.) erklärt das Wort, eben nicht nach den besten etymologischen Grundsätzen, durch: qui patrem ciere possunt.

221. Das erzählt Livius I, 17.

222. Darüber verbreitet sich Creuzer in den Röm. Antiquitäten S. 177. f.

223. In diesem Sinne spricht der Volkstribun Canuleius bei Livius IV, 5.

224. Das erklärt Livius I, 17.

225. Numa war Schwiegersohn des Tatius, der des Romulus Mitregent gewesen war.

226. Nach Dionys. v. Halik. II, 62. sind die armen und die neuen Bürger zu verstehen, die von Romulus Nichts bekommen hatten.

227. In Beziehung auf die Blitze. Darüber sprechen Plutarch, im Numa 15. und Livius I, 20.

228. Pontifices. Nach Livius X, 6, stellte er vier auf, deren Zahl unter den Consuln Valerius und Apulejus (454 n. R. E.) durch vier Plebejische verdoppelt wurde. Sulla brachte sie auf fünfzehn. Livius Epit. 89.

229. Den Flamen Dialis, Martialis und Quirinalis dem Juppiter, Mars und Romulus.

230. Zwölf Patricische Marspriester. S. über sie Meyers Röm. Alterth. S. 221. f. Ueber die Vestalische Jungfrauen S. ebd. S. 223. ff. und über die alle neun Tage gehaltenen Stadtmärkte (daher Nundinae aus Novendinae) S. 260. 266. das

231. Cicero widerlegt diese Sage auch de Or. II, 37. Tusc. I, 16. IV, 1. Der Irrthum kam entweder daher, weil um die Zeit, da Numa die Regierung antrat, ein Spartaner Namens Pythagoras in den Olympischen Spielen siegte, oder weil Pythagoras der Philosoph auch in Italien lebte; oder weil man zwischen Vorschriften des Pythagoras und des Numa Aehnlichkeiten entdeckte.

232. Sogar diese Reflexion hat Cicero aus Polybius genommen. S. VI, 59. 2.

233. Wie es scheint, ein Lieblingsgedanke des Cicero. Er bringt ihn auch in den Tusculanen I, 1. vor.

234. Nach Dionys. von Halik. III, 1. (einer von A. M. gebilligten Lesart zu Folge) war Tullus Hostilius Enkel des Romulus, da seine Mutter eine Tochter der Hersilia war, Diese aber Gattin des Romulus gewesen seyn soll.

235. Eigene Priester zur Kriegsankündigung. S. über sie Creuzers Röm. Antiquitäten. S. 274. Meyers Röm. Alterth. S. 219. Eine eigene gründliche Abhandlung über die Fetialen hat man von J. D. Ritter, welche in Martini's Thesaur. Dissert. II, 2. S. 188 bis 234, steht.

236.   Man ergänze allenfalls: *ließ er sich erst vom Senat und dem Volke ertheilen*. Es fehlt hier weiter Nichts, als vielleicht eine nähere Nachricht von dieser Einrichtung wegen der königlichen Insignien; Etwas über den Tod des Tullus, und dann der Anfang der Beifallsbezeugungen eines Zwischenredners (vielleicht des Lälius), die, wo die Handschrift wieder fortfährt, noch fortgesetzt werden.

237.   Diese vom Augustinus uns erhaltene Stelle (de Civ. Dei III, 15.) fügt sich hier nicht unbequem ein.

238.   Nämlich Ostia gleichsam der Hafen Roms.

239.   Nach Plutarch im Leben des Numa (21.) war sein Großvater ein Sabiner, und Freund des Numa, Namens Marcius, welcher zugleich mit dem Hostilius hatte König werden wollen, ein Senator, sein Vater aber hieß gleichfalls Marcius und war Gemahl der Pompilia.

240.   Der Strom war nicht sehr heftig. Erst zu Scipio's und Lälius Zeit drang eigentliche Griechische Bildung nach Rom.

241.   Sie hielt sich, nach Aristoteles (Rep. V, 12.), dreißig Jahre. Vgl. Herodot V, 92. – An der Stelle des alten Tarquinii steht heut zu Tage Corneto.

242.   In diese Lücke fällt die uns von Dionysius von Halikarnaß III, 46 – 48. und Livius I, 34. erhaltene Nachricht, daß diese beiden Söhne, Aruns und Lucumo, vornehme Tarquinierinnen geheirathet haben, daß der Vater und der ältere Sohn gestorben, der dadurch sehr reich gewordene Lucumo aber, als er sich dort nicht geehrt genug geglaubt, auf den Zuspruch seiner Gemahlin, Tanaquil, sich nach Rom begeben habe.

243.   Auch Dieß hat Cicero von Polybius VI, 2.

244.   Nämlich aus dem Namen Lucumo machte er Lucius, und den Namen der Stadt, wo er her kam, machte er zu seinem Hauptnamen.

245.   So auch Livius I, 35. und Dionysius von Halikarnassus III, 67. Tacitus aber (Ann. XI, 25.) leitet die familias majorum gentium von Romulus, die minorum gentium von Brutus her.

246.   Vgl. Livius I, 43., der erzählt, Servius Tullius habe die Wittwen dazu angehalten. Uebrigens heißt vidua auch überhaupt *unverheirathete Frauensperson*.

247.   Auch die Tusker überwand er (nach Florus I, 5.) und die Latiner, nach Liv. I, 38.

248.   Sie dauerten vom vierten bis zwölften September. S. Meyers Röm. Alterth. S. 256.

249.   Nach Livius legte er auch den Grund dazu (I, 38.).

250.   S. oben Cap. 1.

251.   A. M. vergleicht mit dem Servius Tullius in dieser Hinsicht den Pabst Sixtus V.

252.   Er heißt in der Handschrift (wahrscheinlich durch Versehen des Abschreibers) von der ersten Hand Servius Sulpicius.

253.   Ueber die Abkunft des Servius Tullius haben Untersuchungen angestellt Dionys. von Halik. IV, 1. 2. Livius I, 39. Einen etymologischen Witz über seinen Namen findet man bei Valer. Max. de Nomin. Ratione S. 882. und 880. ed. Torren.

254.   Nach Dionys. III, 65. hatte er keine männliche Nachkommen, aber Enkel männlichen Geschlechts.

255.   Von seiner Bildung spricht Livius I, 39, der überhaupt viel mit Cicero übereinstimmt.

256. Man kann aus Dion. Hal. IV, 27. ergänzen: »Strecke von Ländereien den Einwohnern von Cäre, Tarquinii und Veji abgenommen hatte, vertheilte er die eroberten Grundstücke unter Diejenigen, die neuerdings das Römische Bürgerrecht erhalten hatten.

257. Wir enthalten uns bei dieser sehr streitigen Stelle lieber aller Ergänzung, anstatt mit A. Majus eine Zeile oder mit Franke [de Tribuum ratione 8. Slesv. 1824] mehrere einzuschalten.

258. Die Jüngern (Juniores) sind die siebzehn bis sechs und vierzigjährigen. Die Aeltern (Seniores) darüber.

259. Weil (sagt Paulus beim Gellius XVI, 10.) ihr Vermögen gleichsam als Pfand für ihr Interesse an der Erhaltung des Staates eingelegt ist.

260. Dadurch wurden, nach der Bemerkung des Dionys. IV, 20. 21. die Römischen Comitien im Grunde aristokratisch.

261. Es möchte hier nicht an der Stelle seyn, eine ausführliche Aufzählung der verschiedenen Meinungen über diese Centurienberechnung, worüber schon wenigstens zehn Abhandlungen, ja ganze Bücher, geschrieben worden sind, zu geben, Es genüge hier blos die Angabe, daß wir uns an Orelli's einfache und Nichts ändernde Berechnung angeschlossen haben. Die verschiedenen Ansichten hat der Uebersetzer in seiner Ausgabe dieses Werkes (so viele damals bekannt waren) dargestellt. Seitdem haben ihre Stimmen noch abgegeben C. Göttling im Hermes XXVI, 1. S. 84-128, C. F. Bähr in Erschs und Grubers Encycl. 16. u. d. W. Centuriae, K. Beier in Jahns Jahrb. 1827, I, 3, J. Orelli in seiner Ausgabe des Cicero. Vgl. auch v. Kobbe's Uebersetzung, 8. Göttingen, 1824.

262. S. Creuzers Römische Antiquitäten S. 96.

263. Nach Göttlings Verbesserung, ima statt una .

264. Eigentlich: *Ueberzähligen Leichtbekleideten;* ursprünglich eine Art von Kriegern bei der Legion, später eine Art von Priestern S. 7. (Orelli Insec. Latt. T S. 487. f.)

265. In diese Lücke fällt die weitere Erörterung über den Census; vielleicht auch die durch Servius Tullius geschehene Erweiterung der Stadt, erste Prägung von Erzmünzen, Einführung von Maß und Gewicht; worauf ein Uebergang zur Vergleichung Rom's mit Sparta und Karthago gefolgt zu seyn scheint.

266. Dieses Fragment aus Nonius Marcellus haben wir hier stehen lassen, um die Orellische Paragraphenreihe nicht zu unterbrechen. Es steht nicht mit Sicherheit an dieser Stelle.

267. In dem Fragment aus Nonius ausgesprochene.

268. Hier hatte C. wieder den Polybius (VI, 43.) vor sich. Vergl. auch Aristot. Rep. II, 11.

269. Vergl. die Ansicht Joh. Müllers in der Allgem. Gesch. I, S. 50.

270. Dieß sind Gedanken aus dem dritten Buche von Plato's Gesetzen.

271. Vielleicht ist in dieser Lücke die Ermordung des Servius und der Uebergang der Königsgewalt auf den Tarquinius Superbus ausgefallen.

272. Vgl. Livius I, 53.

273. Eigentlich seines Großvaters vgl. Cap. 21.

274. Nämlich Signia und Circeji. S. Dionys. IV, 63. Livius I, 56.

275. Das hat er von Plato (Rep. VIII. S. 546), wie er selbst im 2. Buche von der Weissagung (Cap. 2.)) bemerkt.

276.   So spricht Aristoteles (Rep. V, 9.) gleichfalls: und im Anfange desselben Buches von den Veränderungen der Staatsverfassungen.

277.   In demselben Sinne spricht Cicero auch de Fin. III, 22.

278.   Ovid (Fast. 691) und Eutropius (I, 7.) sagen, es sey von Dreien der Jüngste gewesen.

279.   Mit dieser Stelle verdient verglichen zu werden Cicero von der Freundschaft 15.

280.   Des Cassius Versuch fällt in's Jahr Roms 267. (Liv. II, 41.), der des Mälius in's Jahr 316. (Liv. IV, 14.).

281.   Man kann, nach A. M., nicht unpassend ergänzen: – »hat Tiberius Gracchus einige Monate lang eine Art von Königsherrschaft ausgeübt, oder wenigstens den Staat unterjochen wollen: weswegen er mit vollem Rechte mit dem Leben gebüßt hat,« Cic. von der Freundsch. 12. Vellej. Paterc. II, 4.

282.   Nach Plutarch im Leben Lykurgs 26. waren diese Männer über sechzig Jahre alt.

283.   In Athen bestand der Rath aus fünfhundert, zu Massilia aus sechshundert Bürgern.

284.   Gedanke des Plato im Staatsmann S. 301.

285.   Diese Stelle ist ein Beweis, daß der Ausdruck *Peripatetisch* und *Peripatetiker* nicht blos *Aristotelisch* und *Aristoteliker*, sondern auch *Akademisch* und *Academiker* bezeichnet haben muß, wiewohl man später jene Unterscheidung gemacht hat und wir sie mit Recht beibehalten. Uebrigens findet sich jene Angabe auch noch bei andern Schriftstellern. Vgl. Neumann zu den Fragmenten der Republiken des Aristoteles S. 17.

286.   Ohne Zweifel fällt in diese Lücke die Schilderung eines Consuls, wie er seyn soll, bei welcher Cicero um so mehr mit Liebe verweilt haben mag, da er sich selbst und seine Führung des Consulats fast wie ein erreichtes Ideal betrachtete; was aus einer Menge von Stellen seiner Schriften hervorgeht. Von dieser Schilderung mag er dann auf die historische Darstellung der Veränderung der Römischen Verfassung, und dann zu einem kurzen Blicke auf die Platonische Republik übergegangen seyn, wo die Handschrift wieder fortfährt.

287.   Nach Plato (Rep. V, S. 737.) soll der Staat aus 5040 Bürgern bestehen und auf dieser Zahl bleiben (S. 740. 746. 771.). Aristoteles (Eth. ad Nic. X, 10.) sagt, ein Staat könne weder aus zehen, noch aus hunderttausend Bürgern bestehen. In der Republik (VII, 4.) sagt er, er soll nicht groß seyn, und an einer andern Stelle (II, 8.) werden 10000 als Normalzahl angenommen, Man sieht hier den von Griechischen Städten und Städtchen hergenommenen Maßstab.

288.   Die hier noch folgenden Worte Hic facultatem cum.... müssen unübersetzt bleiben, da man über sie nur blind rathen müßte. Die Lücke mag eine tiefere Entwicklung der Ursachen der Römischen Staatsveränderung, ein Lob des Brutus und Collatinus, und Anderes über die neue und freie Verfassung enthalten haben.

289.   Man kann hier aus Augustin. (de Civ. Dei V, 12.) so fortfahren: – »wurden die Römer der königlichen Regierung müde, führten eine jährige Regierung zweier Staatsoberhäupter ein und nannten sie Staatsberather (Consules) vom Rathgeben (consulere), nicht Könige oder Herren vom Regieren oder Herrschen.

290.   Hier war entweder von der Abschaffung des Ostracismus in Athen durch den Hyperbolus vergleichungsweise die Rede, oder von der Aufhebung der vom Römischen Volke gegebenen Verordnung wegen Zurückgabe des Privateigenthums der Tarquinier.

291.   S. Livius II, 2. und über das Folgende Liv. II, 7.

292.   Libri pontificales oder pontificii.

293.   S. Cicero von den Gesetzen III, 3. Vgl. Dirksen über die Zwölf-Tafel-Fragmente S. 634. 646.

294.   Im Jahre Roms 305. Beide trugen zur Abschaffung des Decemvirats bei.

295.   Vgl. Livius III, 55. Im J. R. 454. gab M. Valerius noch ein bestimmteres Gesetz über diesen Gegenstand.

296.   Von drei Porcischen Gesetzen (und zwar von drei Porciern gegeben) über die Provocation wußte man bisher Nichts.

297.   Nach Livius II, 1. that Dieß auch Brutus. Dionysius V, 19. erzählt, Publicola habe die Beile außerhalb der Stadt in den Fascen gelassen, innerhalb derselben aber herausgenommen.

298.   Nach Polybius VI, 11. Vgl. Gibbons Gesch. des Verfalls und Unterg. des Röm. Reichs I, 3. S. 163.

299.   Das erzählt Livius I, 17. 22. IV, 3. 49. VI. 4. Aber es änderte sich nach und nach ganz: s. Cic. pro Pl. 3., und Dionys. II, 14. sagt, er wisse nicht ob das Eine oder das Andere besser sey.

300.   Im Jahr Roms 261.

301.   Interessante Vergleichungspunkte bietet die Stelle des Cicero vom Redner II, 48.

302.   Nämlich I, 27. und 45.

303.   Diesen Namen gab ihm das Volk erst, und weihte ihm den Juppiter, nachdem es sich dort die Volkstribunen ertrotzt hatte. Ueber die Sache vgl. Creuzers Röm. Antiq. S. 151.

304.   Vgl. K. O. Müller Gesch. Hellen. Stämme und Städte III, 114. Dess. Dorier II, 130, Tittmanns Darst. d. Griech. Staatsverfassungen S. 413. Göttling zur Politik des Aristoteles S. 475. ff. für diesen Schluß des Capitels.

305.   Nämlich in der fünften Olympiade, 130 Jahre nach Lykurg.

306.   Cicero zielt auf die Seisachthie (Schuldenerlassung). S. Böckhs Staatshaushaltung der Athener I, S. 17. II, S. 349. ff.

307.   Das erzählt Livius XIII, 28. und Valer. Max. VI, 1. 9.

308.   Dion. v. Halik. VI, 89. gibt an, es seyen fünf gewesen. Vgl. Creuzers Röm. Antiq. S. 149-157. Cicero spricht auch darüber im Werke von den Gesetzen III, 7.

309.   Creuzer a. a. O. S. 157. f. Vgl. Sallust. Catil. VII.

310.   Darüber spricht Livius II, 41. und Dionys, VIII, 79. Mit abweichenden Ansichten Valer. Max. V, 8. 2. Florus I, 26.

311.   Im J. R. 300. In den Consulverzeichnissen heißen sie Sp. Tarpejus Montanus Capitolinus und A. Haterius Fontinalis.

312.   Dieses Censoren-Collegium war bisher unbekannt.

313.   Nach Dionys. X, 50. war die höchste Strafe zwei Rinder und dreißig Schafe, nach Gellius XI, 1. dagegen zwei Schafe und dreißig Rinder gewesen.

314. Cicero scheint für Diejenigen zu sprechen, welche den Einfluß Griechischer Geset-
      ze, und die Absendung einer Gesandtschaft von Rom nach Griechenland zu diesem
      Zwecke, läugnen. S. über die Sache Creuzers Röm. Antiq. S. 184-187.

315. Die Sache erzählt Livius III, 33.

316. S. oben I, 45. II, 33.

317. Hier ist ausgefallen erstlich die Abschaffung und Bestrafung der Decemvirn; ferner die
      Wahl von Kriegstribunen mit Consulargewalt anstatt der Consuln: der Versuch des
      Sp. Mälius, die Königswürde an sich zu reißen; seine Bestrafung durch den Dictator
      Cincinnatus; der Anfang der Censur; welches Alles im dritten und vierten Buche des
      Livius erzählt wird, Wahrscheinlich schloß auch hier Scipio seinen Beweis, daß die
      Mischung von Macht und Rechten, wie sie sich nach und nach in der alten Römischen
      Republik gebildet, die beste Regierungsform sey.

318. S. Dirksen a. a. Orte S. 703. ff. Der Decemvir Appius hatte das Gesetz betrieben. Das
      Canulejische Gesetz wurde im J. R. 306. gegeben. Liv. IV, 1. ff.

319. Wenige Jahre nach Abschaffung des Decemvirats.

320. Nämlich oben I, 20. 21. 30. 35.

321. Vielleicht ein Vorausblick auf Das, was im Anfange des sechsten Buches enthalten
      gewesen zu seyn scheint.

322. Aehnliche Gedanken finden sich in der Vorrede des Livius zu seinem Geschichtswerke,
      Ganz in Cicero's Sinn spricht Dionys. V, 75.

323. Vielleicht kann man fortfahren: *allzu speciell, und darum vielleicht nicht philosophisch ge-
      nug zu finden scheinst.* In dieser Lücke mag übrigens der Anfang jener ausführlichen
      Erörterung über die Gerechtigkeit ausgefallen seyn, die (nach Augustinus de Civ. Dei
      II, 21.) im zweiten Buche unseres Werkes begann, und im dritten das ganze Buch hin-
      durch fortgesetzt wurde. Weil nämlich Tubero die bisherige Schilderung zu speciell
      findet, läßt sich Scipio auf das Recht der Natur überhaupt, und auf das der mensch-
      lichen Gesellschaft, ein. Wie viel fehlt, läßt sich eben so wenig genau ausmitteln, als
      der bestimmte Zusammenhang der noch folgenden Bruchstücke dieses Buches.

324. Lälius war des Scipio Legat im dritten Punischen Kriege bei Karthago. S. Appian.
      Pun. 126.

325. Vielleicht fuhr er fort: – »Leidenschaft, die den Menschen zur Rache treibt, sondern
      die gewaltigen Triebe der Sinnlichkeit u. dgl., die Den, der sie nicht zu beherrschen
      versteht, wie wilde Rosse einen schwachen Fuhrmann, mit fortreißen und zu Tode
      schleifen.« Die Bruchstücke, die das folgende Capitel enthält, sind von A. Majus aus
      dem Nonius mit einiger Wahrscheinlichkeit hier eingeschaltet worden.

326. Hierüber verbreitet sich Plato ausführlich im fünften Buche seiner Republik.

327. Dieß hat er aus dem 7ten Briefe des Plato S. 335.

328. Abermals eine Nachahmung des Plato am Schlusse des ersten Buches seiner Republik.

329. Aehnliche Gedanken äußert Cicero Tusc. V, 1.

330. A. Majus ergänzt aus Lactantius in einer Anmerkung noch folgende Gedanken: die
      Menschenvernunft in ihrer Vollendung ist Weisheit. Weisheit ist Einsicht, richtig zu
      handeln und zu sprechen; darum hat also die Natur, welche dem Menschen zur Herr-
      schaft über die Thierwelt Vernunft gab, die ihm den Weg zur Weisheit gebahnt hat,
      ihn eben damit auch zur Gerechtigkeit geschaffen.

331. Das berichtet auch Plutarchus im Leben des Marius C. 46.

332. Vollständiger findet sich dieser Gedanke bei Cic. v. d. Natur. d. Götter II, 60.

333. Ueber diesen Gegenstand ist viel geschrieben worden. Die Literatur s. bei Ersch (Lit. d. Philol. Lpzg„ 1822. S. 1. f.) und Krebs (Handb. der philol. Bücherkunde. Bremen, 1823. II, S. 1-6.).

334. Ganz ähnliche Gedanken äußert Cicero im 2ten Buche v. d. Nat. d. Götter: geschöpft aber sind sie aus Platons Epinomis. Vgl. besonders v. d. N. d. G. II, 61.

335. Cicero setzte hier ohne Zweifel die Betrachtungen über die allmählige Erweiterung und Ausdehnung der menschlichen Erkenntnisse auf die Betrachtung der Welt fort, die die Menschen auf die Erkenntniß der Gottheit und dann auf deren Verehrung leitete; und bahnte sich auf diese Weise den Weg zum Uebergang auf die Gerechtigkeit.

336. Auch an andern Stellen hebt Cicero diese Männer heraus; z. B. vom Redner II, 37. in der Rede f. d. Archias 7.

337. In diesem Sinne spricht Cicero auch Tusc. IV, 3.

338. Aus den Annalen des Ennius VI, 50. f.

339. In dieser Lücke führte Cicero vielleicht noch andere würdige und berühmte Römer auf, die mit dem Curius zu vergleichen waren, z. B. den Fabricius, den Coruncanius; und ging dann wahrscheinlich auf einen Gedanken über, der dem im Buche von der Freundschaft (C. 5.) ausgesprochenen ähnlich seyn mochte: daß hier nicht von einer Weisheit die Rede sey, wie sie von den Philosophen in ihren Idealen geschildert werde, und die gar nicht zu erreichen sey; sondern von einer solchen, wie jene großen Römer sie besaßen. Vgl. v. d. Pflichten III, 4.

340. Aehnliche Gedanken äußert Cic. v. d. N. d. G. III, 66. Tusc. IV, 3.

341. Ohne Zweifel zählte hier Cicero eine Reihe von bedeutenden Staatsmännern, besonders Römern, auf; und diese Lücke möchte sich zum Theil aus Cicero's Werken selbst ergänzen lassen, namentlich aus den von A. Maj. angeführten Stellen de Or. I, 2. 48, III, 33. besonders de Nat. Deor. II, 66. Uebrigens haben wir auch hier eine Nachahmung des Plato Rep. II, S. 366.

342. Eine ganz gleiche Ablehnung findet sich bei Plato Rep. II. S. 361. und V. S. 451.

343. Abermals Nachbildung einer Platonischen Stelle (Rep. II. S. 368.): so wie das gleich Folgende vom Golde aus I. S. 336.

344. Er war in Rom im J. R. 597. Auf Cato's Antrag wurde er und seine Mitgesandten, wegen ihrer gefährlichen Gewandtheit, gleich nach Beendigung ihres Geschäfts aus Rom entfernt.

345. A. Maj. ergänzt nicht unpassend: – »wiewohl er damit bei unsern Landsleuten, redlichen und schlichten Männern, nicht viel Beifall einerntete. Ihr erinnert euch ja, wie er hier als Athenischer Gesandter unter den Consuln P. Cornelius und M. Marcellus in Gegenwart des Galba und Cato, wo auch ich, und ihr, Scipio und Lälius, beiwohntet, über die Gerechtigkeit sprach, Cic. de Or. II, 37. Tusc. IV, 3. Die beiden folgenden Capitel hat A. M. aus dem Lactantius eingerückt.

346. Wir können diese hier verloren gegangene Aeußerung aus Cic. v. Redn. II, 38. ergänzen.

347. Auf diese Gewandtheit kommt Cicero mehrmals zu sprechen: Acad. IV, 45., v. d. Weiss. I, 30., v. d. N. d. G. I, 5., Tusc. III, 22.

348.   Es ist die Rede von Plato und Aristoteles. Plato's Ansichten von der Gerechtigkeit sind bekannt. Daß Aristoteles vier Bücher von der Gerechtigkeit geschrieben hat, wissen wir unter andern aus dem Diogenes von Laerte V, 12.

349.   Ueber den Chrysippus und seine Werke hat man eine gehaltvolle gekrönte Preisschrift von F. K. G. Baguet (De Chrysippi vita, doctrina et reliquiis. 4 Lovan. 1822..)

350.   Aehnliche Aeußerungen Cicero's s. de Finn. IV, 3. v. d. Nat. d. G. III, 10. Tusc. IV, 24.

351.   Aehnliche Bemerkungen s. im Platonischen Minos S. 315. Horat. Sat. I, 3. 113.

352.   In seiner Tragödie Medus oder Medea, deren Bruchstücke stehen in P. Scriverii Collectan. Vett. Tragic. S. 64-66. Die Erzählung von der auf dem von Schlangen gezogenen Wagen fahrenden Medea findet sich bei Hyginus Fab. 27. Den Vers, auf den hier angespielt wird, hat Cicero de Inv. I, 19.

353.   S. Creuzers Symb. u. Myth. I. S. 482. 485. 266. unsern Auszug aus dem Werke S. 159.

354.   Dasselbe sagt Cicero v. d. Gesetzen II, 10.

355.   D. h. das *ungastliche* Meer, wie es auch Ovid (Trist. IV, 4. 56.) nennt, und sagt, es verdiene nicht das *gastliche* (Euxinus), wie es gewöhnlich heißt, genannt zu werden. Ueber den *Busiris* s. Creuzers Symb. u. Myth. I, S. 266. 353. ff. 409 f, uns. Ausz. S. 117. ff. Ueber die Menschenopfer der *Gallier* s. Gesch. d. kön. Ak. d. Wsch. 3. Paris I. S. 49-57. IX. S. 247-252. Cicero f. den Fontej. 10. Münter Rel. d. Karthager §. 4. über die *Pöner*.

356.   S. über diese Völker Polyb. XVII, 4. IV, 3. V, 46.

357.   Das bezeugt auch Plutarch. Apophth. Lacon. T. VI. S. 819. Quaest. Rom. T. VII. S. 83, Von den Athenern s. Plutarch. im Leben des Alcib. 15. u. das. Bähr S. 143. f.

358.   Das that noch Domitian. S. Sueton. in dess. Leben 7.

359.   Das erzählt auch Plutarch. im Leben des Lykurg. 24.

360.   Dieß geschah im Jahr d. St. 585. Das Genauere über dieses Gesetz s. bei Bach (Hist. Jur. S. 157. f.) Heineccius (Ant. Romm. und das. Haubold S. 937.), Hugo's Gesch. des Röm. Reichs S. 170. 3. A.

361.   In diese Lücke fiel vielleicht, nach A. M., eine Vertheidigung des Voconischen Gesetzes von Seiten des Lälius, der die Rolle des Cato übernahm, welcher nach Cicero vom Alter C. 5. dasselbe Gesetz mit großem Eifer empfohlen hatte.

362.   Nachahmung des Plato, Rep. I, S. 339.

363.   Ausführlicher spricht Cicero darüber v. d. Gesetzen I, 15. wo das natürliche Recht lebhaft verfochten wird.

364.   Von Pythagoras S. Ovids Metam. XV, 75 ff. Von Empedokles Sturz Empedocl. S. 473. ff. vgl. S. 651.

365.   Die Ausfüllung dieser Lücke läßt sich mit keinem Grade von Wahrscheinlichkeit versuchen.

366.   Wir behalten zwar die bisher in allen Ausgaben dieses Werkes nach A. M. gelassene Ordnung der Capitel bei; können jedoch nicht umhin, die Ansicht eines Leipziger Recensenten (1824. 6.) für Beifallswerth zu erklären, der das im 14ten Capitel stehende Bruchstück vor das im 12ten enthaltene gestellt wissen will. Das letztere nämlich, wenn man am Schlusse ergänze: – »so äußerst mächtig geworden« – und aus Lactantius (Inst. V, 16.) den Gedanken fortsetze: »am Ende aber müßten alle Völker, wenn

sie gerecht seyn wollen, besonders wir Römer, die wir die ganze Welt erobert haben, wenn wir fremdes Eigenthum zurückgeben wollten, wieder in Hütten wohnen und in kümmerlicher Armuth leben« – hänge offenbar mit dem im 5ten Capitel am Schlusse stehenden Bruchstücke zusammen: »nur die Arkadier und Athener nicht, die, um Dem zu entgehen, vorgaben, sie seyen, wie Mäuse, aus dem Boden hervorgeschlüpft, den sie bewohnen.«

367.   Wir haben hier, mit Orelli, die Lehnersche Ergänzung dieser lückenhaften und fast unlesbaren Stelle der des A. M. vorgezogen.

368.   Man ergänze: »Was bei der Gerechtigkeit herauskommt, liegt am Tage.« Der folgende Ausdruck *Weisheit* muß abermals als *Klugheit* verstanden werden. Zur Sache vergl. Plato (Rep. I, S. 338. ff.), der auch hier von Cicero nachgeahmt ist.

369.   Vgl. die Einleitung des Polybius zu seinem Geschichtswerke. Diese Sprache konnte Rom nach Besiegung des Perseus, Korinths und Karthago's führen.

370.   Nach dem oben citirten Leipziger Recensenten fehlt nur ein Blatt. A. M. hat die Lücke durch zwei Bruchstücke aus Lactantius (Inst. VI, 9. und 6.) ausgefüllt, die wir hier geben.

371.   Das zielt auf den Philus, oder vielmehr auf den Carneades.

372.   S. oben I, 33.

373.   S. dagegen Plato im 7ten Brief, S. 335. Cicero Tuscul. V, 19.

374.   Da diese Stelle fast wörtlich aus Plato's Republik (II. p. 358.) genommen ist, so kann man leicht fortfahren: »nicht im Stande ist, der halte sich an das Zweite, daß nämlich er weder Unrecht thue, noch leide.« Die Lücke füllt A. M. durch die im 15ten Capitel folgende Stelle des Lactantius (Inst. VI, 6.) aus.

375.   Gedanke aus Plato's Rep. I, S. 338. zum Folgenden S. 348.

376.   S. die Anmerkung vor dem 12ten Capitel [No. 373], wo der Zusammenhang dieser Stelle mit dem Obigen nachgewiesen ist.

377.   S. Gaius IV, 155. – Die Arkadier und Athener nannten sich nämlich Autochthonen. Vgl. auch Creuzers Symb. und Myth. IV, S. 79; unsers Auszugs S. 740.

378.   Das Gespräch wird nämlich auf einer Wiese geführt. S. oben I, 12.

379.   Platonische Ansicht: Rep. II, S. 361.

380.   Die Rede ist ohne Zweifel von den Epikureern. In der Sache stimmt Cicero mit Plato zusammen. S. Plato von den Gesetzen II, S. 662. ff.

381.   Die Stelle läßt sich nicht ohne bloßes Rathen ergänzen. Etwa: – *aber auf jeden Fall gewiß.* Der Anfang des nächsten Capitels ist aus Lactantius (inst. V, 12), wo dann mitten in einem Worte unsere Handschrift wieder fortfährt.

382.   Aus Plato, Rep. II, S. 362.

383.   Philus war Consul im Jahr Roms 618, in welchem Mancinus, wegen seines vom Staate nicht ratificirten Vertrages mit den Numantinern, Diesen ausgeliefert wurde, Vgl. Cicero Brutus 22. Plutarch im Leben des jüngern Cato 48. Florus II, 18, Cicero von den Pflichten III, 30, 109, Appian. Histp. 79. de Fin. II, 17.

384.   Die nächsten zehen Capitel finden sich nicht in der Handschrift, sondern A. M. hat sie mit ziemlicher Wahrscheinlichkeit aus Stellen des Lactantius, des Gellius, des Nonius, des Augustinus, des Isidorus, des Priscianus und des Cicero selbst zusammengesetzt.

Es fehlt demnach der Schluß der Rede des Philus gegen die Gerechtigkeit, nach deren Beendigung, wie es scheint (S. C. 21.), Lälius den Scipio bat, die Rolle des Vertheidigers der Gerechtigkeit zu übernehmen; was dann Scipio ablehnte und dem Lälius übertrug. Dieser hielt dann der Gerechtigkeit eine treffliche Schutzrede, von der sich vielleicht ein Nachhall im Anfange des dritten Buches des Lactantius findet, welcher sich besonders auch im fünften Buche ausführlich über die Gerechtigkeit verbreitet. Von der Rede des Lälius hat unser 29stes Capitel eben noch die Schlußworte.

385. Dasselbe Beispiel braucht Cicero von den Pflichten III, 13.

386. alienum: wahrscheinlich besser, als: *Etwas, das* –.

387. Dasselbe Beispiel hat Cicero von den Pflichten, III, 23. 89.

388. Vergl. Plato Rep. II, S. 362.

389. Abermals Nachahmung des Plato: Rep. II, S. 368.

390. Das geht gegen den Carneades; doch könnte es auch, meint A. M., auf den Epikurus gehen.

391. Zur Sache gehört diese Stelle unstreitig. aber was vorausging, bis Cicero, oder vielmehr Lälius, auf die Erklärung eines Gesetzes kam, läßt sich schwerlich errathen.

392. Gegen Das, was Capitel 7. bis 11. gesagt ist.

393. Vergl. Cicero's Aeußerungen in dem Werke von den Gesetzen, I, 6. II, 4. und Haller Restauration der Staatswissenschaft I, S. 383-391.

394. S. die weitere Ausführung dieses Gedankens bei Cicero von den Pflichten. II, 8.

395. Darüber spricht sich Aristoteles aus, in der Rep. I, 3 ff.

396. Vielleicht, nach des Uebersetzers Vermuthung, a patrono (für a parte): *von dem Sachwalter* [Anwalt] *der Gerechtigkeit*. Man vgl. Cicero von der Freundsch. 7.

397. Einen ähnlichen Gedanken äußert Cicero in einem Briefe an seinen Bruder, I, 10. 11.

398. Platonischer Gedanke aus dem Werke von den Gesetzen, IV, S. 714.

399. Auch hierüber äußern sich Aristoteles Rep. I, 7. VII, 2. 3. Plato von den Gesetzen, III, S. 690.

400. Nämlich zunächst gegen Das, was oben im 19ten Capitel berührt worden ist.

401. Nämlich die beiden Epikureer Lucius Santejus und Patro. S. über diese Stelle die Anmerkung Reichards in seiner Uebersetzung der Cic. Briefe an den Atticus. II. Th. S. 247.

402. Das ist Römische Ansicht. Stießen ja in Rom der Tempel der Ehre und der der Tugend an einander. S. Cicero von der Natur d. G. II, 23. von den Ges. II, 23. II, 11. mit unsern Anmerkungen.

403. Dieses Bruchstück ist aus der Orellischen Ausgabe aufgenommen.

404. S. hierüber Creuzers Anm. zu Cicero von der Natur der Götter S. 551. zu II, 16. Plutarchus im Leben des Romulus 28, hatte diese Stelle vor Augen. Vergl. Cicero Tusc. I, 12. IV, 22. von den Pflichten III, 5.

405. Oder nach A. M. Ergänzung: »Wir müßten sonst nur den Consul einen Thoren nennen, der des Pyrrhus Geschenke verlachte; oder glauben, Curius habe die Schätze der Samniter bedurft.« Nach Lambin: »Ja freilich bedurfte der Consul die Geschenke des Pyrrhus, und Curius die Schätze der Samniter. – Jener Consul ist Fabricius.

406. Man vergleiche Cicero vom Alter 16, wo Cato sagt, des Curius Villa sey nicht weit
      von der seinigen.

407. Hier fängt die Handschrift wieder an. Vielleicht ist der Sinn hier aus Fronto (ad Ver. II,
      4) nach A. M. zu ergänzen: »Gracchus gab dem Römischen Volke Asiens Ländereien
      in Pacht, und vertheilte das Karthagische Gebiet unter die Römischen Bürger nach
      Köpfen.«

408. S. die Andeutung bei Cicero von der Freundschaft 12.

409. Nämlich in der Augurwürde, Vgl. Cic. Brut. 22. und 97.

410. Man kann allenfalls ergänzen: »oder an Klarheit, oder an gehaltvollem Nachdruck mit
      dir vergleichen möchte: aber dießmal hast du dich selbst übertroffen.

411. Diese Stelle fügen wir hier mit Orelli nach dem Vorschlage des oben angeführten Leip-
      ziger Recensenten (1824. 7.) ein. Man denke sich den Zusammenhang etwa so: Auf
      die Beifallsbezeugung des Scipio erwiedert Lälius ablehnend, und vergleicht sich mit
      dem Isokrates, der durch die (in dem Fragmente aus Nonius genannten) Mängel ab-
      gehalten worden sey, öffentlich aufzutreten. Dieß zur Rechtfertigung der Einreihung
      des Bruchstückes aus Nonius. Der Gang der Unterhaltung läßt sich nun weiter nicht
      ganz bestimmt angeben, doch aus der Inhaltsangabe bei Augustinus etwas errathen.
      Die Stelle aber, wo der Codex wieder fortfährt, hat offenbar von Phalaris, dem Tyran-
      nen von Agrigent, und seinem ehernen Stiere gehandelt: und läßt sich aus Cicero's
      Verrinischen Reden (IV, 33.) ergänzen: Scipio habe den Agrigentinern den bekann-
      ten metallnen, hohlen, Stier des Phalaris *zurückgegeben*, und dabei gesagt: sie sollten
      sich selbst fragen, unter Wem sie sich besser befinden, unter den Römern, oder unter
      einheimischen Tyrannen, von deren Grausamkeit sie hier ein so auffallendes Denk-
      mal haben. Das Daseyn eines solchen Stieres hatte Timäus (der Geschichtschreiber)
      geläugnet; Polybius aber, des Scipio Freund, vertheidigt. Dieß, und anderes von Augu-
      stinus Angedeutete, mag die Lücke ausgefüllt haben; vielleicht auch mag noch über
      die den Agrigentinern vom Scipio gegebene Einrichtung und über die Stadt selbst
      gesprochen worden seyn, Eine Vermuthung, wozu, nach A. M., Polyb. IX, 27. Ver-
      anlassung gibt.

412. Prächtige Vorhalle des Parthenon [Pallastempels] auf der Burg zu Athen, mit Meister-
      werken der größten Künstler geziert. – Piräeus, der durch zwei lange Mauern mit der
      Stadt in Verbindung gesetzte Haupthafen von Athen, mit Prachtgebäuden umgeben.
      S. Pausanias Reise durch Hellas I, 8. 14. 22.

413. S. Dirksen über die Zwölftafel-Fragmente. S. 369-380.

414. Man kann allenfalls ergänzen: »– Geist gleichsam willenlos geworden ist; daß ein toll-
      gewordenes Volk als in rechtmäßigem [verfassungsmäßigem] Besitze der einzigen und
      höchsten Gewalt eines ganzen Staates und aller Güter desselben stehend gedacht wer-
      de.«

415. in der Lücke hat, nach Lehners wahrscheinlicher Ansicht, Scipio unter andern den Satz
      aufgestellt, ein Staat unter einem Könige, welcher wie ein Vater für Alle sorge, könne
      mit Recht ein Gemeinwesen werden: aber auch, wo die Besten [optimi, Optimaten]
      regieren, befinde sich das Volk wohl, weil sich hier gleichfalls *angeben lasse* [nun fährt
      die Handschrift fort:]

416. Nämlich von der Ochlokratie. Hieher gehört, was Polybius VI, 7. 57. sagt.

417. Vgl. Kortüm zur Geschichte Hellen. Staatsverfassungen, S. 110-113. H. Rost: Rhodos,
      ein historisch archäologisches Fragment, (Altona, 1823. 8.). Die Gesandtschaft des
      Scipio fällt in's Jahr Roms 624, ein Jahr vor seinem Tode.

418.   Hier lassen sich über das Fehlende mit keinem Grade von Wahrscheinlichkeit Vermuthungen wagen.

419.   Wir lassen hier eine Stelle weg, die, so wie sie ist, keinen Sinn gibt, von der aber A. M. vermuthet, sie beziehe sich auf die Aeußerung des Lälius (C. 25, am Ende, daß Denjenigen kein Unrecht geschehe, wenn sie dienen müssen, die sich selbst nicht regieren können).

420.   Dieß ist abermals aus Plato. Rep. IV. S. 436.

421.   Ueber diesen König siehe Bähr zu den Fragmenten des Ktesias. S. 424-436, der auch über die Schreibung des Namens spricht.

422.   A. M. läßt hier folgende Stelle des Augustinus weg: »Ist diese Definition richtig, so ist Rom nie ein Staat gewesen, denn es war nie Volkessache« [d. i. ein gemeinsames Interesse oder Gesammtinteresse des Volkes], »und das muß ja ein Staat nach seiner Definition seyn.«

423.   Drei andere hier noch von A. M. eingeschaltete Bruchstücke geben in der Verstümmelung, in welcher sie erhalten sind, für sich keinen Sinn. Mit dem zweiten Capitel tritt die Vaticanische Handschrift ein.

424.   Der Kürze wegen verweilen wir auf Niebuhrs Duplik gegen Hrn. Steinacker, S. 10.

425.   Die Gracchen erschöpften durch die von ihnen durchgesetzten Gesetze den Staatsschatz (Cicero von den Pflichten II, 21.), wollten aber doch für dessen Beschützer gelten (Tusc. III, 20.), und ergriffen nun die hier angeführte scheinbar populäre Maßregel, vielleicht unter dem Vorwande, daß Mancher ein Pferd vom Staat habe, der gar nicht diene.

426.   Wahrscheinlich im sechsten Buche, das die Römische Verfassung genau auseinandersetzte, das wir aber nur in Bruchstücken besitzen.

427.   Vielleicht läßt sich der hier fehlende Grund aus dem Buche Varro »von der Kinderzucht« ergänzen, aus welchem uns Nonius folgende Stelle aufbewahrt hat: – »so wie in einer Heerde der Hirte die untauglichen Schafe zu entfernen pflegt, die er dann Ausschüßlinge nennt,« [damit sie die Heerde nicht verderben;] [so ist es auch nicht gut, gutartige Kinder unter bösartige gemischt erziehen zu lassen, weil] »oft ein einziger unsittlicher und schamloser Knabe eine ganze Schaar von Knaben ansteckt.«

428.   Eine Spur dieser Ciceronischen Stelle glaubt der mehrmals angeführte Leipziger Recensent bei'm Valerius Maximus II, 1. 7. entdeckt zu haben; nicht mit Unrecht, wie uns dünkt. Die Stelle ist folgende: »Solche Zucht herrschte zwischen Eheleuten. Doch zeigt sich nicht das Verhalten der übrigen Verwandten gegen einander ganz in gleichem Geiste? Denn (um an einer scheinbaren Kleinigkeit ihren äußerst großen Einfluß nachzuweisen;) eine ziemliche Zeitlang badete nicht einmal ein Vater mit seinem mannbaren Sohne, kein Schwiegervater mit seinem Eidam. Offenbar wurden also die Verhältnisse der Blutsverwandtschaft und der Verschwägerung mit solcher religiösen Scheu betrachtet, wie das Verhältniß zu den Göttern: weil es für eben so frevelhaft galt, daß durch so heilige Bande mit einander verbundene Menschen sich vor einander entblößen, als daß man sich an einem den Göttern geheiligten Orte entblöße.«

429.   Bekanntlich gab es in Thebä eine sogenannte Schaar von Liebenden im Heere. S. Plutarchs Leben des Pelopidas, 18. – Ueber die sogenannte Gymnopädie in den Gymnasien der Griechen spricht Plato in der Rep. V, S. 452.

430.   Er spricht von den Kretern und Spartanern.

431. Hierüber finden sich so ziemlich alle Nachrichten gesammelt bei Cragius de rep. Laced. III. 12. S. 181-183. wo auch III, 8. 11. von der Knabenliebe bei den Spartanern die Rede ist.

432. S. Plato's Rep. III, S. 398.

433. S. Bähr in Erschs und Grubers Encyklopädie XVI, und d. Art. Censores. Creuzer in den Röm. Antiquit. S. 97. ff.

434. S. Aristoteles Rep. IV, 15.

435. Diesen Gedanken entlehnt Dionysius von Hal. II, 24. 25.

436. S. Plin. N. G. XIV, 13. Val. Max. II, 1. 5. VI, 3, 9. Auch zur folgenden Stelle Plinius a. a. O.

437. Das folgende Bruchstück, mit den Wortspielen petere-petulantia und procari-procacitas, ist unübersetzlich; eben so im folgenden Capitel der etymologische (falsche) Witz mit fides-fit.

438. Vgl. Cicero de Fin. II, 8. Ueber die Aufwandgesetze in Rom spricht Makrobius Sat. II, 13.

439. S. Dirksen über die Zwölftafelfragmente. S. 475-481.

440. S. Dirksen a. a. O. S. 659-698.

441. S. Xenophon's Griechische Gesch. I, 7.

442. Das letzte Bruchstück dieses Capitels gibt für sich keinen Sinn; darum bleibt es weg.

443. S. hierüber Livius VII. 2.

444. S. hierüber Xenophon von der Athenischen Staatsverf. II, 18. Vgl. Plato von den Gesetzen VII, S. 817. XI, S. 935.

445. Das thut Aristophanes in seinen Comödien.

446. Die bekanntlich in Spanien umgekommen sind.

447. S. Dirksen a. a. O. S. 512. ff.

448. Ueber diesen Aeschines und den folgenden Aristodemus spricht Plutarch im Leben der 10 Redner Cap. 6.

449. Das bei Orelli noch folgende Bruchstück eignet sich, da es blos Wörter enthält, nicht zur Uebertragung.

450. Aus den Annalen des Ennius V, 1.

451. Augustinus sagt noch an einer andern Stelle (II, 25.): »Zu dieser Aeußerung fühlte ich mich gedrungen, da die Römischen Schriftsteller selbst, schon vor der Erscheinung unseres Herrn Jesu Christi, zu sagen und zu schreiben kein Bedenken trugen, der Römische Staat sey schon früher durch die höchst verdorbenen Sitten seiner Bürger zu Grunde gerichtet und im Grunde ganz vernichtet gewesen.«

452. Es ist hier die Rede von den alten Königen, welche selbst als Richter zu Gericht saßen. Es spricht hier wahrscheinlich Manilius, der (wenn ihm, wie natürlich, im Werke auch eine Rolle übertragen war) nothwendig die Vertheidigung des Rechts übernehmen mußte, was er auch oben (I, 13.) zu thun verspricht. A. M.

453. Der öfter angeführte Leipziger Recensent (1824. 6.) vermuthet, es möchte entweder das Fragment, welches das dritte Capitel ausmacht, vor das zweite zu setzen, oder das

vierte und fünfte zwischen das zweite und dritte einzuschalten seyn: denn es sey am Schlusse des zweiten und im vierten und fünften die Rede von einem Könige, wie er seyn soll, welcher Gesetzgeber und Sittenbegründer zugleich sey; das dritte Capitel dagegen handle von der Kunde des Rechts, und schließe sich besser an den Anfang des zweiten an. – So viel diese Ansicht für sich hat, so wollten wir sie doch lieber in der Anmerkung mittheilen, als die eingeführte Ordnung der Capitel stören.

454.   S. hierüber Plinius N. G. XVIII. 3.

455.   Nämlich vor Servius Tullius. S. Dionys. IV, 25.

456.   In diesem Sinne spricht Polybius IX, 20.

457.   Rerum publicarum; oder: »der öffentlichen Angelegenheiten« –?

458.   Aristotelische Ansicht. Rep. II, 5.

459.   Hier hört die Vaticanische Handschrift ganz auf. An eine Ergänzung ist, da Nichts mehr folgt, woraus man auf etwas Zwischenliegendes schließen könnte, nicht zu denken.

460.   Offenbar auf das Benehmen dieser Männer im zweiten Punischen Kriege zu beziehen. Die folgenden, in dieses Capitel eingereihten, vier Bruchstücke geben für sich keinen Sinn.

461.   Wir übersetzen nach der Lesart der Ausgaben »prudentem,« vermuthen aber fast, es müsse »imprudentem« heißen. Dann wäre der Sinn: »weil Niemand Einen, *ohne daß er es bemerkt*, mit Geld bestechen kann, wohl aber durch Worte.«

462.   H. Kuhnhardt in Seebode's krit. Biblioth. 1820.

463.   Die nächste Stelle enthält eine unübersetzliche Etymologie und bleibt darum weg.

464.   Die Rede ist von den beiden strengen Censoren, Claudius und Gracchus (dem Vater der beiden Unruhstifter), von denen der Erste (Claudius) nach Niederlegung seines Censoramtes von den Centurien zur Verbannung verurtheilt wurde, worauf der Andere (Gracchus) erklärte, dann werde er die Verbannung mit seinem Collegen theilen. Diese treue Anhänglichkeit an Jenen bewirkte, daß das Volk sein Verdammungsurtheil zurücknahm. A. M. – Die drei nächsten Bruchstücke geben keinen vollständigen Gedanken, und bleiben also weg.

465.   Die Stelle ist in Plato's Rep. X, S. 614. ff.

466.   So wie Plato's Erzählung von dem wieder aufgelebten *Er* gleichsam den Inbegriff seiner Ansichten vom Staate enthält, so der Traum des Scipio die des Cicero.

467.   Ueber die Ansichten der Alten von dem Zustande der Seele nach dem Tode, von Thales bis auf Seneca, hat man eine treffliche gekrönte Preisschrift von Wyttenbach, die im Jahr 1784 nebst noch zweien in holländischer Sprache in Harlem erschienen ist, und auch im zweiten Bande der Ausgabe seiner kleinern Werke steht.

468.   Cicero an den Atticus (VI, 1.) tadelt den Irrthum des Metellus, der die Statue des Africanus für die des Nasica gehalten hatte, weil Beide Scipio heißen. Vom Nasica mag aber in diesem Buche die Rede seyn, weil er den Tiberius Gracchus getadelt hat, von dem nach dem Augustinus (de Civ. Dei II, 21.) eben in dieser Gegend unseres Werkes gesprochen wurde.

469.   Platonische Aeußerung: Rep. X, S. 608.

470.   Das hat Cato gesagt.

471. Masinissa war nämlich von dem ältern Scipio wieder in sein Reich eingesetzt worden, und hatte noch einen Theil von dem Reiche des Syphax dazu erhalten. S. Appian. Pun. 32. Valer. Max. V. 2. ext. 4.

472. S. die Annalen des Ennius I, 5.

473. Einigen Nachrichten zu Folge wurde der jüngere Africanus in demselben Jahre geboren (im J. R. 569.), in welchem der ältere starb.

474. Nämlich als Kriegstribun.

475. Dieser Enkel ist Tiberius Gracchus, der Sohn der Cornelia (Tochter des Scipio Africanus maj.), der durch das Ackergesetz große Unruhen veranlaßte.

476. Eigentlich diese beiden mit einander multiplicirten Zahlen. – Die Siebenzahl nennt er (nach Plato im Timäus S. 39.) voll, weil viermal sieben Tage die volle Umlaufszeit des Mondes machen; die Zahl acht, weil die acht Himmelskreise, wenn nach langem Umlauf alle Sterne wieder an derselben Stelle stehen, ein volles Weltjahr vollendet haben.

477. Man schreibt den zur Vollziehung des Ackergesetzes aufgestellten Triumvirn C. Gracchus, Papirius Carbo und Fulvius Flaccus die Schuld an Scipio's Ermordung zu.

478. Aehnliche Aeußerungen s. bei Cicero vom Alter 21. ff.

479. Ganz derselbe Gedanke steht Tusc. I, 31.

480. Oder: »von dem aus ich das ganze übrige herrliche und bewundernswürdige Weltgebäude überschauen konnte.

481. Zu vergleichen ist mit dieser Auseinandersetzung Cicero von der Weissagung II, 43. Die hier stehende Zeichnung versinnlicht Cicero's Ansicht von dem Weltgebäude.

482. Vergl. damit Cicero von der Natur der Götter II, 33 u. 45, und eine merkwürdige Stelle Acad. II, 39. wo nach einem Griechischen Astronomen (Nicetas von Syrakus) eine dem Kopernikanischen System sich nähernde Hypothese ausgesprochen wird.

483. Dieß ist die vielbesprochene sogenannte Harmonie der Sphären.

484. Die Stelle ist kritisch streitig, Wir halten uns an die wahrscheinlichste Lesart.

485. Vgl. Seneca Nat. Quaest. IV, 2. Ammian. Marcell. XXII, 34. 36. Plin. N. G. V, 9.

486. Man hielt nämlich die heiße und die kalten Zonen für unbewohnbar, und nur die beiden gemäßigten für wirklich bewohnt. Vgl. auch die Vorrede zu Seneca's Nat. Qu.

487. Man glaubte nämlich, es könne zwischen der nördlich gemässigten und der südlich gemässigten Zone keine Verbindung und Mittheilung statt finden.

488. Hierüber sprechen die Erklärer zu Horat. Od. I, 22. 17-24. und zu Virgils Landbau I, 233. ff. und hier besonders J. H. Voß. Man hielt die Erde nur in einer Breite von 30 Graden, nämlich vom 24 bis 54 Grade, für bewohnbar.

489. Nach Norden und Süden zu.

490. Nach Osten und Westen.

491. Andeutungen hierüber s. bei Cic. von der Natur der Götter II, 46. Seneca in der Trostschrift an Marcia 26. Ovid. Metam. I, 256. ff, besonders auch Polybius VI, 5. 5. Abgehandelt ist der Gegenstand in einer eigenen Exercitat. de Stoica mundi exustione von Jac. Thomasius (Lps. 1682. 4.), von J. Lipsius in seiner Physiol. Stoic. II. Genügen kann, was Tiedemann im System der stoischen Philosophie sagt (II. S. 102-108.).

492.   Nach Macrobius (in Somn. Scip. II, 11.) hat ein solches großes Weltjahr 15000 unserer Jahre. Vgl. Cic. von der Natur der Götter II, 20. 51.

493.   Dieß sind Sätze aus dem Platonischen Dialogen Alcibiades I. und Ariochus.

494.   Dieses ganze Capitel und das erste Drittel des folgenden sind eine Uebersetzung aus dem Phädrus des Plato (S. 245.), welche Stelle Cicero auch in den Tusculanen I, 23. mit einiger Veränderung übersetzt hat. Wir haben Cicero's Uebersetzung, nicht Plato's Text, übersetzt; diesen findet man im ersten Bande von Schleiermachers Uebersetzung des Plato S. 113. f.

495.   Platonische Idee im Phädon S. 81. Vgl. Tusc, I, 30.

496.   Ueber diese Wanderung s. Creuzers Symb. und Myth. III, S. 424. ff., im Auszug dieses Werkes vom Uebersetzer S. 670. ff.

497.   Wir lassen abermals diejenigen weg, die für sich keinen Inhalt haben, und keinen Gedanken geben.

498.   Oder: »Weit geöffnet nur mir stehet das Thor des Olymps.

www.ingramcontent.com/pod-product-compliance
Lightning Source LLC
LaVergne TN
LVHW020908200726
843506LV00011B/1624